한반도 전쟁과 생존

| 문계성 지음 |

북핵과 미사일
어디에 떨어지고, 어디가 안전할까?

한누리미디어

| 서문 |

본서는 한반도에서 전쟁은 일어나겠는가? 남북한 전력 비교시 누가 승리할 것인가? 그럼에도 북한은 핵과 미사일을 쏠 것인가와 어디를 쏠 것인가? 국가적 대응은 어떻게 하는가? 그렇다면 국민은 어떻게 생존할 수 있는가와 전쟁시 안전한 국민적 피난처는 어디인가에 대한 솔루션(solution)을 제시한다.

본서는 군사에 접해 보지 않은 분들은 접근하기가 쉽지 않다. 그래서 연평도 포격사건과 같은 전쟁 임박을 감지했을 때 독자에게는 생존에 필요한 국민피난처로 제6장을 참조하시길 권해 드린다.

인류는 나아가야 할 정해진 곳이 없다. 그래서 사회적 속성인 이익을 놓고 '정 · 반 · 합'의 발전과정에서 부산물인 경쟁과 무력충돌이 발생한다. 전쟁은 인간의 본성이나 국가의 속성에 의해 발생하는 것을 알 수 있다. 인간이 가진 투쟁심이나 권력욕이 조직 차원에서 호전성 또는 정복야욕으로 표출되어 폭발할 때, 작게는 부족간의 전투로부터 크게는 패권국과 신흥강대국이 부딪치는 무력충돌과 전쟁으로까지 치닫게 된다.

현대는 통신 및 교통의 발달과 국제기구의 세계화로 중진국 이상의 국가 상호간에 전쟁은 쉽지 않다. 그러나 2차 세계대전 후 마지막 분단국인 한반도는 휴전협정이 깨어지면 전쟁으로 비화할 수 있는 충분조건이 내재하고 있다.

고대 그리스 전략가이자 철학자인 투키디데스(Thucydides)는 인간본성과 사회 및 국가적 투쟁의 본질을 통찰하고 전쟁동인을 '명예(honor), 이익(profit), 두려움(fear)' 으로 압축하여 정의한 바 있다. 한반도에서 전쟁요인은 휴전협정 당사자인 미국과 북한의 갈등으로 촉발될 수 있는데, 주도권은 미국이 가지고 있다. 한반도에서 최우선 전쟁 가능성은 비핵화를 두고 미국 주도의 북한 핵시설에 대한 선제타격과 북한의 대응 강도에 따라 달라진다. 북한은 바로 미국을 보복 공격할 능력이 없다. 미국은 본토에 공격이 없는 한 '명예(honor), 이익(profit), 두려움(fear)' 에 대한 2개 요소가 동시에 발현되지 않기 때문에 전쟁 가능성은 적다.

그러나 미국은 2020년 1월 3일 바그다드에서 이란 혁명수비대사령관 카셈 솔레이만을 무인공격기로 공습하여 제거하였다. 이에 대항하여 이란은 이라크 내 미국 알사이드 공군기지에 제한적 미사일 공격을 하였다. 이는 언제든지 주도국 의지에 따라 전쟁으로 비화될 수 있음을 보여주고 있다.

한반도에서 미국은 작계 5026에 의거 미국의 단독(한국의 동의 없이)으로 비핵화 작전을 할 수 있다. 북한의 대응에 따라 한국까지만 끌려 들어가는 제한전이 될 수 있고, 더 나아가 남방축(한 · 미 · 일)과 북방축(북 · 중 · 러)까지 참전하는 전면전과 세계대전으로 비화될 수 있다.

핵을 비롯한 대량살상무기(WMD; Weapons of Mass Destruction)는 인류가 만들지 말았어야 할 무기다. 모든 산업발전의 속도와 한계를 뛰어넘어 인간이 제어할 수 없는 단계에까지 와 있다. 북한은 1955년 4월 북한과학원 제2차 총회에서 원자 및 핵물리학연구소를 설치할 것을 의결한 이후 핵무기 20~60개를, 1961년 '김일성의 화학화' 선언 이후 화학무기를 2,500~5,000톤 생산 · 비축한 것으로 추정하고 있다. 또한 1,000여 기의 미사일을 기반으로 지상(초음속 탄도탄까지)과 수중(SLBM, 제한적)에서 공격할 수 있는 능력을 보유하였다. 북한의 미사일은 5분에서 10분 사이에 한국의 전 지역을 공격할 수 있다.

한국의 군사력은 북한을 넘어 빠르게 세계의 6대 군사강국에 진입하였다.

그러나 북핵과 미사일은 여전히 국가기반과 민족생존을 위협한다. 이에 한국은 '한국형 3축' PLAN으로 대응하는데, 1축인 선제적 공격(Kill Chain), 2축인 한국형 미사일방어(KAMD), 3축인 대량응징보복공격(KAPR) 체계를 구축하였다. 그러나 국민생명과 직결될 수 있는 한국의 미사일 방어체계(KAMD; Korea, Air and Missile Defence)는 걸음마 단계이다. 한국의 미사일 방어체계 한계로는 저층 단계는 방어 수단이 없다. 중층 단계에서는 요격 미사일인 PAC-3와 천궁이 비행장 등 전략자산 보호만 가용하다. 고층 단계는 사드의 배치로 충청권부터 요격이 가능하여, 이남의 전략 목표지역은 일부 보호를 받으면서 반격의 기반을 확보하고 있다. 그러나 대다수의 국민은 '핵미사일과 강철비를 보호할 우산을 제공' 받을 수 없기에 다른 각도로 국민피난처를 모색해 보기로 하겠다.

손자병법에 "내가 전쟁을 하지 않으려 하면 땅위에 막대기로 그림을 그려 방어를 해도 적이 공격하지 못하는 이유는 적의 방향을 돌려놓기 때문이다(我不慾戰 雖劃地而守之敵不得與我戰者 乖其所之也)"라고 하였다. 어떻게 핵미사일의 방향을 돌릴까?

첫째, 이는 전쟁억지력 확보와 외교에 달려 있다. 국방비 투자를 늘리고 다양한 핵무장이 필요하다. 그리고 외교적으로 북한 군비를 충당하는 경협 달러와 제3국을 통해 들어가는 군수물자에 대한 차단이 필요하다.

둘째, 북한 핵미사일의 방향을 돌려 북한에서 폭발하게 만드는 것이다. 즉 북핵 미사일 발사 시 속도가 낮아지는 상승단계에서 폭발시켜 북한 내에 떨어지게 하는 것이다.

셋째, 적의 핵미사일을 한 방향으로 몰아넣고, 길목 요격(군사)과 해당 지역에서 미리 벗어나면(국민) 된다.

이 책을 쓰게 된 동기는 '북한의 핵 한 방이면 모든 것이 끝난다' 즉 '전쟁에 무조건 지고 우리는 다 죽는다' 라는 의식이 국민과 군인 그리고 전문가까지 은연중에 만연하고 있다. 만약에 한반도에서 핵전쟁이 벌어지면 '군사는 분산과 집중으로 피해를 줄이면서 제해 및 제공권으로 승리해야 하고, 국민은 대피와 피난처 이동으로 생존'하여야 한다. 한국은 이러한 능력이 있음을 체계적으로 정리하여 해법을 제시하고자 함이다.

첫째 장은 전쟁동인과 한반도 전쟁 가능성 조망이다. 둘째 장은 손자병법과 남북한 전력 비교와 승패예측이다. 셋째 장은 대남 군사전략 변화와 미사일 및 장사정포 위협이다. 넷째 장은 국가 안보 전략과 대북 미사일 방어 능력과 한계이다. 다섯 번째 장은 한반도 핵전력, 위협과 전망이다. 여섯 번째 장은 북핵 및 미사일 · 포격시 국민피난처. 일곱 번째 장은 역대 안전한 조선 십승지(十勝地)가 현대전에서의 안전성 분석과 국민피난처 재선정 제시이다.

따라서 이 책은 이 분야에 관심을 갖고 있는 군사 연구자들과 군 간부, 밀리터리 매니아, 비상대비 정책입안자들에게는 일종의 참고서로, 일반인들에게는 전쟁 대처 방향 이해와 생존 매뉴얼로 소장하고 싶은 책자로 권해 드리고 싶다.

이 책을 쓰기까지 40여 년이 걸렸다. 물론 집필에는 3년이 걸렸고, 특히 코로나19 시절에 집중적으로 전념할 수 있었다. 필자는 장교시절에 보병, 기계화, 특수부대를 거치면서 전술을 체득하였고, 화학부대에 근무하면서 핵 및 화학에 대한 투발 및 운영을 이해하였다. 그리고 을지연습을 접하면서 시행 불가능한 방향성에 문제를 제기하면서 끊임없이 의문을 가지고 '답은 무엇일까?' 하고 반문하였다. 그리고 연평도 포격사건을 계기로 '북한의 포격도발 시 국가 비상대응체계 연구' 로 박사학위 논문을 썼고, 이를 기반으로 주변국과 북한의 군사전략을 강의하면서 군사전략을 이해하고 안보 정세를 조망할 수 있었다.

그리고 소명의식 또는 직업병이랄까? 항상 북한의 핵 및 포격 공격이 된다면? 어디에서 어떤 미사일이 날아오는가? 우리 시민은 어떻게 대피하고 있나? 이에 대응하는 우리의 요격과 선제적 공격(Kill Chain)은 가동되고 있는가? 추가적인 북한 지도부의 의도는? 남 · 북 · 미 VIP 비상통화와 교전 중지 또는 전면전으로 비화는? 이러한 상황을 항상 머리 속에 그리고 있다.

이 책이 나오기까지 필자는 많은 혜택과 도움을 받았다. 고래로는 손자병법의 '손자' 와 도덕경의 '노자' 그리고 펠레폰네소스 전쟁의 '투키디데스' 등 책을 통한 가르침이다. 현재로는 군사학의 입문과 체계를 잡아주신 박승식 교수님, 그리고 '안보가 안전이 될 때까지' 를 강조하신 박윤국 포천시장님, 특히 북한의 전략과 핵을 이해하는 데 '북한 핵 · 미사일 전쟁' 책자를 쓰신 장준익 님에게 많은 빚을 졌다. 박사 논문지도부터 선뜻 '군사 전략론' 강의를 맡겨 주시고 비약적인 발전을 할 수 있도록 지속적인 지도편달을 해 주신 대진대학교 통일대학원장 박영택 교수님 등께 이 책을 헌정하고자 한다. 그리고 내게 언제나 큰 힘이 되어준 나의 가족에게 깊이 감사를 드린다.

2021년 5월

왕방산에서 저자

차례 | **한반도 전쟁과 생존**

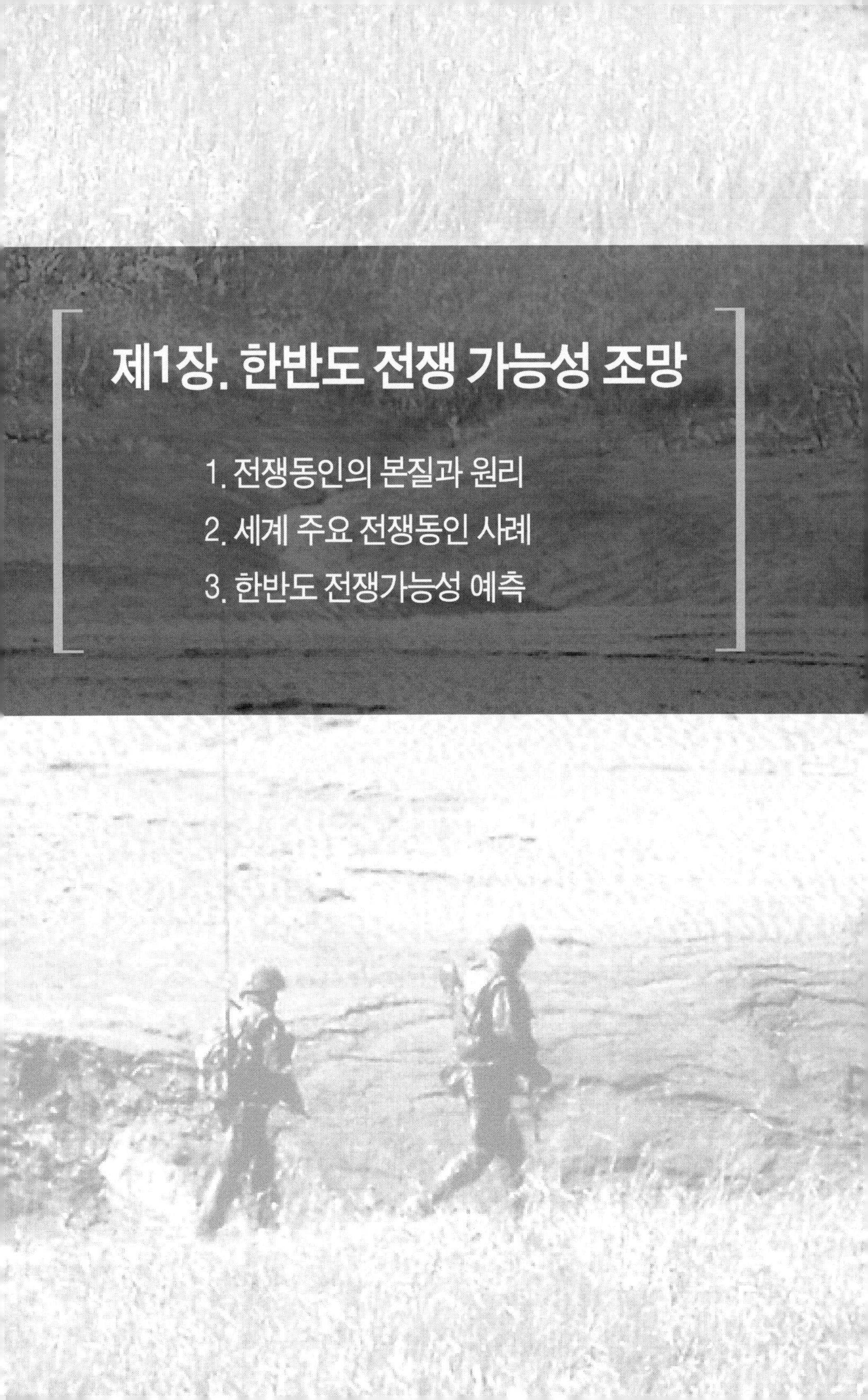

제1장. 한반도 전쟁 가능성 조망

1. 전쟁동인의 본질과 원리
2. 세계 주요 전쟁동인 사례
3. 한반도 전쟁가능성 예측

제1장 | 한반도 전쟁 가능성 조망

> 전쟁(동인)은 작게는 '명예(honor), 이익(profit), 두려움(fear)'이 겹칠 때 발현하고, 크게는 패권국(동맹)과 부상신흥국(동맹)이 부딪칠 때 전쟁으로 비화된다.(Thucydides, 재요약)

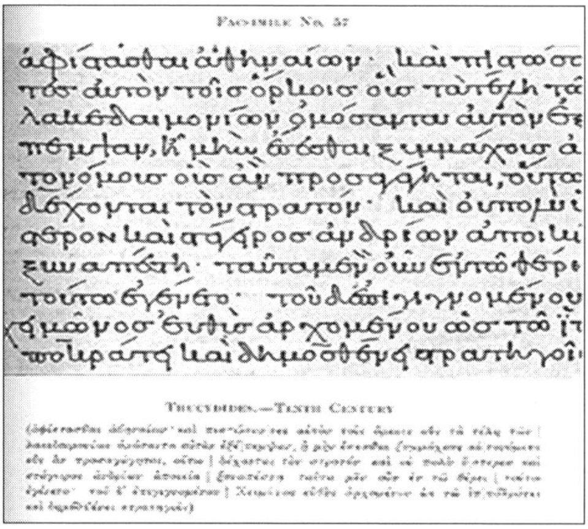

[펠레폰네스 전쟁사] 일부 10세기 필사본

[투키디데스; BC 460~400 ?]
그리스 장군, 전략가, 역사가

1. 전쟁의 본질과 원리

가. 전쟁의 본질과 속성 및 원리 이해

전쟁을 예측하는 것은 인간의 운명을 아는 것만큼이나 어렵다. 인류는 나아가야 할 정해진 곳이 없다. 그래서 사회적 속성인 이익을 놓고 정 · 반 · 합의 발전 과정에서 부산물인 경쟁과 무력충돌이 발생한다.[1] 전쟁은 인간의 본성이나 국가의 속성에 의해 발생하는 것을 알 수 있다. 인간이 가진 투쟁심이나 권력욕이 조직 차원에서 호전성 또는 정복야욕으로 표출되어 폭발할 때, 작게는 부족 간의 전투로부터 크게는 패권국과 신흥 강대국이 부딪치는 무력충돌과 전쟁으로까지 치닫게 된다.

현대의 각종 워게임(war game)과 전쟁 예측(war prediction) 프로그램은 전쟁 예측과 수행 방법 그리고 결과까지도 근사치로 묘사하고 있다. 그럼에도 인간의 본성과 사회성을 통찰한 고전이 전쟁 예측에 관하여 더 우위일 수도 있다. '전쟁의 기원' 을 저작한 로널드 케이건 교수를 비롯한 전문가들은 아직도 고대 그리스 전략가 투키디데스(Thucydides)의 '명예(honor), 이익(profit), 두려움(fear)' 을 전쟁 원인으로 꼽는 데 주저하지 않는다.[2] 동서양의 명장들과 전략가들은 손자병법의 시계편(始界篇)에서 도(道), 천(天), 지(地), 장(將), 법(法)의 항목을 비교하여 전쟁을 조망하였다.[3] 따라서 한반도 전쟁 예측을 위해 고대 그리스 전략가 투키디데스(Thucydides)의 전쟁동인과 손자병법 시계편(始界篇)의 전쟁 조망을 대입하여 풀어나가고자 한다.

투키디데스(Thucydides)는 인간본성과 사회 및 국가적 투쟁의 본질을 통찰한 전쟁동인을 '명예(honor), 이익(profit), 두려움(fear)' 으로 압축하여 정

---

1) 정반합: 역사나 정신 같은 세계는 끊임없이 변화하고 발전해 간다는 헤겔의 변증법 삼 단계인 「정립, 반정립, 종합」을 말한다. 즉 하나의 주장인 정(正)에 다른 반(反)이 나오고, 더 높은 종합적인 주장인 합(合)이 나와 통합되는 발전과정이라고 한다.

2) 원전은 투키디데스(Thucydides)의 '펠로폰네소스 전쟁사' 이며, 인용은 도널드 케이건 교수의 '전쟁의 기원' (한국어판)에서 투키디데스는 '인간이 힘을 추구하는 이유는 「두려움과 이익, 명예추구」에 사로잡혀 전쟁터로 향한다' 고 하였다(p.23). 또한 '전쟁의 진정한 원인은 아테네 국력의 신장이다. 그것이 스파르타인들의 두려움의 대상으로 작용하여 어쩔 수 없이 전쟁으로 나아가게 했다(p.90)' 라고 하였다. 이 부분은 '투키디데스의 함정' 이라 하여 패권국(동맹)은 부상하는 신흥국(동맹)을 견제 또는 제압하는 과정에서 전쟁으로 비화한다는 것이다. 이를 인용하여 그레이엄 앨리슨 교수는 그의 저서 《예견된 전쟁(Destined for War)》에서 '미국과 중국의 충돌이 전쟁으로 비화될 수 있다' 고 하였다.

3) 원전은 손무의 '손자병법' 이며, 인용은 박재희의 '손자병법과 21세기' 에서 '전쟁 전에 5사 7계를 비교하고 전쟁을 조망하여야 한다' 고 하였다. 5사는 도(道: 지도자 정치력), 천(天: 기후조건), 지(地: 지형조건), 장(將: 장군의 능력), 법(法: 국가 제도)으로 정치적 전쟁 조망(계산법)이라고 할 수 있다(p.57).

의하였다. 그리고 '패권국(동맹)은 부상하는 신흥국(동맹)을 견제 또는 제압하는 과정에서 전쟁으로 비화한다' 는 것이다. 이를 후세가들은 '투키디데스의 함정' 이라 하였다. 그리고 인류가 문화와 문명을 꽃피웠음에도 끊임없이 전쟁에 시달리는 것에 대한 자문으로 '역사에는 일정한 패턴이 있고, 그 패턴은 비슷한 상황이 되면 끊임없이 반복되기 때문이다' 라고 하였다.

이는 투키디데스(Thucydides) 본인의 역사서 '펠로폰네소스 전쟁사' 의 역사 핵심 키워드(key word)로 인류의 전쟁사를 관통하는 철학이다. 투키디데스는 펠로폰네소스 전쟁을 통하여 도시국가 간의 이익에 따라 인간의 잔학성, 모략과 합종연횡 그리고 승패의 부침을 경험하며 전쟁 역사와 철학으로 승화시킨다.

인류의 전쟁사에서 입증된 투키디데스 서두의 가설을 토대로 하여 고대, 근대, 현대를 대표하는 각 전쟁별로 시대 상황과 상대적 무기체계 등을 대입하여 전쟁동인을 재해석하여 도출하고자 한다.

2. 세계 주요 전쟁동인 사례

가. 펠로폰네소스 전쟁(BC 431~BC 404)

1) 펠로폰네소스 전쟁(BC 431~BC 404) 원인과 과정

기원전 5세기에 고대 그리스는 여러 도시국가(폴리스)로 이루어져 있었다. 이중 스파르타와 아테네가 가장 강력하였다. 아테네는 기원전 5세기 초에 그리스 도시국가들과 페르시아 전쟁에서 승리한 후 자신에게 우호적인 도시국가들을 모아 델로스 동맹을 결성하여 맹주가 되었다. 그리고 델로스 동맹국의 자금을 모아 공동으로 델로스섬에서 관리하였는데, 이 자금으로 아테네의 강력한 대함대를 양성하여 해양강국으로 발전시켰다.

페르시아 전쟁 전에는 그리스 패자였던 스파르타가 해양강국으로 떠오른 아테네의 부상에 서서히 두려움을 느끼고 싹을 잘라야겠다고 다짐하던 차에 동맹자금에 반발하는 도시국가들을 끌어들여서 펠로폰네소스 동맹을 결성하였다.

그러던 차에 도시국가 '코르키라'와 '코린토스' 간에 분쟁이 일어났고 두 나라의 요청으로 아테네와 스파르타가 분쟁에 개입하면서 펠로폰네소스 전쟁이 발발하여 20여 년간 이어졌다. 당시 아테네는 해양강국이었고, 스파르타는 육상강국이었다. 아테네의 페리클레스(BC 495~BC 429)는 육상에서의 정면 대결을 피하고 해전으로 스파르타를 이기는 전략을 세웠다.

이에 아테네의 모든 주민을 성채 안에 피신시키고 항구와 아테네 간의 10km의 성채를 추가 건설하여 식량 공급을 원활히 한 후, 강력한 해군으로 펠로폰네소스 동맹지역의 곳곳을 타격했다. 이 전략이 초전에는 효과를 거두고 있었으나 아테네 성채 안에 전염병이 퍼지면서 아테네 인구의 1/3이 죽었고, 전쟁을 지휘하던 페리클레스도 전염병으로 죽였다. 스파르타는 육지에서 맹공을 퍼부었지만 아테네도 끈질기게 저항하면서 양국은 휴전하게 된다.

2) 펠로폰네소스 전쟁동인

펠로폰네소스 전쟁은 페르시아 전쟁 후 패권을 잡은 아테네의 델로스 동맹과 이를 견제하고 있던 스파르타의 펠로폰네소스 동맹 간에 무력충돌이 전쟁으로 비화하는 과정을 묘사했다. 투키디데스는 펠로폰네소스 전쟁 시 아테네의 트라케 지역 사령관으로 스파르타에게 빼앗긴 전략 요충지 '암피폴리스'를 구원하게 되었는데, 가는 도중에 성이 먼저 항복하여 탈환하지 못하고 전략적으로 패전하였다. 투키디데스는 패전에 따른 책임을 떠안게 되어 20여 년간을 아테네로 돌아오지 못하도록 추방당하였다.

그 후 투키디데스는 전쟁터를 떠돌면서 참전자로부터 다양한 의견과 본인의 경험을 모아서 '펠로폰네소스 전쟁사'를 저술하였다. 이 전쟁이 끝나고 투키디데스는 인간본성과 사회 및 국가적 투쟁의 본질을 통찰한 전쟁동인을 '명예(honor), 이익(profit), 두려움(fear)'으로 압축하여 정의하였다.

이러한 전쟁의 동인은 2개 이상이거나 3개의 현상이 동시에 발현해야 전쟁으로 비화된다. 펠로폰네소스 전쟁에서는 두 동맹을 중심으로 도시국가 간에 '명예와 두려움'으로 시작하여 세(勢) 불리기와 동맹보호의 이익이 기폭점 되어 전쟁으로 발전하였다. 후세 역사가들은 포괄적으로 스파르타 중심의 펠로폰네소스 동맹과 아테네 중심의 델로스 동맹 간의 무력충돌을 '투키디데스의 함정(Thucydides' Trap)'이라 표현하였다. 즉 아테나 같은 신흥강국이 기존의 세력균형을 뒤흔들고 이런 불균형을 해소하는 과정에서 스파르타 같은 패권국과 무력충돌을 하는 것을 '투키디데스의 함정'이라 하였다.

결론적으로 지역분쟁과 소규모 전쟁은 전쟁동인 2~3개의 요소가 겹칠 때 나타나고, 지구의 1/4 지역 규모 내외의 조약국끼리는 전쟁동인 3개 요소를 포함하는 신흥국과 패권국과의 무력충돌로 이어져 전쟁으로 발전한다.

나. 제1차 세계대전과 전쟁동인

1) 제1차 세계대전(1914.7~1918.11) 원인과 과정

제1차 세계대전(The Great War)은 유럽의 열강들이 제국주의 정책으로 식민지 확보에 열을 올리면서 시작되었다. 식민지 쟁탈전은 선진제국주의 국가 영국을 중심으로 프랑스와 미국이 후발 제국주의 독일을 중심으로 오스트리아와 터키가 가세했다.

한편 발칸반도는 오스만제국이 무너지고 군소국가가 독립하면서 각국이 영토를 놓고 치열하게 분쟁을 벌이게 되었다. 이때 발칸반도의 슬라브족을 선동하여 지중해 진출을 노리던 러시아제국과 이를 견제하려는 오스트리아―헝가리제국 사이에 갈등이 일어났다.

이때 세르비아 왕국은 발칸에 위치하여 오스트리아―헝가리제국이 보스니아를 합병하고 남진하던 러시아가 독일에 굴복하자 세르비아 왕국은 오스트리아―헝가리제국에 불만이 폭증했다. 1914년 6월 28일 사라예보를 방문한 오스트리아―헝가리제국의 황태자 프란츠 페르디난트 대공을 세르비아 비밀결사 '검은 손'과 연계된 가브릴로 프린치프가 암살하는 사건이 발생하였다. 이는 제1차 세계대전의 방아쇠가 당겨지는 역할을 했다.

한 달 후(7월 28일) 오스트리아―헝가리제국은 세르비아에 전쟁을 선포하고, 러시아는 세르비아의 독립을 보호할 것을 선언하고 7월 31일 총동원령을 내렸다. 이에 위협을 느낀 동맹국의 맹주 독일제국은 갑론을박 끝에 '러시아는 내부 혁명 때문에 전쟁에 참여하지 못할 것'이라는 판단하에 8월 1일에는 러시아에, 8월 3일에는 프랑스에 선전포고하였고 준비해 두었던 서부 침공계획인 슐리펜계획을 실행하였다.

8월 4일에는 벨기에를 침공하여 점령하고, 8월 7일부터는 프랑스 영토로 진군하여 9월에는 파리 50km 전방의 마른까지 진격한다.

이후 오스트리아―헝가리제국은 발칸반도에서 세르비아를 점령한다.

한편 영국은 독일의 벨기에 침공 시부터 서부전선에 참전하여 방어와 동시에 협상국에 참전을 독려하였다. 독일이 슐리펜계획의 실행으로 서부전선을 침공하자 오스트리아―헝가리제국은 발칸반도에서 힘겹게 1916년 2월에야 세르비아를 점령한다.

1917년에는 러시아 2월혁명으로 니콜라이 2세가 폐위되고 새 정부는 동부전선에서 휴전하고 물러난다. 그리고 서부전선에서는 또 다른 전쟁 형태인 '참호와 기관총' 전으로 전선은 교착상태에 빠지고 일진일퇴의 소모전 속에서, 미국의 참전으로 독일은 더 이상 버티지 못하고 항복에 가까운 '1919년 베르사이유조약'이 체결되었고 제1차 세계대전은 종결되었다.

2) 제1차 세계대전 전쟁동인

제1차 세계대전은 표면적으로는 오스트리아－헝가리 황태자 부부가 세르비아의 사라예보에서 피격되어 동맹국과 협상국이 차례로 전쟁에 참여하면서 세계대전으로 비화하였다.

전쟁동인의 내면을 살펴보면, 투키디데스의 이익, 명예, 두려움 3요소와 '투키디데스의 함정' 이라는 패권국과 신흥국의 무력충돌 양상을 볼 수 있다.

전쟁동인의 외면을 살펴보면, 복합적으로 이익을 위한 '민족주의와 제국주의' 의 발현, 두려움 없애고 중심국의 명예를 드높이기 위한 '동맹 결성과 군국주의' 라 할 수 있다. 전쟁동인의 내면은 이익, 명예, 두려움 3요소가 깔려 있고, '투키디데스의 함정' 에 의해서 전쟁동인 외면으로 포괄적 무력충돌이 나타난다.

유럽의 화약고라 불리는 발칸반도는 그리스, 알바니아, 불가리아, 유고 일부, 터키의 유럽 쪽에 있는 지역에서 나라를 구성하며 살아가고 있었는데, 게르만 민족과 슬라브 민족이 같이 공존하였다.

발칸반도를 중심으로, ① 범게르만주의(독일＋오스트리아)의 남진정책과 범슬라브주의(러시아＋세르비아)의 지중해 진출정책이 부딪쳐서 대립이 격화된다.

② 한편 제국주의는 아프리카에 식민지를 경쟁적으로 건설하는데, 선발로 영국과 프랑스가 후발로 독일이 식민지 확보에 나서자 선후의 대립이 격화되었다. 이후 독일의 3B 정책(독일－비잔티움－바그다드)과 영국의 3C 정책(남아공－인도－이집트)이 중동에서 충돌하여 발칸반도로 비화하였다.

③ 그간에 식민지 쟁탈전과 발칸반도의 분쟁에서 열강들은 패배의 두려움과 승리의 안전을 위하여 합종연횡하게 된다. 그 당시 동맹은 한 나라가 공격을 받거나 공격을 할 때 자동으로 상대편 국가에 전쟁을 선포하는 방식이다. 최초 독일은 프랑스를 고립시키기 위해 3국 동맹(독일, 이태리, 오스트리아)을 맺고, 이와 맞서 프랑스는 러시아와 영국까지 포함한 3국 협상을

맺게 되어 무거운 전쟁 긴장감이 유럽을 뒤덮었다.

④ 강력한 군사력 확보와 군비경쟁은 소위 군국주의라 하는데, 주변국에 대한 두려움과 이익을 강요하게 되어 또 다른 군비경쟁을 촉진한다. 이러한 분위기 속에서 독일은 식민지 확장을 위해 함대법을 개정하여 해군력을 증강시켰다.[4]

영국은 위기감을 느끼고 군비를 늘리고 전력을 확장한다. 주변국 모두가 경쟁적으로 다가올 전쟁에 대한 준비를 하는 것이다. 따라서 그 당시 유럽은 내적 외적 전쟁동인을 갖추었고 기폭제가 터지는 순간 세계대전으로 치닫는 운명을 맞이하게 된 것이다.

다. 제2차 이라크 전쟁

1) 제2차 이라크 전쟁 원인과 과정

제2차 이라크 전쟁은 표면적으로는 미국 뉴욕에서 9.11테러(2001.9.11.)가 발생하여 3,000여 명이 사망하자, 미국은 이라크를 배후로 지목하였다. 다국적군의 승리로 끝난 1차 걸프전(1990.8~1991.4) 이후에 미국 중심의 국제사회는 이라크의 WMD(대량살상무기) 중 특히 화학무기를 문제 삼았고, 국제여론에 의해 이라크는 유엔무기사찰단(UNSCOM)을 수용해, 1998년까지 250여 차례 현장 조사와 48개의 장거리 미사일과 690여 톤에 달하는 화학연료를 폐기하였다.

그해 12월에 이라크는 후세인궁 등 정치, 군사적으로 민감한 지역의 현장조사를 거부한 대가로 미국과 영국에 의해 4일간 집중 공격을 받았다. 그러던 중 2002년 미국의 조지 부시 대통령은 이라크, 이란, 북한을 악의축(AXIS OF EVIL)이라 지목하였다. 그해 12월 미국의 부시 대통령은 유엔 연설에서

---

4) 함대법: 1998년 독일 제국의회는 해군장관 티르피츠가 제안한 52척의 전함과 45척의 순양함을 건조하는 함대건설법을 통과시켰다.

이라크에게 테러지원 중단, 대량살상무기 즉각 중단 등 5개 사항을 요구하고 후세인을 압박하였다. 이라크는 주권국가로서 받아들일 수 없는 상황에서 1년여 시간이 흘렀고, 2003년 3월 20일 다국적군은 대대적인 공습과 아울러 이라크를 침공하게 된다.

특히 이 전쟁에서 미국은 공군과 해군으로 전장을 제압하고 1개 보병사단과 3개 해병여단으로 1주일 만에 바그다드를 점령한다. 그리고 2003년 3월 2일 에이브러햄 링컨 항공모함 선상에서 종전을 선언했다. 그리고 2011년 12월 15일에 이라크에서 전면 철수하였다.

2) 제2차 이라크 전쟁동인

제2차 이라크 전쟁동인의 내면은 '이익, 명예, 두려움' 3요소가 깊게 저변에 깔려있으나, '투키디데스의 함정' 이라는 패권국과 신흥국의 무력충돌 양상은 볼 수가 없었다. 그 이유는 미군의 경우 30여 개 국의 직접적인 도움을 받았을 뿐만 아니라 중동에서도 친미 내지는 방관 기조가 있었다. 반면 이라크는 중동의 맹주도 아니고, 이란과 쿠웨이트 심지어 사우디아라비아까지 적대 또는 소원한 관계에 있었기 때문에 고립무원의 상태에서 공격을 당했다.

전쟁동인 중에서 첫째, 국가이익 부분이다. 1차 걸프전 이후 미국 주도하에 화학무기와 WMD(대량살상무기)에 대한 유엔사찰은 후세인궁까지 요구하는 등 정치적으로 민감한 사항까지 지속되었다.

(1) 중동산 원유 결재를 달러에서 유로화로 하는데, 이라크 후세인 대통령이 주도적 역할을 하였고 미국의 경제가치가 하락하고 있었다. 이라크 후세인 대통령은 베네주엘라 차베스 대통령 등 산유국 모임(OPEC)이 달러 결제에서 유로화 등 다국화폐를 사용하도록 종용하며 2000년 11월 6일 이라크 후세인 정권은 원유거래시 통화를 달러에서 유로화로 바꿨다.

이는 미국 대신 유럽의 영향이 커질 것이며 세계 제1의 기축통화로서의

US 달러 가치가 하락할 수 있는 것이고, 악의축에 해당하는 이라크, 이란, 북한 등이 유로화로 기축통화를 바꾸었다.

(2) 미국의 자원 안보 즉 에너지 정책이다. 미국의 부통령 딕체니는 에너지 보고서에서, ① 원유 등 에너지 수입 다변화로 중동에서 원유수입물량 최소화, ② 재생에너지 활성화, ③ 친환경 에너지 비율 적정화를 피력하였다.

그러나 그 당시 알래스카 원유가격이 배럴당 5달러일 때 이라크 노천 원유가격은 배럴당 70센트였다. 따라서 미국은 에너지자원을 안보로 활용하게 되고, 막대한 경제적 이익을 위하여 이라크 원유확보가 절실하였다.

둘째, 명예와 두려움 부분이다. 미국은 2차대전 시 진주만이 공습당한 것 외에 외적에 의해 미국본토가 침공 당해본 적이 없었다. 그러나 알카에다에 의한 9.11테러(2001.9.11.)로 3,000여 명이 사망하고, 이후에 탄저균과 유사한 백색 가루 소포가 배달되는 등 미국 전역이 두려움에 휩싸였다. 또한 이라크의 화학무기가 테러조직에 들어가면 미국내 화학(테러)전도 감내해야 하는 두려움이 팽배해 있었다. 따라서 미국은 명예심과 두려움의 상황을 타개하고 헤게모니를 회복할 무언가 방법이 필요하였다.

셋째, 적극적 안보로 미국의 헤게모니 회복과 중동 지배이다. 이는 미국의 이익, 명예, 두려움을 해소하는 적극적인 정책이다. 정치적으로 중동을 지배하기 위하여 중심지역인 이라크를 확보하여 중동의 실크로드를 완성하는 것이다. 즉 키르기스스탄–아프가니스탄–이라크–이스라엘로 이어지는 선이다. 부수적인 효과로 이란을 고사시키고 중동을 미국의 지배하에 둘 수 있는 절묘한 묘책이라 할 수 있다. 이를 효과적으로 실현하기 위하여 '서구식 민주주의와 자본주의' 를 중동에 전파하여 친미세력 확보와 자본종속에 따른 미국의 부를 축적하는 것이다. 또한 네오콘[5]의 종교적인 성향에 의한

---

5) 네오콘서버티브(neo-conservatives)의 약칭으로 공화당을 중심으로 한 미국의 신보수주의자들로 미국 우월주의와 종교적 신명을 강조하는 극단적 보수주의 성향을 나타내며, 조지 W. 부시 미국대통령 시절에 급부상하여 후세인 정권 축출 등 미국 주도 세계 질서를 재편하기도 하였다.

십자군(연합군)이 사탄(후세인 지칭)을 몰아치는 합리성을 위한 전쟁상황 조성, 군수복합의 무기처리 및 개발과정에서 부의 축적이 국가이익으로 환수되는 고리가 보태져 제2차 이라크 전쟁으로 몰아갔다.

라. 6.25전쟁의 원인과 동인

1) 6.25전쟁의 원인과 과정

한반도는 1945년 8월 15일 일제로부터 해방을 맞이한다. 카이로(적절한 시기 독립) 및 얄타회담(소련 대일참전)을 근거로 왜군 무장을 해제하기 위해 북쪽은 소련이 남쪽은 미군이 진주하였다. 그러나 소련의 남하 속도가 너무 빨라 38선 이남인 개성까지 진주한 상태였는데, 뒤늦게 미국전쟁성(본 러스틸 대령 등 3명 지구의(地球儀)에서 38도선 구상)에서 38도선을 경계로 하는 일본군 무장해제안을 소련에 전송하였고, 이에 대한 화답으로 소련군이 개성에서 철수하여 자연스럽게 확정되었다.

미 · 소 양쪽에서 공식문서는 1945.9.2 연합군 최고사령부 지시 1호(일본군 무장해제는 38도선 이북은 소련이 이남은 미군이 한다)에 따른다. 그리고 남한은 자유정부수립과 국경경비대를, 북한은 조선노동당 분국과 노동당 군대를 양성하였다.

1950년 6월 25일까지 북한은 노동당 군대와 남한 공산세력이 합세하여 적화에 주력하였다. 김일성은 1949년 3월 17일 소련을 방문하여 소련과 북한과 조 · 소 군사비밀협정을 체결하는데, 이때 스탈린은 북한에 소총 1만5천 정, 각종 포 139문, T-34전차 87대, 항공기 94대 등 지원을 약속하고 세부적인 사항은 모택동과 협의하라고 지시하여 3월 18일 조중상호방위조약을 체결하고 중국공산군 소속 조선군 2만5천 명을 북한이 인수하게 된다.

1950년 4월 초에 김일성은 조선노동당 중앙정치위원회에서 무력통일안을 확정시키고, 1950년 6월 16일 소련으로부터 남침일자를 6월 25일로 확정

승인 받고, 6월 25일 새벽 38선 전역에 걸쳐 공격하게 된다. 반면 남한은 미군정하에 극심한 정치체제 불안 상태에서 공산당이 주도한 국회 프락치사건, 제주도 4.3사건, 여수 · 순천 반란사건 등 반란 세력만 쫓다가 준비도 없이 6.25전쟁을 맞게 된다.

한편 한국에서도 북한의 남침을 예측했었다. 1949년 12월 17일 정보국이 상부에 올린 '연말종합적정판단서' 인데 내용은 다음과 같다.

> '북한은 1949년 말까지 남침준비를 완료했다. 적의 병력은 전차 150대, 항공기 200대, 각종포 2,000여 문으로 무장된 10개 보병사단 약 19만 명으로 판단된다. 적은 주공을 동두천－의정부－서울로, 조공을 개성－문산－서울, 춘천－원주, 속초－강릉으로 하여 선제공격할 것이다. 적의 기습시기는 50년 3월경으로 예측되나, 동북지방의 중국군 출신 의용군 편입이 늦어질 경우 6~8월로 연기될 가능성도 있다(정보국장 장도영 이하 박정희, 김종필, 이중근).'

1950년 6월 25일 새벽에 북한군은 38선 전역에서 소련제 T-34 탱크를 앞세워 일제히 남한을 공격하여, 3일 만에 남한의 수도 서울을 점령하고 한달만에 낙동강 방어선까지 진출하였다.

1950년 9월에는 맥아더 장군이 이끄는 '인천상륙작전' 을 감행하여 한반도의 허리를 끊고 북한군의 주력을 한강 이남에서 섬멸한다. 그와 동시에 서울을 수복하고 38도선을 돌파(1950.10.1)하여 압록강, 두만강 지역까지 진출한다.

그러나 중공군의 개입(1950.01~1951.01)으로 평양과 서울을 내주고 평택까지 후퇴한 후 지평리 전투 등에서 승리하여 휴전선까지 진출한다. 그리고 지속되는 전쟁상황에서 세계대전으로 비화할 것을 우려한 소련은 '휴전을 제안했고' 한국 정부의 반대에도 불구하고 북한과 유엔은 휴전회담을 시작했다. 휴전협정회의는 무려 25개월 동안 지속하였고, 한 치의 땅이라도 확보하기 위하여 백마고지 전투 등 치열한 고지전으로 수많은 피아 장병의 목숨을 잃은 후에 1953년 7월 27일 휴전선이 확정되며 전쟁이 중지되었고, 결국은 북한과 유엔과의 휴전협정이 조인되었다.

2) 6.25전쟁동인

6.25전쟁의 동인은 내적인 원인과 외적인 원인을 분리하여 관찰하고 포괄적인 분석이 필요하다. 6.25전쟁은 냉전 패권국 간의 대리전 성격이 짙은데, 이는 한반도를 통해 해양 및 대륙으로 진출할 수 있는 교두보 확보가 필요했기 때문이다.

6.25전쟁의 외적 요인은 '투키디데스의 함정' 이라는 패권국과 신흥국의 무력충돌 양상에서 '대리전' 이라 볼 수 있다. 소련은 대륙 세력의 세계적화를 위하여 태평양으로 진출하고자, 미국은 해양세력을 민주주의와 자본주의를 위하여 대륙으로 진출이 필요하였다.

소련은 한반도 적화를 원했으나 세계대전으로 가는 것은 원치 않아 1947년 소련군을 철수시켰고, 반면 미국은 국익을 위해 해외 전쟁을 자제하여 1949년 5월에 미군을 철수시키고, 1950년 1월에 애치슨 라인[6]을 발표한 후 한국을 방위선에서 제외했다. 이는 5개월 후에 6.25전쟁의 '초청장' 으로, 남침의 기폭제로 작용한다.

6.25전쟁의 내적 요인은 '이익' '명예' '두려움' 3요소가 복합적으로 작용한다. 남북한은 각 당수의 '이익' 을 위해 정권 창출에 전력을 쏟고, 정권을 획득한 후에는 '명예' 를 위해 한반도 통일이라는 대업에 도전한다. 양자 간의 통일이라는 대업 활동은 군비확충과 훈련으로 이어지고 그러한 노력

6) 미국 국무장관 애치슨(Acheson Line)이 발표한(1950.4.12.) 미국의 극동방위선 : '알류산 열도－일본－오키나와－필리핀을 연결하는 선' 으로 한국과 대만을 제외하였다. 이는 북한의 오판을 불러일으켰고 6.25전쟁의 원인이 되었다.

의 '두려움' 은 전쟁으로 분출된다.

이를 뒷받침하는 내부기원설[7]은 커밍스가 최초로 주장하는데, 일제강점기부터 내려온 계급 분쟁 등의 사회모순이 격화되어 전쟁으로 비화되었다는 것이다. 결국은 전쟁동인 3요소의 내면에 복합적인 사회모순이 분출, 폭발하여 전쟁으로 비화되었음을 엿볼 수 있다.

3. 한반도 전쟁 가능성 예측

지금까지 전쟁동인에 대하여 3번의 세계대전과 한반도 6.25전쟁 사례를 중심으로 분석하였다. 한반도는 6.25전쟁과 마찬가지로 투키디데스의 함정에 의한 패권국과의 대리전과 전쟁동인 3요소인 '이익' '명예' '두려움' 이 복합적으로 발현하여야 전쟁으로 비화가 될 수 있다. 그러나 한반도는 북방축(북한－중국－러시아)과 남방축(한국－미국－일본)이 조약과 동맹을 맺고 있는 형상이며, 한국과 북한은 대척점에서 마주하고 있다.

한국의 북방외교(1988년 7.7 선언)로 인하여 동맹국 간에 많은 변화가 일어나는데, 북방축은 정치와 경제에 따라 단절과 회복을 반복하고 있고, 남방축은 오랫동안 미국의 주도하에 경제와 군사적으로 일관적이며 유연하다. 따라서 한반도 주변에는 휴전 당사자국인 미국과 북한과의 역학관계만이 강하게 형성되어 있다.

현재는 세계의 경찰국가로서 절대적인 헤게모니를 갖고 있는 미국이 한반도 전쟁의 주도권을 갖고 있다. 한반도 전쟁동인 중에서 기폭제가 될 만한 상황은 미국과 북한과의 전쟁 은원과 비핵화이다. 북한은 미국의 정보함

---

7) 6.25전쟁의 원인은 강대국의 대리전 양상의 외부기원설과 한국 내부의 모순이나 기타요인에 의해서 발발했다는 커밍스의(수정) 내부기원설이 있으나, 최근 들어 두 가지 설을 종합한 복합요인설이 힘을 받는다.

푸에블로호 납치(1968.1.23.) 및 전승기념관 전시, 판문점 도끼만행사건(1976.8.18.) 등 미국의 명예에 치명타를 가했으며, 북한이 핵과 미사일을 개발한 것은 미국으로서는 명예와 두려움의 발로가 되었다.

미국의 명예와 두려움의 발현이 북한 영변 핵 원자로 폭격계획인데, 크루즈 미사일과 F-117 스텔스기를 동원하여 폭격하는 것이다. 그러나 미국의 영변폭격계획은 아래와 같이 긴박한 상황에서 중지되었는데, 당시 백악관의 긴장된 순간에 대해 CNN은 다음과 같이 보도했다.

"1994년 6월 15일, 백악관에서 긴장된 순간, 페리 국방장관과 존 셀리 캐슈빌리 합참의장이 클린턴 대통령과 고위 관료 브리핑을 하고 있었다. 3만7천 명의 주한미군을 실질적으로 보강하는 세 가지 방안에 대한 브리핑이다. 펜타콘은 '중간 안' 을 주장했다. 병력 1만 명을 증파하고 F-117 스텔스기를 발진시키며 장거리 폭격기와 함께 항공모함을 한반도에 추가배치하는 방안이었다." 이후 회의 중 카터 특사 연락(북한 핵사찰 허락)으로 계획은 자연스레 취소되었다.

위와 같이 영변원자로 폭격계획은 실행 직전에 취소되었지만, 미국은 언제든지 실행할 준비가 되어있다. 미국은 영변원자로 및 평양폭격에 특화된 작계 5026을 완성하고 심지어 한국을 제외하고도 일본 및 호주 등과 훈련을 한 바 있다. 앞으로 미국이 이익을 얻거나 이익에 반하는 상황이 도래하면 3요소가 충족되어 핵 제거를 위한 제한전 또는 전쟁으로 치달을 수가 있다.

한편 북한은 6.25전쟁 이후 총 222회 도발과 10여 건의 제한전 성격의 무장도발이 있었다. 특히 연평도 포격사건(2010.11.23.)은 6.25이래 최초로 휴전선을 넘은 포격 공격으로 피아 인명 살상까지 발생했던 준전쟁이었다. 전쟁과 도발을 구분하는 단순한 개념은 '총으로 교전이 있으면 도발, 포(砲)로 교전이 있으면 전쟁' 이라 할 수 있다. 그러나 쌍방포격전으로 전쟁에 발을 들여놓은 남북한은 전쟁까지 비화는 되지 않았다.

왜 그럴까? 남북한의 전쟁동인 '두려움', '명예', '이익' 을 대입하여 살펴보자. 역시 남북한은 연평도 사건으로 공분은 했으나 1진1퇴를 주고받았을 뿐 어느 한쪽이 일방적으로 당한 '명예' 실추가 없었으며, 서로가 교전 중지한 상태에서 더 이상의 두려움도 없었다. 그리고 교전으로 쌍방이 이익을 얻거나 잃지도 않았다. 따라서 전쟁동인의 3요소가 순차적으로 1개 내지 2개가 겹쳤을 뿐 전쟁동인 3요소가 겹치는 충분조건이 형성되지 않았다.

따라서 한반도에서 전쟁 가능성의 최우선 순위는 비핵화를 두고 미국 주도의 북한 핵시설에 대한 선제타격과 북한의 대응으로 동맹 간 전쟁으로 비화하는 것인데, 북방축은 현재 심각한 두려움을 못 느끼며, 확전에 대한 두려움은 크다. 그리고 명예의 실추도, 특별한 이익도 없다. 차 순위 남북한의 무력충돌은 위 연평도 상황에서 유추할 수 있듯이 전쟁동인 3요소가 겹치는 부분이 없어서 전쟁 확률은 적다.

결론적으로 한반도에서 전쟁 예측은 '투키디데스의 함정' 에 따른 패권국과 신흥국의 대리전 확률도 적고, 전쟁동인 3요소인 '이익' '명예' '두려움' 등 3요소가 겹치는 상황도 적어, 전쟁동인이 복합적으로 발현하기가 어려운 상황이다.

제2장. 남북한 전력비교와 전쟁 승패 예측

1. 남북한 승패 조망 이해
2. 남북한 전력 비교와 승패 예측

제2장 | 남북한 전력비교와 전쟁 승패 예측

兵者 國之大事 死生之地 存亡之道,
經之以五事 校之以七計 而索其情
전쟁은 국가의 대사이며 생사가 달려있고 국가의 존망이 달려있다.
반드시 '다섯 가지 원칙과 일곱 가지 계획(계산법)을 비교하여 적과 나의 상황을 정확히 분석해야 한다.

[손자병법] 죽간

[손무: BC 544~496?] 병법가, 이론대로 전승

1. 남북한 승패 조망 이해

전쟁에서 승패는 국가의 운명을 좌우한다. 그러나 전쟁은 다양한 변수가 작용하여 승패를 예단하기 쉽지 않다. 병법가 손자(孫子)는 '전쟁은 국가의 대사이며 생사가 달려있고 승패는 국가의 존망이 달려있다(兵者 國之大事 死生之地 存亡之道)' 라고 하였다. 또한 전쟁에 임하기 전에 반드시 '다섯

가지 원칙과 일곱 가지 계획(계산법)을 비교하여 적과 나의 상황을 정확히 분석(經之以五事 校之以七計 而索其情)' 해야 한다고 하였다.[8)]

다섯 가지 원칙이라 함은 "① 도(道): 지도자의 정치력과 국민의 호응, ② 천(天): 하늘의(유리한) 기후 조건, ③ 지(地): 땅의 유리한 지형조건, ④ 장(將): 장수의 능력, ⑤ 법(法): 제도(국가지원 시스템과 군사조직)이다. 다섯 가지 원칙의 유 · 불리에 따라 전쟁을(정치적) 조망할 수 있다고" 하였다. 그리고 다시 한 번(군사적) 세밀하게 "일곱 가지(도, 장, 천지, 법령, 화력, 훈련, 상벌)를 비교하여 우위일 때 전쟁에 임하라" 하였다.

또한 손자는 '일일천금(一日千金)' 을, 키케로는 '전쟁의 원동력은 무한한 돈이다/ Endless money forms the sinews of war' 라고 하였다. 즉, 현대전에서도 상대국보다 더 많은 군비를 조달할 수 있는 국방력만이 전쟁을 좌우할 수 있다고 하겠다.

전쟁에 임하여 불확실성은 한 치 앞을 내다볼 수가 없다. 『전쟁론』(Vom Kriege)을 저술한 클라우제비츠(Carl von Clausewitz, 1780～1831)는 '전쟁은 전투력이나 정신력이 복합 작용하여 절대성과 확실성은 이룰 수 없고, 우연(偶然)이 들어설 여지가 있다' 라고 하였다. 즉 황제와 대전략가인 유비(劉備)와 나폴레옹(Napoleon), 하니발(Hannibal)도 다 이겨놓은 전쟁에 단 한 번의 운명적 실수로 패하여 그들이 속한 제국까지도 망하게 하였다.

전쟁에 임할 때 가장 좋은 것은 '이겨놓고 싸우는 것' 이다. 전쟁은 보편적으로 상대편에 대한 잠재적 두려움과 국가적 이익 그리고 정복의 명예욕이 복합 작용하여 발발하였다. 여러 전쟁 사례에서 '승리한 전쟁은 이겨놓고 싸웠고, 패배한 전쟁은 싸움부터 하였다.' 그러나 인류는 7,000여 년 전부터 전쟁을 하였고, 현재까지 오초(吳楚) 전쟁과 제1 · 2차 걸프전을 제외하고

8) 손자가 오왕 합려를 처음 대면하여 전쟁을 논(論)할 때 손자병법의 시계편(始計篇)으로 감동케 하여 대장군에 제수받고 오초 전쟁을 승리로 이끈다. 박재희,「손자병법과 21세기」(서울: EBS, 2001). pp.57-70.

이겨놓고 싸운 전쟁은 드물다.

오초(吳楚) 전쟁은 손자가 속한 3만의 오(吳)나라가 20만의 초(楚)나라에 비해 적은 병력임에도 불구하고 소모전, 유인전, 추격섬멸전, 결정전(영도 입성)을 통하여 초나라 수도에 입성하고 항복을 받아낸다. 즉 '이겨놓고 싸우는 전쟁의 효시(嚆矢)'로서 처음부터 큰 그림을 그리고 유연하게 전략을 바꿔가며 주도권을 잡고 승리를 한다.

제1·2차 걸프전은 주도국의 월등한 국력과 연합군 구성, 정보화된 무기체계의 절대적 우위와 최소한의 전투병력을 투입하여, 현대전의 '이겨놓고 싸우는 전쟁의 효시(嚆矢)'라 할 수 있다. 따라서 승리한 전쟁들은 사전에 5사(事) 7계(計)와 정확한 정보력으로 전쟁지수 비교 우위에 근거하여, 국력이 부족할 때는 전략으로 극복하고, 국력과 전력이 충족될 때는 전략적 전쟁을 수행하여 승리로 이끌었다. 그러나 상대국과 비교하여 전쟁지수가 2배~3배 이내이면 전쟁의 승패는 예측하기 힘들다.

5사(事)는 전쟁을 조망하고 결정하는 정치외교 분야이고, 7계(計)는 전쟁을 수행하는 군사전략 분야이다. 한반도의 전쟁 조망과 승패를 예측하기 위하여 큰 틀은 손자병법의 5사(事) 7계(計)와 작은 틀은 현대 전쟁지수를 대입하고, 주변국 상황 특히 주한미군과 태평양·인도사령부의 전력을 포함하여 풀어나가도록 하겠다.

2. 남북한 전력비교와 승패 예측

가. 5사(事)를 통한 전쟁 조망

5사(事)를 통해 다음과 같이 전쟁을 조망한다(經之以五事, 다섯 가지를 씨줄로 삼는다). ① 도(道): 지도자의 정치력과 국민의 호응, ② 천(天): 하늘의

(유리한) 기후조건, ③ 지(地): 땅의 유리한 지형조건, ④ 장(將): 장수의 능력, ⑤ 법(法): 제도(국가지원 시스템과 군사조직)이다.

① 도(道): 지도자의 정치력과 국민의 호응 그리고 탄탄한 동맹관계이다. 지도자의 덕목은 정치체제로 상하동욕(上下同慾)의 결합도를 말하는데, 민주주의 대통령체제와 공산주의(독재체제)를 일컫는다. 정치체제는 블록담과 아치석교를 비교하는데, 민주주의체제는 상위블록을 제거해도 다시 얹어놓으면 흔들림이 없는 반면 공산주의(독재체제)는 아치석교 상부의 귄 돌을 제거하면 교량이 무너진다. 즉 민주주의체제는 지도자 유고 시 차석이 대행 임무를 수행해도 흔들림이 없다. 반면에 독재체제는 지도자(1인 독재자) 유고 시 권력쟁탈 양상으로 극심하게 혼란을 겪는다.

한국은 정치체제도 탄력적이고 흔들림이 없다. 반면에 북한은 독재체제로 지도부가 제거되면 극심한 혼란으로 내부분열에 빠질 것이다. 국민 호응도는 정치체제에 영향을 받는다. 한국의 국민 호응도는 대외 분쟁에 있어 대의명분이 뚜렷하고 국회 및 국민이 동의하면 흔들림 없이 전폭 지원할 것이다. 그러나 북한은 독재자가 부재 시 상하 각자도생으로 극심하게 혼란에 빠질 것이다.

정치 및 대외 외교력에 의한 동맹관계는 '원교근공(遠交近攻)' 이라 할 수 있는데, 가까운 국가와는 싸우고 먼 나라와는 외교를 맺는다는 것이다. 따라서 남북관계는 휴전상태인데, 한반도 중심의 역학적 동맹 관계에서도 한국 중심(지역)의 남방축은 반도의 해양성을 토대로 개방성, 유연성, 능동성으로 탄력적이고 단단하다. 반면 북한 중심(지역)의 북방축은 대륙성으로 강직성, 폐쇄성, 수동적으로 겉보기에 단단하나 깨지기 쉽다.

② 천(天): 하늘의(유리한) 기후조건이다. 전장에서 악천후를 극복할 수 있는 방법은 첨단장비이다. 첨단장비를 편제하면 작전이 요구하는 시간과 장소에 장비와 병력을 투입하고 화력을 집중할 수 있다. 한국은 악천후를 극복할 수 있는 무기가 첨단화 되어가고 있다. 공군은 4세대 전투기 F-16 이

〈전쟁 조망 5사(事)와 재해석〉

구분	원문 내용	현대 해석 내용	비 고
도(道)	• 지도자 덕목과 정치력 - 정치적 상황 안정 - 상하동욕, 공생공사	• 피아 지도자 덕목과 정치체제 (민주, 독재) • 국민의 호응도(국민, 국회 동의) • 대외 외교력(동맹관계)	체제·결합, 동맹
천(天)	• 계절의 변화와 통제 - 추위와 더위, 낮과 밤	• 기상극복 시스템과 무기 - 정보화 등 전천후 첨단무기, 복장	첨단 무기
지(地)	• 지형의 통제와 극복 - 원근, 험지, 광협, - 산과 강	• 지형극복 시스템과 무기(헬기 등) - 기계화 등 전천후 첨단무기, 복장	첨단 장비
장(將)	• 장수의 지휘와 능력 - 자질: 지,신,인,엄,용 • 전투체계 이해: 계급별	• 장수의 지휘, 정보화 운영능력 - 장성, 장교, 부사관 교육, 숙련 • 정보화체계, 교리, 이해 및 숙달	교리, 정보화 운용체계
법(法)	• 군·관 편제 및 시스템 - 부대편성, 신호체계 - 관, 군의 명확한 임무	• 정보화 기계화된 편제와 운영 • 국가적 지원 시스템 구축과 운영	C4I체계[9] 국(방)력

상은 기후와 관계없이 계기비행과 유도무기 운용이 가능하며, 그 외 전폭 및 수송기도 자동비행이 가능하여 공중을 지배할 수 있다. 해군은 3,000톤급 전투함 이상부터는 태풍과 높은 파도 상황에서도 주도적 원해 작전이 가능하다. 반면에 북한은 3세대 전투기로 악천후를 극복할 첨단장비를 구비하지 못하고 있다. 북한의 해군은 1,500톤 이상의 전투함이 2척 이하로 작전에 제한이 있으며 비대칭 전천후 무기인 잠수함에 주력하고 있다. 육군은 지상의 영향을 많이 받으므로 아래에서 자세히 알아보자.

③ 지(地): 땅의 유리한 지형 조건이다. 고래로 승패와 생사는 지형이 갈라놓았다. 원근(遠近)은 근접전과 내륙 깊숙이 종심 작전이다. 근접전은 정보

9) C4I(지휘, 통제, 통신, 컴퓨터, 정보)를 기반으로 정보화를 적용하여 네트워크 중심전(NCW)으로 전투력을 전환 및 극대화하는 것.

화 체계를 이용한 탐지와 드론 및 로봇에 의한 전투이다. 종심작전은 공중지배하에 헬기 및 수송기에 의한 공수 및 공정작전을 펼칠 수 있다.[10)]

험지(險地)는 산악과 습지 등이다. 산악은 수색대와 특수부대 등이 산악용 차량 및 바이클 등을 운용하고, 습지에서는 기계화부대와 보병 화력 지원에 궤도 및 대륜 차량을 활용한다. 광협(廣狹)은 평원과 협곡이다.

평원은 기계화부대에 특화되어 있다. 협곡은 군사적으로 많은 변수가 있어 사전에 수색대 등에 특수 임무를 주는데, 인공위성, 항공기 그리고 드론 등을 이용하여 정찰과 공격을 할 수 있다. 사생(死生)은 삶과 죽음의 땅이다. 다양한 지형에서는 상황에 맞게 다양한 군형(軍形)으로 전개하여야 한다.

산하(山河)는 산과 강이다. 본문에는 없지만 산과 강은 승패를 결정하는 데 변수가 가장 많은 지형이다. 이를 극복하는 데는 공중지배하에 헬기 및 호버크래프트(Hovercraft)와 도하장비 장착 전투차량이 있어야 한다. 지형은 공중지배와 첨단장비가 관건이다. 한국은 빠짐없이 보급 및 운용하는 단계이고, 북한은 공중지배도 없을 뿐더러 지형극복 장비도 구형이거나 부족하다.

④ 장(將): 장수의 능력이다. 장수의 능력은 '통찰(洞察)과 결정(決定)' 이다. 그리고 지(智), 신(信), 인(仁), 엄(嚴), 용(勇)의 덕목을 갖추어 상하동욕이 되도록 하여야 한다. 그러나 현대전은 장군이 지휘하며 승리를 이끄는 것이 아니라 정보를 바탕으로 상위 첨단무기를 운영하는 '술과 과학' 이다. 즉 제대장과 전문 숙달된 전투원 프로화다.

위관급은 북한이 뛰어난데, 병사부터 숙달된 준전문가를 임관시켜 소부대를 지휘케 한다. 영관급은 대동소이하나 한국이 복잡한 첨단화 운용체계를 익히고, 미군 전투체계에 익숙하여 연합작전을 할 수 있다. 장성급 역시 개인적 능력은 대동소이하나 한국군은 다양하고 폭넓은 첨단화 운용체계에

---

10) 적지 종심상에 공중강습 및 공정부대를 투입하여 C4I시설, 화력지원수단, 증원전력 등을 무력화시켜 적의 전투력을 조기에 분산, 혼란 및 마비시키는 작전개념.

익숙하여 '화면으로 전장지휘' 가 가능하다

⑤ 법(法): 국가지원 시스템과 군사조직 등 제도이다.

곡제(曲制)는 부대 편제이다. 한국은 공군사령부 예하 11개 비행단 700여 대 작전기를 보유하고 있고, 해군은 해군사령부 예하 3개 함대와 기동전단, 잠수함 사령부를 보유하고 있다. 육군은 7개 보병군단과 1개 기동군단으로 편제되어 있다. 북한은 공군사령부 예하에 4개 비행단과 765대의 작전기를 보유하고, 해군은 해군사령부 예하에 사단급 3개 함대 111척과 잠수함 80여 척을 보유하고, 육군은 12개 보병군단과 2개의 기계화 군단에 3,500여 대 탱크로 편제되어 있다. 한국은 무기체계에 있어 1~2세대 앞선 장비를 보유하고 있어 해 · 공군은 한반도를 지배할 수 있고, 육군의 전투지수도 상대적으로 높아 합동작전 능력이 북한 대비 우위에 있다. 반면에 북한은 육 · 해 · 공군 공히 1~2 세대 뒤진 장비를 보유하고 있어 작전에 제한을 받아 핵과 미사일 등 비대칭 전력을 높이고 있다.

관도(官道)는 백관의 지원 임무와 주 보급로 관리이다. 남북 공히 평시 전시전환체제 훈련과 전시체제는 숙달되어 있고, 보급로는 장비의 발달로 전투부대 기동과 보급은 피아 제한이 없다.

주용(主用)은 전투부대 운영에 '따른 비용과 물자이다. 한국은 GDP 1,648조 원이고 연간 국방비가 50조 원(2020년)을 넘어섰다. 반면 북한은 GDP가 34조원(2018년)에 국방비는 2조원 수준이다. 따라서 주용(主用) 즉 전쟁 비용 조달 지표가 되는 국력과 국방비에서 양국의 격차가 크다.

결론적으로 5사(事) 비교는 전쟁지도부의 전쟁 여부를 결정하기 위한 객관적인 승패 조망이다.

도(道), 즉 지도자의 정치력과 국민의 호응도 그리고 대외 동맹결속 부분 및 측면에서 한국은 상급이고 북한은 하급이다.

천(天), 즉 기후변화와 낮과 밤 그리고 추위와 더위 부분에서 느끼는 부분은 대동소이하나 전천후 첨단장비와 하늘길을 통한 보급체계로 극복 유무가 결정되는데, 한국은 상급이고 북한은 하급이다.

지(地), 즉 원근과 험지 및 광협 그리고 산과 강이다. 공중 및 해상 지배력과 첨단장비의 성능은 시간과 안전성을 보장하여 지형의 극복 유무를 결정하는데, 한국은 상급이고 북한은 하급이다.

장(將), 즉 장수의 자질과 전투체계 운용능력이다. 장수의 기본적인 자질은 대동소이하다. 첨단 전투체계를 운영하는 데, 기본 베이스 유무에 따라 하급에서 상위로 올라갈수록 운용에 따라 파워가 커진다.

법(法), 즉 국가지원시스템(관도와 주용)과 군사편제이다. 국가지원시스템은 국력과 국방비에 의한 첨단장비 무장이다. 한국은 상급이고 북한은 하급이다. 군사편제는 첨단무기 실전배치이다. 한국이 상급이고 북한은 하급이다. 따라서 비교 항목 5개 요소 중 한국은 4개 요소가 상이고, 1개 요소가 중이다. 반면 북한은 4개 요소가 하급이고, 1개 요소가 중급이다. 한반도 전력의 변수인 핵의 요소를 포함한 세부적인 비교는 아래의 7계(計)에서 자세히 알아보자.

나. 7계(計)를 통한 남북한 전력 비교

7계(計)를 통해 다음과 같이 적과 나의 전력을 비교하고 승패를 알 수 있다. (故校之以七計 吾以此知勝負矣 적과 나의 능력을 일곱 가지로 비교하면 승패를 미리 알 수 있다.)

① 주숙유도(主孰有道): 지도자의 정치력과 국민의 호응 그리고 외교력은 누구에게 있는가?

② 장숙유능(將孰有能): 장수의 능력은 누가 나은가?

③ 천지숙득(天地孰得): 기상조건과 지형상황은 누구에게 유리한가?

④ 법령숙행(法令孰行): 법과 시스템은 어느 편이 잘 이루어져 있는가?

⑤ 병중숙강(兵衆孰强): 장병의 수와 화력은 누가 우세한가?

〈7계(計): 전쟁수행에 의한 남북한 전력 비교〉

구분	내용	한국	북한	비고
주숙유도(主孰有道)	• 피아 지도자 덕목 • 국민의 호응도 • 대외 외교력(동맹)	• 대통령제 • 국민/국회 • 남방축	• 1인 독재 • 당, 군사위 • 북방축	체제 · 결합, 동맹
장숙유능(將孰有能)	• 장수의 지휘와 능력 - 자질: 지,신,인,엄,용 - 전투체계 이해: 계급별	• 장교 준프로 - 위관: 하 - 영관: 중 - 장성: 상	• 장교 준프로 - 위관: 상 - 영관: 중 - 장성: 하	교리, 운용 체계 숙달
천지숙득(天地孰得)	• 계절의 변화와 통제 - 추위와 더위, 낮과 밤 • 지형의 통제와 극복 - 원근, 험지, 광협, - 산과 강	• 기후영향 적음 • 지형영향 적음	• 기후영향 많음 • 지형영향 많음	첨단 극복 장비 운용
법령숙행(法令孰行)	• 국가법령체계 - 총력체계, 국력/국방력 - 관,군의 명확한 임무 • 군대 편제 및 시스템 - 부대편성 - 신호체계 - 보급체계	• 국가법령체계 - 총력체계: 양 - 국력/국방력: 양 (1,648조/50조) - 관,군 명확한 임무/지원능력: 양 - 편제: 공 · 방 - 신호체계: 양 - 보급체계: 양	• 국가법령체계: - 총력체계: 불 - 국력/국방력: 불 (34조/2조) - 관,군 명확한 임무/지원능력: 불 - 편제:공격형 - 신호체계: 하 - 보급체계: 하	국력 국방력 관군 지원 규모 net-work 보급 정비 체계
병중숙강(兵衆孰强)	• 병 · 무기의 수와 위력 - 무기의 수(육해공) - 화기의 위력 (정밀화력) - 핵 및 미사일	시스템 양호 - 해공군 양호 - 정밀화력: 상 - 핵: 중(준핵3종) - 미사일: 상 (4,000여 발)	시스템 불량 - 해공군 저급 - 정밀화력: 하 - 핵: 상(12발) - 미사일: 중 (1,000여 발)	3세대급 초정밀 핵보유 미사일 수
사졸숙련(士卒熟練)	• 사졸의 훈련정도 - 연합훈련 - 대부대훈련	- 연합훈련: 양 - 대부대훈련: 양		

구분	내용	한국	북한	비고
사졸숙련 (士卒熟練)	- 소부대훈련 - 예비역훈련 - 병역제도	- 소부대훈련: 중 - 예비역훈련: 중 - 첨단무기: 전문화	- 연합훈련: 무 - 대부대훈련: 무 - 소부대훈련 중 - 예비역훈련: 중 - 첨단무기: 일부	국내외 대규모 훈련 첨단 무기 숙달
상벌숙명 (賞罰孰明)	• 상과 벌은 명확한 시행 - 사기앙양 - 군법 및 군율	• 상벌숙명: 양 - 사기앙양 - 군법유명 군기유연	• 상벌불명: 하 - 사기저하 - 군법불명 군기문란	부대 결합도 사기/ 군기
결과		○○○○△○○	××××△××	상: ○ 중: △ 하: ×

⑥ 사졸숙련(士卒熟練): 장병들의 훈련은 어느 편이 숙달되어 있는가?
⑦ 상벌숙명(賞罰孰明): 상벌은 어느 편이 엄정하게 시행되고 있는가?

①—1 도(道): 지도자의 정치력과 국민의 호응 그리고 탄탄한 동맹관계이다. 지도자의 덕목은 정치체제로 상하동욕(上下同慾)의 결합도를 나타낸다. 현대는 지도자의 정치력과 국민의 호응도가 정비례한다. 현대에 있어 대통령의 탈을 쓴 독재국가는 결정적 시기에 주민들의 분노 폭발과 혁명으로 순수대통령제로 바뀌었다.

대표적인 예로 리비아의 카다피는 북한과 같은 1인 종신 통치로 일관했으나, 자스민(민주화) 운동으로 정권이 무너지고 주민들에 의해 사살 당하였다(2011.10.20). 결국 국민의 호응도는 '민심은 천심이다' 로 대변할 수 있는데, 북한은 정치적 압력에 오랫동안 내재되어 있다가 한 번에 혁명으로 폭발할 수 있는 필요충분조건을 가지고 있다. 아래 북한의 변수는 내부변수와 외부변수가 있는데 캐플린안과 콜린스안은 내부 붕괴이고 작계 5026은 저

〈북한의 변수(붕괴 시나리오)〉

변수	캐플린안	콜린스안	작계 5026 시행
1	자원고갈	자원 고갈	
2	인프라 유지 불가	당원(핵심세력) 자원투입	
3	군벌 및 관료재벌	상인 및 자본가 활성화	
4	중앙정권 진압	탄압과 독자노선	① 비핵화 협상: 콜린스안 ② 비협상/타격: 아래단계
5	중앙정부에 조직적 저항	저항(재산횡령, 발포거부)	
6	정권의 자멸	분열 및 국외탈출	폭격/분열/전쟁
7	새 지도부, 통일	새 지도부, 통일	북진/무력통일
출처	국제문제 전문가 (the attantic 2006. 10호)	1996 한미연합 국제담당관	저자 개념

* 북한은 김정일 사망 후 장성택이 김정은의 후견인 역할을 하였을 때 5.5 단계까지 갔으나 김정은 집권 후 2.5단계까지 내려갔다.(저자 개념)

자개념의 미국 주도 외부변수가 되겠다.

국가간의 동맹관계는 정치력과 외교력에 달려 있는데, 한국은 북방정책(1988년)으로 북한의 동맹국들인 중국 및 러시아와 경제교류를 통한 수교로 북한을 고립시켰고 군사적으로 손발을 묶은 바 있다. 이를 통해 북방축(러시아, 중국, 북한)은 붕괴되었으나 사드 한국 내 배치(2017.3.6)로 북중의 관계가 동맹 수준으로 회복되었다. 그러나 러시아는 미국과 이해관계에 따라 교류가 빈번해지면서 북방축에서 약한 동맹을 유지하고 있다. 따라서 러시아는 남침 등 주도적 역할을 하기에는 제한적이다.

남방축은 전시작계 주도권이 미국에 있고 주기적인 연합(동맹)훈련을 하는 등 끈끈하고 단단하다. 또한 미국은 비핵화에 대응하여 한국을 배제한 미국 주도 일본, 호주, 심지어 필리핀까지를 동맹으로 한 작계 5026 훈련을 하는 등 북한의 비핵화에 따라 일방적 타격 및 대응 과정에서 한국이 끌려 들어가는 제한적 분쟁, 통일 전쟁으로 비화될 수 있다.

②－1 장숙유능(將孰有能): 장수의 능력은 누가 나은가? 손자가 말하는 장수는 대장군이다. 즉 일국의 야전군 사령관이다. 따라서 이때 장수의 능력은 '통찰(洞察)과 결정(決定)' 이다. 그리고 지(智), 신(信), 인(仁), 엄(嚴), 용(勇)의 덕목을 갖추어 상하동욕이 되도록 하여야 한다. 그러나 현대전은 장군이 지휘하며 승리를 이끄는 것이 아니라 정보를 바탕으로 상위 첨단무기를 운영하는 '술과 과학' 이다. 즉 제대장과 전문 숙달된 조작대원의 프로화다.

위관급은 전투와 전술을 지휘한다. 육군의 위관급은 북한이 자질이 뛰어난데, 병사부터 숙달된 자(3~5년)를 뽑아 군관 및 군사학교 졸업 후 준전문가로 임관(3,000여 명 내외)시켜 중 · 소부대를 지휘케 한다. 반면에 한국은 위관급 중에서 준전문가(사관학교 매년 730명 ; 육사 230명+3사 500명)와 군사 입문가(매년 4,587명 ; 학군단 4,110여 명, 28개월 복무+학사 매년 487여 명, 38개월 복무)를 8.5 : 1.5의 비율로 임관시켜 지휘케 한다.

영관급 자질은 남북한이 대동소이하다. 합동훈련과 편제에 따라 첨단장비와 정보화 운용체계(육군전술지휘정보체계 C4I · ATCIS-Net Work)를 위관급부터 접하고 익힌 한국의 영관급이 이를 접하지 못한 북한군에 비해 전술기량에 월등한 차이를 보인다. 장성급의 자질은 대동소이하다.

한국의 사령관들은 '보면서 싸우고' , 북한의 사령관들은 '눈 가리고 싸우게' 되었다. 한국의 육군전술지휘체계는 고도로 발달하여 감시 · 결심 · 타격체계와 실시간 연동해 전방 지휘관에게 최적의 지휘가 되도록 도와주는데, 전투력 수준을 산출하고 최적의 공격 방법을 자동으로 추천까지 해준다. 또한 군단－사단－연대까지 화상을 연결하고 인근 부대와 작전상황도 공유한다. 따라서 한국군 사령관은 정보화 운영체계를 갖추고 있어 이를 활용하여 전투력을 극대화하는 반면 이를 보유하지 못한 북한군 사령관은 부대 전투력이 결정적으로 저하될 수밖에 없다.

③-1 천지숙득(天地孰得): 기상조건과 지형 상황을 누구에게 유리한가?

천(天) : 하늘의(유리한) 기후조건이다. 오행은 상생상극하며, 사계절이 순환하며, 해는 계절에 따라 길고 짧으며, 달은 보름과 그믐에 차고 기운다. 한반도의 기후조건은 사계절이 뚜렷하여 겨울에는 지역에 따라 영하 30도를, 여름에는 영상 40도를 오르내린다. 폭설과 폭풍우, 안개를 동반하고 낮과 밤이 반복된다. 기후조건이 군사에 미치는 영향은 크다. 영하의 날씨는 병사에게 보온이 필요하고 장비들은 동파가 따른다. 염천(뜨거운 여름철)에는 병사의 탈수 등 체력안배와 장비의 과열에 의한 파손이 따른다. 폭설과 폭풍 그리고 안개는 인간의 활동이 위축되고 시계로 인해 장비 가동이 제한된다. 특히 밤에는 인간의 시야가 보이지 않아 오감에 의존하고 모든 장비의 운용에 어려움을 겪는 등 군사작전에 결정적 제한을 가져온다.

전장에서 악천후를 극복할 수 있는 방법은 첨단장비이다. 첨단장비를 편제하면 작전이 요구하는 시간과 장소에 장비와 병력을 투입하고 화력을 집중할 수 있다. 한국은 악전후를 극복할 수 있는 무기가 첨단화되고 있다. 공군은 4세대 작전기 326대(5세대 40기, 4.5세대 60기, 4세대 266기)를 운영하고 있으며 기상 및 기후와 관계없이 계기비행과 유도무기 운용이 가능하다.[11] 그 외 조기경보통제기 4대, 조기정보정찰기 4대(글로벌호크), 공중급유기 4대 등은 계기 및 자동비행이 가능하여 작전전투 지속능력을 높여 공중지배가 가능하도록 한다. 반면에 북한은 3세대 작전기 40여 대(MIG-29기)가 있으나 악천후를 극복할 첨단장비를 구비하지 못하고 있다.

해군은 3,000톤급 전투함 이상부터 태풍과 높은 파도 상황에서도 주도적

11) 전투기(작전기) 세대 구분은 2차대전 이후 제트전투기 시대가 도래하면서 초창기 제트전투기부터 1세대로 구분. 1세대: 마하 1 미만의 아음속 전투기들로 F-86, MIG-17. 2세대: 초음속 영역에 도달한 전투기들로 F-5, MIG-21. 3세대: 가시거리 외 공대공 미사일 장착한 전투기들로 F-4, MIG-25. 4세대: 기동성과 멀티롤 전투(폭)기들 F-15, MIG-29. 4.5세대: 4세대 기체에 AESA레이더, IRST(적외선감시 및 추적) 등이 장착된 전투기들 F-15E/S/G, MIG-35/Su-35s. 5세대: 스텔스, 고급 항전장비, 높은 기동성의 전투기들 F-22, SU-57.

원해작전이 가능하다. 한국은 수상함 22척(호위함 10척, 구축함 12척)과 전투지원함 8척, 기뢰전함 2척, 상륙함 10척을 보유하여 원해작전까지 가능하다. 이 반면에 북한은 1,600 톤 이상의 전투함을 보유하지 못하여 원해는 물론 연안작전도 제한적이다. 육군은 피아공격 및 방어시 폭우 및 안개 등의 악천후 시 시계제한과 병사들의 방온 등은 전투에 영향을 미친다. 한국군은 열상 및 야간투시경을 장착하고 있으며, 방한과 방수 그리고 보온이 되는 전투복과 정보전투헬멧을 보급하고 있으며, 드론과 로봇을 이용하여 전천후작전도 가능하다. 반면에 북한은 특수부대 등에 야간투시경을 제한적으로 보급하는 수준으로 방한 및 방수 그리고 드론 등 첨단장비를 보유하고 있지 못하여 악천후전투 등은 제한적이다.

③-2 지(地): 땅의 유리한 지형조건이다.

한반도의 지형은 산악이 70%로 북고남저(北高南低) 형상이며, 11개 강과 15개 정맥은 강서동산(江西東山) 및 횡강횡서(橫江橫西)의 지형을 이루고 있다. 고래로 승패와 생사는 지형이 갈라놓았다. 원근(遠近)은 근접전과 내륙 깊숙이 종심작전이다. 이는 공중지배하에 헬기 및 수송기에 의한 공수 및 공정작전을 펼칠 수 있다. 험지(險地)는 산악과 습지 등이다. 산악은 수색대와 특수부대 등이 산악용 차량 및 바이클 등을 운용하고, 습지에서는 기계화부대와 보병 화력 지원에 궤도 및 대륜 차량을 활용한다. 광협(廣狹)은 평원과 협곡이다. 평원은 기계화부대에 특화되어 있다. 협곡은 군사적으로 많은 변수가 있어 사전에 수색대 등에 특수임무를 주는데, 인공위성, 항공기 그리고 드론 등을 이용하여 정찰과 공격을 할 수 있다. 사생(死生)은 삶과 죽음의 땅이다. 다양한 지형에서는 상황에 맞게 다양한 군형으로 전개하여야 한다. 산하(山河)는 산과 강이다. 본문에는 없지만 산과 강은 승패를 결정하는데 가장 변수가 많은 지형이다. 이를 극복하는 데는 공중지배하에 헬기 및 호버그래프트와 도하장비장착 전투차량이 있어야 한다. 지형은 공중지배와 첨단장비가 관건이다. 한국은 공중지배하에 기상과 지형을 뛰어넘는 신속기동사단(공정사단), 평양공격특수부대(참수부대)로 재편하고 도하장비도 개선하는 등 첨단 극복장비를 보급 및 운용하는 단계이고, 북한은 공중지배도 없을 뿐더러 지형극복 장비도 구형이거나 부족하다.

④-1 법령숙행(法令孰行): 법(국가지원체계)과 군사 시스템은 어느 편이 잘 이루어져 있는가?

법(法): 국가지원 시스템과 군사조직 등 제도이다. 국방력 건설과 유사시 전쟁비용은 천문학적으로 투입된다. 규모의 국력이 이를 뒷받침해야 하며, 양국의 GDP와 국방비 등 주요 지표를 비교하면 우위를 알 수 있다. 한국은 GDP 1,812조 원이고 년간 국방비가 50조 원을 넘어섰다. 반면 북한은 GDP가 34조 원(2018년)에 국방비는 2조 원 수준이다. 따라서 전쟁비용 조달 지표가 되는 국력과 국방비에서 아래와 같이 양국의 격차가 크다.

〈남북한 주요 국력 지표〉

구분	남한	북한	비고
인구	51,709천 명	25,250천 명	2019 기준
국내총생산(GDP)	1,812조 원	296조 원	2018 기준
국방비	50조(440억 불)	2조(16억 불)	GFP2020년도
무역총액	1,140,062,085천 불	2,843,484천 불	2018 기준
식량(쌀)	4,466천 톤	4,640천 톤	2019 기준
원유도입량	1,116,281천 배럴	3,885천 배럴	2018 기준
제강(량)	72,464천 톤	810천 톤	2018 기준

*출처: 통일부 자료(2020)

한국은 공격과 방어를 탄력적으로 운용할 수 있도록 편제되어 있다. 공군사령부 예하 11개 비행단으로 구성되어 전국에 분산 배치하고 있다. 해군은 해군사령부 예하 3개 함대와 기동전단, 잠수함 사령부를 보유하고 있다. 육군은 7개 보병군단과 1개 기동군단으로 편제되어 있다. 북한은 공격형으로 병력의 70% 이상을 휴전선에 근접하여 배치하고 있다. 공군사령부 예하에 4개 비행단과 765대의 작전기를 보유하고, 해군은 해군사령부 예하에 사단급 3개 함대 111척과 잠수함 80여 척을 보유하고, 육군은 12개 보병군단과 2개의 기계화 군단에 3,500여 대 탱크로 편제되어 있다. 한국은 무기체계에 있어 1~2세대 앞선 장비를 보유하고 있어 해 · 공군은 한반도를 지배할 수 있고, 육군의 전투지수도 상대적으로 높아 합동작전 능력이 북한 대비 우위에 있다.

반면에 북한은 남침 작전계획 즉 육군의 기동계획에 따라 공군과 해군이 지원하는 구조다. 즉 군종별로 장기계획에 의한 무기발전 및 획득에 실패하였다. 따라서 육 · 해 · 공군 공히 1~2 세대 뒤진 장비를 보유하고 있어 작전에 제한을 받아 핵과 미사일 등 비대칭 전력을 높이고 있다.

보급 및 정비체계는 속전속결과 장기전(戰)에 대단히 중요하다. 남북한의 양자 보급체계는 일정 부분 비축하고 전시가 되면 평시 자원관리 부분에서 동원하는 개념이다. 한국의 국내기반 양곡은 4,466여 톤으로 식량자급률은 21%이며, 평상시 수입물량을 제외하고 70여 톤이 남는다. 그러나 전시가 되면 79%를 수입으로 대체하며, 보급순위는 군부대, 관공서, 국민 순이다.

따라서 4개월 이상 전시가 지연되면 수입상황에 따라 유동적이다. 그럼에도 불구하고 작계 5015에 의하면 현 전선에서 공격 가능하고, 한국의 각 항구가 운영되므로 식량 수입은 2~4개월 내 상황이 호전될 것으로 보인다. 반면 북한은 국내기반 4,640여 톤으로 평상시부터 250여 톤이 부족하다. 중국과 러시아로부터 식량을 수입하여야 하나 제공 및 제해권을 잃은 상황에서 식량을 수입하기는 어려워 전쟁 지속 능력이 제한된다.

전쟁에서 가동률을 높이는 것 중 가장 중요한 것은 유류다.[12)] 남북한은 공히 원유를 수입한다. 북한은 3,885여 천 배럴을 수입하여 일정부분 군용으로 비축하는데, '국회 국정원 감사 자료에는 북한의 전시대비 유류비축분은 1,593천 배럴로 3일을 넘지 못한다' 고 밝혔다. 이는 북한이 개전 3일 이후에는 전쟁할 수 없다는 것이다. 반면 한국은 1,116,281여 천 배럴을 수입하고, 비상사태대비 1억4천6백만 배럴을 대심도 유류 저장고에 비축한다. 이는 한국이 6개월 사용할 양이며, 제해권을 장악하고 있고 추가 도입도 원활하다. 미군은 별도로 원유수송이 가능하므로 종전까지 원유수급이 가능하다.

정비체계는 장비가동률과 직결되며, 정비시스템은 전쟁지속력을 좌우한다. 한국은 정비율 90% 이상이나 북한은 50% 이하이다.[13] 정비체계는 군사선진국에서도 간과하여 장비가동률이 떨어지는 경우가 있는데, 독일의 장비가동률에 대해 슈피겔지의 보도에 의하면 독일은 당초 NATO의 고도경계태세용과 후속 대응전력으로 90일에서 180일 동안 비상사태대응용으로 준비가 되어있어야 한다. 그런데 유러파이터 작전기의 가동률이 128대 중에 4대만 가능하다. 이는 전투기 유지보수업체가 4개국으로 다양하고 수리부품 등이 단종되었기 때문이라고 하였다. 그리고 2017년에 도입된 육 · 공의 장비가 39% 가동률을 보였다고 하였다.

북한은 공격형 부대 편제로 공격무기가 우선이고 정비지원 차량 및 수리부속 지원은 후순위다. 북한은 구형 무기(2~3세대)가 많고 중국과 러시아

---

12) 제2차 세계대전 당시(1944.12.16.~1945.1.27.) 독일군 최후의 대반격작전인 '벌지 전투 or 아르덴 공세' 에서 독일의 창끝인 '파이퍼 전투단(파이퍼 SS 중령 지휘: 6 기갑군 내 4,880명과 600대 전차로 구성)은 뷰리겐의 미군 연료보급 기지를 확보하고 스타벨롯까지 진출하였으나 후속 연료공급 부족으로 차량과 전차 등의 장비를 버리고 도보로 탈출하였다. 유럽에서 연합군을 몰아내기 위한 전략이었으나 연료 부족에 따른 작전의 실패로 결국 6일의 미군 진군을 저지하고 독일의 패망을 6개월 앞당겼다.

13) 한국군의 정비체계는 '성과기반군수지원(PBL)체계' 로 필요한 부품에 대한 사전장기계약으로 부품을 확보하고 사용한 만큼만 차등 지급한다. 따라서 육상장비는 95% 이상 가동률을, 정비가 까다로운 외국산 항공기는 평균 75% 수준의 가동률(E-737 공중조기경보기 77%, KF-16 70%, F-15 75%)이다 (국방부 발표 자료 2015년).

장비가 주류며 자국산 장비라 해도 부품이 외국산이 많다. 더군다나 예산 부족과 부품수급 체계도 제한적이라 장비의 가동률이 낮다. 한국은 공·방이 가능한 유연한 편제로 공격무기와 정비지원 차량 및 수리부속 체계가 균형되게 편제되어 있다. 즉 미군의 정비시스템을 받아들이고 88전차가 보급되는 해를(1988) 기점으로 정비지원 차량편제와 정품의 수리부품을 순환 주기에 맞추어 정비하는 등 선진화하였다. 양국의 정비체계는 전시에 장비 가동률(치장장비 포함)이 75~95%(한국)와 50%(북한) 이하의 차이가 날 것이다. 그러면 북한의 경우 현재 대당 정량평가(기준 100대)도 가동률 대비 정성평가(50대)로 환산할 때 수적으로도 차이가 난다.

⑤-1 병중숙강(兵衆孰强) : 장병 및 무기의 수와 화력은 누가 우세한가?

전쟁의 승패를 좌우하는, 군사를 수행하는 장병 및 무기의 수와 화력 등을 말한다. 전력을 비교하는 데는 정량평가가 있고 정성평가가 있다. 정량평가는 단순히 무기의 숫자에 의해 우위를 정하고, 정량평가는 장비의 질에 따라 전투 교환비에 따라 우위를 정한다.

현대전에서는 장비의 숫자보다는 장비의 질이 더 전투력 지수가 높다. 정량평가는 국방백서의 남북한 군사력 현황을 참고하고, 정량평가는 무기의 각종 제원을 바탕으로 교환비에 따라 평가하겠다.

〈육군 전력〉

아래의 남북 군사력 현황을 참고하면 한국군은 약 60만 명, 북한은 130만 명으로 집계됐다. 북한이 2.4배가 많다. 단순한 수치는 한국군이 다 없어져도 북한은 70만이 남는다는 논리이다. 오히려 란체스타 2법칙(리베르타 법칙)에 의하면 한국군이 다 죽어도 북한군이 110만은 남아서 자동으로 승리하게 된다는 수치가 나온다.

그러나 1차 걸프전(1990.8.2~1991.2.28)에서 다국적군은 '사막의 방패(쿠웨이트 방어)', 및 '사막의 폭풍(이라크 공습 및 침공)' 작전 시 4,000명의 전투병력만 이라크 영내로 침공하여 쉽게 승리를 하였다. 물론 다국적군은 해 · 공군에 의한 50여 일간 공습과 대규모 지상작전(2월 24일)으로 100여 시간만에 전투병력 4,000명만 이라크 영내 바그다드 외곽까지 진출하여 항복을 받아내었다. 다국적군이 공지 전투를 하는 동안 미국에서는 3,600대의 컴퓨터가 가동하여 전쟁의 패러다임을 주도하고 있었다. 제3의 물결을 쓴 엘빈 토플러는 모넬리 장군의 탈대량화(de-massification)를 소개 및 강조했는데, 소위 '효과기반 정밀타격'으로 '최소의 적정 무기로 최대의 파괴 효과'를 얻어 상대방의 지휘신경망을 끊고, 핵심장비를 파괴하여 부수 군사력은 무용지물로 만든다는 것이다.

실제로 다국적군 96만(전투병력 투입 4,000명)이 이라크 100만을 맞아 교전하여 다국적군 181명과 이라크군 10여 만 명이 사망하는 결과를 초래했다. 이는 병력보다 Net-Work를 통한 통합지휘 및 첨단무기가 승패를 결정지었음을 보여주는 사례다.

지상군 화력은 해공군의 지배에 따라 영향을 받는다. 그러나 지상군 화력은 전쟁종결자이며, 대표적인 화력장비로는 전차와 공격헬기 그리고 포병전력이다. 전차는 남한이 2,500대와 북한이 4,300대이다. 정량평가는 북한이 1.7배로 많다. 전차 역시 세대별로 전투력에 큰 차이가 나는데, 통상 2세대와 3세대는 10:1의 교환비가 나온다.[14] 양 세대 간의 차이는 엔진출력에 의한 등판능력(60km), 신속히 사격할(통상 1.5초) 수 있는 자동사격 및 기동간사격, 야간을 지배하는 열상장비, 날개분리 철갑탄을 제외한 방호가 가능한 장갑 등이다. 그중에서도 결정적인 교환비는 야간전투인데, 열상장비 장착

14) 전차의 세대 구분. 1세대: 주포 90mm · 단일주조장갑, M46, T-55. 2세대: 주포 105mm · 아날로그 · 탄도계산기, M-48, T-64. 2.5세대: 주포 125mm 기초반응장갑, T-72. 3세대: 주포 120mm · 복합장갑 열상장비 · 기동간사격 · 1천마력 엔진, M1A1/ K1A1(한국)/ T-90. 3.5세대: C4I채용 · 능동방어, M1A2/ K2/ 10식(일본)

〈남북 군사력 현황〉

2020년 12월 기준

구분				한국	북한
병력(평시)	육군			42만여 명	110만여 명
	해군			7만여 명 (해병대 2.9만여 명 포함)	6만여 명
	공군			6.5만여 명	11만여 명
	계			55만5천여 명	128만여 명
주요 전력	육군	부대	군단(급)	13(해병대 포함)	15
			사단	37(해병대 포함)	84
			여단(독립여단)	34(해병대 포함)	117
		장비	전차	2,130여 대(해병대 포함)	4,300여 대
			장갑차	3,000여 대(해병대 포함)	2,600여 대
			야포	6,000여 문(해병대 포함)	8,800여 문
			다련장/방사포	270여 문	5,500여 문
			지대지유도무기	발사대 60여 기	발사대 100여 기(전략군)
	해군	수상함정	전투함정	100여 척	430여 척
		잠수함정		10여 척	70여 척
	공군	전투임무기		410여 대	810여 대
		정찰·감시통제기		70여 대(해군 항공기 포함)	30여 대
	헬기(육·해·공군)			660여 대	290여 대
예비병력				310만여 명	762만여 명

*출처: 국방백서(2020), 남북 군사력 현황은 양적 비교만 제시하였음.
*해군의 잠수함정 부분은 잠수함으로 바꿀 필요가 있음(한국 잠수함 20여 척)

전차는 적외선 및 영상으로 적의 전차를 보면서 주포가 자동 조정되어 발사한다. 반면 미장착 전차는 라이트를 켜서 적을 발견해야 하고 그 순간에 3세대 전차의 표적이 된다. 제4차 중동전에서 이스라엘 전차부대들은 야간전투에서 적에게 표적이 될까 봐 서치라이트를 사용할 수가 없었다고 하였다. 그 대신에 적외선 장비와 오감에 의한 매복이나 포위망에 들어왔을 때 사격하였다고 했다. 이라크전에서는 미군 에이브람스 전차중대가 이라크 전차대대와 교전하여 1 : 3.2의 교환비를 보이기도 하였다.[15] 북한은 2.5세대 500대, 2세대 2,100대, 1세대 1,700여 대를 보유하고 있다. 반면 한국은 3.5세대 100(+160), 3세대 1,496대, 1세대 864대를 보유하고 있다. 따라서 한국과 북한의 전차를 정성평가했을 때, 교환비는 한국이 8:1로 오히려 역전된다.

전차전에서 전차에 결정적인 영향을 미칠 수 있는 것은 육군 항공의 공격헬기이다. 중동전에서 이스라엘의 코프라 공격헬기는 대아랍권의 전차와 교전에서 19:1의 교환비를 보여주었다. 현재까지 전차의 성능개발 속도보다 공격헬기의 성능이 더 발달했다. 한국의 공격헬기는 4세대기 AH-64 36(+36), 3세대 AH-1S 70대, 2세대 500MD 200여 대를 보유(3세대 LAH 대체중)하고 있다.[16] 북한의 공격헬기는 1세대 M-2/MI-8등 50여 기를 보유하고 있다. 아파치 헬기는 헬파이어 8발을 장착하고 8km 상공에서 대공화기를 피하면서 공격할 수 있는데, 1회 출격 시 576대의 북한군 전차를 공격할 수 있다. 이론상 6회 출격으로 북한의 모든 전차를 파괴할 수 있다. 후속으로 코프라 70대, 500MD 200대에 각각 토우 미사일 8발(560발)과 4발(800발)을 더하면 총 1,936 발로 2회 출격으로 북한의 모든 기갑부대를 괴멸시킬 수 있다. 반면 북한의 공격헬기는 구 소련에서 수입한 MI-2/4 계열 50여 대이다. 제공권이 장악당한 상태에서 공격에 참가하기도 힘들 뿐더러 한국의 기갑

15) 2차 이라크전에서 미군 M1A1(3세대) 전차 9대로 이라크 T-72전차(2세대) 29대를 격파했다. https//bemil.chosun.com/nbrd/bbs

16) 공격헬기의 세대 구분 개념은 명확하지 않으나 일반적인 구분은 다음과 같다. 1세대: 건쉽 · 로켓포. 2세대: 대전차 미사일 장착, 3세대: 발사 후 망각 미사일 · 미사일 사거리 8km. 4세대: AESA 레이더, 방호장갑. 코프라 공격헬기(AH-1 계열)는 한 형상에 1세대, 2세대, 3세대를 걸쳐 4세대기로 진화하였다.

부대 자체 방공망과 중고도 방어미사일을 회피하기도 힘들다. 또한 동기종은 이미 소련에서 단종시킨 헬기로서 동류 전환을 통하여 유지하고 있다. 따라서 북한의 공격헬기 전력은 전장에 투입이 제한된다.

〈공군 전력〉

해 · 공군의 위력은 현대 전장을 지배한다. 한국의 공군이 한반도를 지배하면 북한은 자국 내에서도 공격형 기계화부대를 기동할 수 없고, 더욱이 공격을 위한 남한내 기동부대 전개조차도 힘들 것이다. 한반도 하늘을 지배하는 공군 세력의 판도는 전투임무기에 있다. 전투임무기는 한국이 430대 북한이 810대를 보유하고 있다. 정량평가 즉 전투임무기 대수별로는 북한이 한국보다 2.3배 정도 많다. 그럼에도 북한은 한반도 하늘을 지배할 수 없을 뿐더러 하늘에 전투임무기를 띄울 수조차 없을 것이다.

북한은 공군사령부의 중앙통제하에 4개의 비행사단에 810대의 전투임무기가 있다. 대부분 1971～1994년에 도입하였는데, MIG-15 190대, MIG-17 120대, MIG-19 180대, MIG-22 180대, MIG-23 45대, MIG-29 40대, SU-7 20대, SU-25 35대 등을 보유하고 있다. 이중 3세대급에 속하는 MIG-23 45대, MIG-29 40대 등 85대가 전투임무기로 투입할 수 있는데, MIG-23기는 레이더 추적거리(제어버드 레이더)가 54km이고 MIG-29기는 전탐거리(N-019 레이더) 100km이나 이들 기종의 한계는 추적 및 전탐과 무장체계가 연동되지 않아 50km 내외 교전만이 가능하다. 다운그레이드된 수출형들은 항전장비가 빈약하여 중동전과 걸프전에서 이스라엘이나 미공군의 F-16이나 F-15에 의해 일방적으로 격추되었다.

한국은 F-5E 170대, F-4E 68대, F-16 169대, F-15E 60대, F-35 스텔스기 40대(22년까지), F/A-50 80대 등 587대를 보유하고 있다. 이중 5세대가 40대, 4.5세대가 229대, 4세대 80기 등 349대가 작전기로 투입될 수 있다. 3세대와 4세대의 전투임무기 교환비는 10 : 1 정도이다. 3차 중동전에서 이스라엘 F-

15전투기는 아랍권의 MIG-23기를 상대로 83 : 1의 압도적인 교환비를 보였다. 1990년 이후 미군은 4세대 및 4.5세대 전투기로 한 세대 뒤진 미그기를 상대로 59대를 격추했고 1대가 격추되었다.

리비아전(오딧세이 새벽 작전 2011.03.20)에서는 북한과 공군력이 비슷한 3세대 전투기로 무장한 리비아가 나토의 4.5세대 라팔과 타이푼 등 60대에 일방적으로 당하였는데, 리비아는 MIG-23기 등 5기가 공중에서 격추되었고 나머지는 주기장에 출격대기중에 파괴되었다. 따라서 리비아와 비슷한 공군 전력을 가진 북한을 상대로 한국은 K-15E 60대로 제공권 장악이 가능하며 나머지 289대는 공지작전으로 전환하여 전장을 장악할 수 있다.

〈해군 전력〉

공군력이 뒷받침하는 해군력은 전쟁의 승패에 결정적인 역할을 한다. 해군은 1945년 미군이 주둔한 이후 한반도의 제해권을 장악했다. 한반도는 3면이 바다로 해군력이 전쟁에 게임체인저 역할을 해왔는데, 이는 남북한 양국의 강을 통한 수도 공격과 전략적 요충지확보 그리고 연안지배가 가능하기 때문이다. 대표적인 사례가 6.25 당시 해군력에 의한 인천 상륙작전과 평양 공격이다. 북한은 전투함이 430척이고 한국은 100여 척이다. 정량비교는 4.3 : 1로 한국이 불리하다. 그러나 정성비교로는 북한은 총톤수 8만 톤이고 한국은 19만 톤으로 정성비교는 1 : 2.35배로 한국이 압도적으로 우위에 있다. 또한 1,000~1,500톤급 전투함을 비교하면 북한이 7척, 한국이 28척으로 1 : 4로 한국이 우세하다. 그러나 해군의 전투력은 '먼저 보고 적 사거리 밖에서 정확히 맞추는 것' 에서 나온다. 이는 net work 기반 무장통합 및 지휘체계가 필요한데, 최소한 호위함급 1,500 톤에 척당 1조 5천만 원의 건조비용이 들어간다. 이는 북한 국방비의 80% 수준이고, 유지비 또한 국방비의 70%를 투자해야 한다. 북한은 해군력에 투자할 여력이 없는 데다, 함정의 노후화 및 퇴역(통상 30년~40년)으로 전투력이 급격히 떨어지고 있다.

비대칭 전력인 잠수함은 정량평가로 한국은 20척이고 북한이 76척으로 1 : 4배로 북한이 우수하다. 정성평가는 북한이 450,000톤이고 한국이 300,000톤으로 북한이 근소한 차이로 우세하다. 북한은 300톤급의 전술용 잠수함이고, 한국은 1,200톤 이상 준전략용(한국 근해) 잠수함으로 구성되었다. 북한의 잠수함은 많은 간첩 및 특작부대를 한국 해안에 침투시켰으며, 천안함격침까지도 이루어 냈다.

그러나 잠수함은 상대국의 수상전력과 대잠능력에 따라 전투능력이 제한된다. 한국은 천안함격침사건 이후 대잠능력을 강화하였다. 주요 대잠능력은 대잠초계기 22대, 해상작전헬기 20대, 해양정보함 8척, 항만방어체계 구축, 서해 SOSUS(잠수함 음향감시시스템)라인 설치, TACM(어뢰음향대항체계) 장착, 홍상어 개발 및 배치, 3차원 지형정보분석체계 등을 구축했다. 한반도에서 잠수함을 전략적으로 운용하려면 제공권과 수상함에 의한 제해권을 장악해야 가능하다. 한국은 제공권과 제해권 그리고 다양한 대잠능력을 구비하였다. 반면 북한은 다양한 방법으로 침투위주 잠수함을 운영할 것이나 한국의 대잠작전으로 급격히 소모될 것이다. 그리고 SLBM을 장착한 1,800여 톤의 신포급 잠수함 1대를 은밀히 운용할 것이나 무장 숫자가 적어 한계가 있다.

〈핵전력〉

핵전력은 전장의 게임 체인저(game changer), 그 자체이다. 그러나 승리의 조건은 원하는 만큼 동시다발의 핵이 투사되어야 한다. 즉 상대국이 대응할 수 없도록 일정 규모의 핵무기와 투발 수단확보 그리고 동시다발 투사능력이 필요하다. 북한은 지금까지 6차 핵실험을 하였다. 북한의 핵을 사찰한 유엔사찰단의 해커 박사에 의하면 북한은 20발에서 60여 발의 핵무기를 보유하고 있다고 증언했다. 북한이 핵을 49발 가졌다고 가정하면 한반도 전쟁의 게임 체인저가 될 수 있다.

북핵에 대하여 한국이 대응할 수 있는 방안은 3가지 있다. 첫째, 미국의 핵우산이다. 둘째, 한국은 북한의 핵무기에 대응이 가능한 준핵무기확보이다. 셋째, 북한의 핵탄두 탑재미사일을 상승단계에서 요격하여 북한 내에서 폭발하도록 하는 것이다. 첫째와 관련, 미국의 핵우산은 구멍 뚫린 우산이다. 즉 미국이 원하는 승리는 가져올 수 있으나 한국의 주민 생명을 보장하지는 못한다. 둘째와 관련, 한국은 북핵에 대응하여 전자펄스탄(EMP), 집속탄(Cluster), 기화폭탄(Thermobaric)을 개발하였다. 한국은 북한의 핵대응을 위해 3종 세트를 은밀히 개발하였고, 특히 집속탄 등은 '사용금지조약 가입'을 유보하고 있는 상태다. 셋째와 관련하여 북한의 핵탄두 탑재 미사일을 상승단계에서 요격하여 북한 내에서 핵폭탄을 폭발시키는 방법이 가장 확실하나, 시스템 구축에는 시간이 걸린다(2030년 경에).

두 번째인 북핵 대응에 대하여 구체적으로 알아보자. 전자펄스탄(EMP)은 전자장비를 파괴 또는 오작동을 일으킬 정도의 강력한 전기장, 자기장을 발생시키는 것이다. 한국은 2007년부터 은밀히 개발하여 2020년에는 3~5km 내의 전자장비를 무력화시킬 수 있는 무기를 배치하였다. 전자펄스탄(EMP)의 작동원리는 16단 막스 발전기와 자기장 압축 발전으로 내부폭약 폭발력에 의해 전기코일을 압축해 강력한 EMP를 발생시켜 전자장비를 무력화시킨다. 한국은 항공기, 탄도미사일 및 순항미사일에 장착하여 적의 지휘시설 및 비행장 방공시스템에 1차 피해를 주고 이후 전투기로 대출력제파 공격으로 무력화할 수 있다.

집속탄은 분산탄 별로 300개의 자탄을 쏟아내 축구장 3개 넓이 면적을 초토화하는 위력을 발휘하는데, 통상 1km 반경을 무력화할 수 있다. 발사 플렛폼은 미국산 227mm MLRS 모델과 동형의 천무 그리고 항공기에서 발사하는데, 특히 미국의 B1-B 폭격기는 한 번 출격에 도시 하나를 날려 버릴 수 있는 소형 핵폭탄급의 위력이 있다.

기화폭탄은 열압력으로 수백입방미터 증기운 폭발을 일으켜 벙커 등을 파괴하고 땅굴이나 은폐된 인원은 불태운다. 한국은 전술지대지 유도무기에 탑재하여 전략벙커, 지하시설, DMZ 지뢰지대 개척 용도로 배치하고 있다. 한국군의 북한 핵대응 3종 세트의 정확한 숫자는 발표되지 않고 있다. 그러나 북한의 1,000여 개의 전략목표와 7,000여 개의 지하군사시설물에 대한 수량은 이미 확보하였고, 기타 지하시설물에 대하여서는 우선순위에 따라 순차적으로 확보할 것으로 보인다. 따라서 북한의 대한국 핵무기 사용에 대한 제한 사항은 첫째, 미국의 핵우산 속에 있는 한국에 북한이 핵무기를 사용했을 시, 미국은 핵무기 9,600여 발중에서 96발 정도를 육 · 해 · 공 다양한 플렛폼으로 핵보복 공격이 가능하다. 둘째, 한국은 북핵 대응 3종 세트를 전략적 운용시점부터 다양한 재래식 무기를 사용하여 전쟁의 판도를 바꿀 수 있는 위력을 확보하고 있다. 셋째, 북한 내에서 핵탄두를 요격 및 폭발시키는 방법이다. 미국은 상승단계에서 북한의 미사일을 요격할 능력이 있다. 한국은 국산 KF-21 전투기에 극초음속 미사일 또는 레이저포를 탑재하고 최대한 목표지역에서 대기 비행하다가 요격하는 것이다. 물론 한국은 KF-21 전투기를 2025년에 개발 완료하고 요격무기를 탑재하고 시험하는데, 최소한 2030년이 되어야 가능할 것이다.

〈미사일 전력〉

미사일은 상대방의 깊숙한 지역의 전략적 표적과 부수 시설물을 시간과 장소에 구애받지 않고 타격할 수 있는 효과적인 1회성 전략무기이다. 미사일은 다양한 탄두를 장착할 수 있는데, 핵 및 화생탄두를 장착하면 상대방에 심각한 타격을 줄 수 있는 전략적 운반체이기도 하다. 한국의 국방백서(2020)에서는 지대지유도무기 발사대가 한국이 60여 기, 북한이 100여 기로만 표기되어 있다. 그러나 미사일은 지대지, 공대지, 함대지 미사일로 구분할 수 있고 숫자와 발사 플렛폼도 다양하다.

지대지 미사일은 150km 이상을 중심으로 했을 때, 북한은 150km~

300km 프로그 및 스커드 계열 600여 기, 1,000km 노동계 200여 기 그리고 2,000km 이상 50~100여 기 등 총 950~1,000여 기 내외의 미사일을 보유하고 있다. 한국은 150km 이상이 2,000여 기와 적장사정포에 특화된 유도전술지대지 200여 기 등 지대지 2,200여 기를 보유하고 있다. 공대지 미사일은 150km 이상으로 기준으로 북한은 전무하고, 한국은 500km급 타우러스(3중 항법장치) 300여 발과 SLAM-ER 초도 보급형 40발 등 340여 발을 운용하고 있다. 함/잠대지 미사일은 한국이 수상함 이순신급 이상 12척과 잠수함 손원일급 이상 12척에서 1,000여 기(잠대지 180여 기 포함) 보유하고 있다. 에이태킴스(ATACMS) 전용탄은 500여 발 보유가 추정된다.

따라서 한국은 총 4,000여 기 내외의 미사일 보유가 추정된다. 북한은 공대지 미사일은 없는 상태이며, 함대지 미사일은 소량을 보유하고 있으나 플랫폼이 수상함 1~2척, 잠수함(SLBM) 1척 등으로 제한을 가져온다. 북한의 수상함은 항구 내에서 운용할 것을 보이며, 잠수함은 1회 발사 후 회피 잠항(한국 초계전력 대비)으로 그 이상 발사는 제한이 될 것이다. 결론적으로 이러한 물량의 차이는 경제 및 핵심부품 국산화의 차이로 보여진다. 따라서 미사일의 정확도와 물량 그리고 소프트웨어 부분에서 한국이 북한에 비하여 4배 정도 우위에 있으며, 육해공 합동으로 운용시에는 절대적이다.

⑥ 사졸숙련(士卒熟練): 장병들의 훈련은 어느 편이 숙달되어 있는가?

현대전은 '대회전에 의한 전쟁의 종결' 보다는 '세대를 앞선 무기(과학)와 단위대별 숙달된 첨단무기 운용(전투 · 술)' 에 달려있다. 전력이 비슷할 때는 사졸의 훈련이 정말 중요하다. 그러나 현대는 육 · 해 · 공군 별로 한 세대 앞선 첨단무기를 단위부대별로 갖추고 이에 맞춰 숙달된 훈련이 승패를 좌우한다. 연합훈련과 대부대훈련은 외교력과 국방비가 뒷받침되어야 가능하다. 그리고 주기별 소부대훈련과 전쟁에 투입할 수 있는 첨단 예비역훈련 시스템이 구축되어야 한다. 연합훈련은 주로 동맹국과 전략적 이익이 부합한 국가와 훈련을 한다. 한국은 미국과 3종의 연합훈련, 미국의 전쟁 경험이 녹아든 전 지구적 연합훈련에서 얻은 것을 같이 공유한다.

첫째, 한미연합훈련은 전시를 대비한 을지프리덤 가디언스(UFG)가 있다. UFG 훈련은 전시상황을 가상한 연합훈련으로 한국의 민관군이 참여하는 총력전 연습과 훈련이며, 미군은 작계 5015 의거 한반도 전개와 연합훈련이다. UFG는 세계적인 훈련모델로 평가를 받는다. 둘째, 키리졸브(Key Resolve) 훈련은 한반도 유사시 미군을 전개하는 훈련으로 한미간 연례 군사연습이다. 그러나 현재는 전반기 연합지휘소 연습으로 대체한다. 셋째, 독수리 연습은 한국과 미국의 대규모 야외기동 군사훈련이며, 팀스피리트(Team Sprit) 훈련을 대체하였다. UFG는 매년 5월 중에 2주 정도 한다. 워 게임 위주의 키리졸브 훈련은 10일 정도 하고 이어서 독수리 훈련은 한 달 정도 한다. 별도로 공군은 한미연합공중훈련을 매년 12월에 한국에서 실시하는데, 한국 항공기 90여 대, 미군 항공기 180여 대 정도가 참여하여 공방훈련을 한다. 해군은 한미연합훈련 또는 특수한 상황시 북한의 해상 도발대비와 연합작전 수행능력 향상을 위해 항모강습단과 특수전부대 작전을 한국 해역에서 실시한다.

한국군은 소대, 중대, 대대, 연대급까지는 전투검열과 병행하여 자체 훈련과 야외기동훈련을 한다. 소대와 중대는 기본훈련과 소부대전투에 대한 훈련을 하고 연합작전을 제외하고 연대급까지만 기동훈련을 한다. 사단급은 전투지휘훈련(BCTP)을 하면서 사단에서는 전투지휘와 1개 대대급 기동훈련과 화력훈련을 한다. 군단급은 야외기동훈련(FTX)을 하며 군단에서는 전투지휘와 1개 연대급 기동훈련과 화력훈련을 한다. 훈련은 육군전투지휘체계(ABCS)를 기반으로 C4I와 연동하여 기동과 화력을 동반한다.

북한은 중국이나 러시아와의 대규모 연합훈련은 전무하다. 그리고 육군, 공군, 해군이 별도로 외국과 연합훈련도 하지 않는다. 북한은 농한기인 겨울에 집중적으로 체계적인 동계훈련을 하는데, 소부대부터 군단급까지 단계적으로 실시한다. 북한군은 통상 1월부터 2월까지 동계훈련을 실시한다. 제1단계는 정치학습과 병기본 전투능력에 대한 판정검열을 한다. 제2단계는 김정은 신년사 학습과 정치사상 학습, 쌍방공격 및 방어전술훈련을 하고 판정검열을 한다. 제3단계는 총참모부의 통제에 따라 통신, 지휘작전훈련, 군단급 합동훈련을 실시하며 군단포병합동화력 실사격으로 마무리한다.

결론적으로 한국은 미국과 연합훈련을 육·해·공군별로 합동훈련을 하고, 각 단위대별로 육군전투지휘체계(ABCS)를 기반으로 C4I와 연계하여 야외기동훈련과 전투지휘를 한다. 반면에 북한군은 연합훈련이 전무하고, 군단급을 정점으로 야외기동훈련과 전구를 대상으로 육해공 합동훈련을 한다. 통신, 전투지휘체계 기반이 미약하여 부대간 연동이 되지 않아 분산과 집중이 어렵다. 따라서 한국군은 3세대 훈련체계를 구축하여, 북한군은 1세대 훈련체계에 숙달하나, 최종 전투력으로 직결될 때 2세대 차이는 극복할 수 없는 차이가 난다.

⑦ 상벌숙명(賞罰孰明): 상벌은 어느 편이 엄정하게 시행되고 있는가? 상벌의 명확한 시행으로 군법과 군율의 엄정함과 이에 따른 사기앙양이 부대단결과 전투력으로 나타난다. 군법과 군율은 공평과 불공평 사이에서 갈라진다. 사기앙양은 공평과 보급에서 나온다. 상벌숙명은 이를 해결해 주는 지휘관에서 나온다. 지휘관은 정상적인 보수와 부대보급 하에서 군율을 주관할 수 있다.

한국군 간부는 지원/모병제이고 병사는 징병제이다. 간부의 봉급과 부대보급은 정상적이고 병사의 봉급과 보급품도 규정에 의거 수급된다. 병영관리는 병사들에게 복무기간중(평균 22개월) 21일 정도 휴가와 자유시간에 외출도 허용된다. 개인정비 시간에는 풀깎기 등 노동도 용역으로 대치하여 자유시간도 보장될 뿐 아니라 개인의 인권을 위해 휴대폰 사용도 가능하다. 군인은 훈련과 전투에만 집중하라는 것으로 선진국 병영 관리기법이기도

하다. 반면에 북한군은 아시아경제(2020.03.16.) 등 방송매체에 따르면 군부대에서 경계 실패, 탈영, 성추행, 심지어 간부의 공금횡령이 있다고 보도하는 등, 부분적으로 기강해이가 끊임없이 나타나고 있음을 알 수 있다. 그러나 부대 내의 비위가 적발되면 지위고하를 막론하고 신상필벌은 엄하게 다루어지고 있다.

북한군 간부는 지원/모병제이고 병사는 징병제이다. 1990년대 중반의 '고난의 행군' 이후 간부의 봉급과 부대 보급은 정상적으로 이루어지지 않고 있으며, 병사의 봉급과 보급품도 부정기적으로 수급된다. 병영관리는 병사들은 7~8년을 복무하고 연1회 15일간의 정기휴가와 기타 휴가를 갈 수 있지만 복무중 1회~2회 정도 휴가 가는 것이 대부분이다. 자유시간 즉 개인정비 시간도 총화학습과 노동으로 보장되지 않는다. 이러한 후진국 병영관리는 다음과 같이 군부대 조직 전체가 흔들리는 모습으로 나타난다.

탈북군인이 밝힌 주요 내용은 다음과 같다.

북한군 간부의 직권남용은 부대배치와 보직임명 입당과 승진, 휴가에 드는 그 금액을 살펴보면 약 500달러(한화 50만원)를 담당 간부에게 상납하면 평양 인근부대나 공군부대로 배치가 가능하다. 또한 북중 국경지역으로 부대를 옮기거나 배치 받는 데 드는 비용은 북한 돈으로 약 20만원으로 북한군 대위 월급이 3,000원임을 고려한다면 이는 약 7년 치의 월급에 해당한다. 북한 병사 중 복무기간 동안 휴가 한 번 제대로 못가는 경우가 다반수여서 휴가를 가기 위해서는 15일 일반 휴가의 경우는 옥수수 100kg 정도, 장기 휴가는 수개월부터 1년까지 약 1000~2000달러를 간부에게 상납하면 가능하다는 것이다. 또한 중국과 국경지역에서 근무하는 국경경비대의 경우 군관은 물론 병사들까지 밀수꾼과 손잡는 것은 기본이고 인신매매 등 돈벌이가 되는 일이라면 뭐든지 나서서 하고 있는 실정이다.

한편 KBS 추적60분에서는 북한군 중좌가 탈북시 가져온 평양인근사단의 '북한군 내부보고서(군단 정치부 조직부 자료)' 가 기밀 해제됨에 따라 전격 공개(2014.12.6.)하였는데 주요 내용은 아래와 같다.

무선통신부분에서 '무전기 축전기' 가 없어 85%의 무전기 가동이 불가하며, 피복선 140km가 있어나 하나 10km 밖에 없다. 휘발유 부분에서는 '전투차 연유(휘발유) 120kg을 팔아먹었고, 3톤 398kg(29%)가 부족하다. 부대트럭 등을 민간에 빌려주고 돈벌이와 마약장사를 하고, 군부대 전기를 불법판매한다. 무기고 및 갱도 철문 32개를 뜯어내 팔아먹었다.

따라서 한국군은 정상적인 보수와 보급 그리고 휴가와 자유시간 보장 등으로 상벌숙명, 군법유명, 군기유연, 사기앙양으로 조직이 튼튼하여 전투력을 발휘할 수 있다. 북한군은 비정상적인 저보수와 저보급 그리고 휴가 미보장과 자유시간 침해, 조직적 돈벌이와 부패 등으로 상벌불명, 군법불명, 군기문란, 사기저하 등은 조직이 흔들리고 전투력의 저하를 가져올 것이다.

결론적으로 본 표 〈7계(計): 전쟁수행에 의한 남북한 전력 비교〉는 한반도에서 남북한 전력 비교를 간결하고 극명하게 나타낸다. 위에서 7개 요소 23개 세부사항을 기본으로 비교 분석한 결과, 크게 7개 요소 중 한국이 6개 요소에서 우위에 있고 1개 요소가 중간이다. 반면에 북한은 7개 요소 중 6개 요소가 하위이고 1개 요소가 약간 우세이다. 더욱더 세밀하게 23개 세부 요소로 분석하여도 23 : 2 수치가 나온다. 그러나 시간이 흐르면 중간요소도 남한이 우위로 북한이 하위로 변환된다. 따라서 한국이 북핵을 적절히 견제하거나 제거한다면 북한과의 전력 요소는 11.5(한국) : 1(북한)로 격차가 벌어진다.

제3장. 대남 군사전략 변화와 미사일 및 장사정포 위협

1. 북한의 국가전략과 군사전략 이해
2. 북한의 남침전략(남침 시나리오) 변화
3. 북한 미사일 및 장사정포 현황과 위협분석

제3장 | 대남 군사전략 변화와 미사일 및 장사정포 위협

핵무기를 개발하여 적화통일에 만반을 기하라 - 김일성 -

북한 핵실험 일지

제1차: 2006년 10월 9일

제2차: 2009년 5월 25일

제3차: 2013년 2월 22일

제4차: 2016년 1월 6일

제5차: 2016년 9월 9일

제6차: 2017년 9월 3일

[김정은 핵무기병기화사업 지도]
북한 조선중앙 TV 보도 캡처(2016.3.9.)

1. 북한의 국가전략과 군사전략 이해

가. 북한의 군사전략 이해

전쟁의 승패는 국가의 존망이 달려 있다. 북한은 적화통일의 공세적 남침 군사전략에 군사정책과 안보 및 국방정책이 지원하는 구조이다. 한국의 국력이 상대적으로 증대되는 현실 상황 하에서 북한의 지속적이고 변하지 않는 군사정책의 핵심은 4대 군사노선 견지와 핵 및 대량살상무기(WMD) 증강과 더불어 비대칭전략 강화이다. 군사정책의 상위개념이 국방정책인데,

국방정책은 그 국가의 안전보장 방책의 일환으로 외교와 국가재정의 균형적 지출을 고려하면서 군사력 건설과 군사력 운용을 기획한다.

그 하위개념이 군사이다. 군사는 군사정책과 군사전략으로 구분할 수 있다. 군사정책은 군사적 목표와 기본방침을 정하고 그에 상응한 군사력의 건설과 유지 및 관리 · 운영을 말하며, 군사전략은 군사력을 직접 사용하여 정해진 군사목표를 달성하는 용병의 기능을 말한다. 북한의 정치 · 군사정책 체계는 아래와 같이 도표화할 수 있다.

북한의 군사정책은 위로는 국가가치 · 이익 · 목표에 부응하여 국가전략과 국가정책의 군사부분을 집행하며, 아래로는 군사전략 · 전술을 지원하는 기능을 말한다. 북한의 군사정책기조는 국방에서 자위원칙을 표방하면서 대남우위의 군사력 확보와 전후방에서 총동원태세를 견지하는 것이다. 북한 경제의 실패는 '90년대 고난의 행군' 을 가져왔고 강성대국 건설은 멀어

〈북한의 정치 · 군사정책 체계〉[17]

구분	주요내용	비고
국가가치	• 주체형의 사회주의 조국건설	
국가이익	• 수령독재정권 유지, 공산화 통일	
국가목표	• 당면목표: 북반부—사회주의 강성대국 건설 한반도—민족해방, 민주주의 건설	
	• 최종목표: 온 사회의 주체사상화, 인민대중의 자주성	
국가전략	• 강성대국 건설, 자주노선 강화: 주체, 자주, 자립, 자위	
국가정책	• 선군정치 → 병진노선(핵 · 경제)	
군사정책	• 4대 군사노선, 핵, 미사일 등 WMD 개발	
군사전략	• 한반도 석권: 재래전+비정규전+비대칭전략+화생방	

17) 서유석, 김해원, 박헌옥. 『북한의 군사정책 및 군사전략 변화와 서해긴장상태 전망』(서울: 통일부 용역연구서, 2011), pp.9-10.

져 갔다.

현재 북한의 국가정책은 선군정치에서 핵과 경제를 병행 발전시키는 병진노선으로 바뀌고 있다. 북한의 헌법 제60조는 "국가는 군대와 인민을 정치사상으로 무장시키는 기초 위에서 전군 간부화, 전군 현대화, 전 인민의 무장화, 전국 요새화를 기본내용으로 하는 자위적 군사로선을 관철한다"라고 하면서 국방의 자위원칙을 선언하고 있다.[18] 또한 북한의 군사전략은 외부의 침공을 막고 체제를 보위하는 것과 대남통일전쟁에서 승리하는 것이다. 조선로동당 규약에 명시된 '온 사회의 주체사상화'는 북한 최고의 강령이자 정권의 존재 이유이다.

북한의 국가전략은 강성대국 건설이다. 북한은 1958년을 전후로 외국으로부터 원조가 종료되고, 중국군도 본국으로 철수하였고, 소련과 중국간에 이념대립도 격화되었다. 이에 북한은 경제발전과 안보강화라는 이중의 과제를 풀어갈 수 있는 '강성대국'으로 국가전략의 방향을 정하였고, 이를 추진할 원동력이 필요하였다. 이에 김일성은 1965년 김일성이 인도 반둥회의 참석차 알리 아라함 과학원에서 발표한 '사상에서의 주체, 정치에서의 자주, 경제에서의 자립, 국방에서의 자위'라는 체계화된 자주노선을 당의 일관된 입장이라고 설명하였다.

이러한 자주노선은 천리마운동으로 전개되어 '강성대국 건설'에 일정기간 추동력을 불어 넣었다. 그러나 계속된 선군정치(先軍政治)는 군사를 앞세워 다스리는 정치이다. 조선인민군을 조선로동당에 맞먹은 권력기관으로 상승시켜 '군대이자 당, 당이자 군대'라는 표어를 내세워 국가정책을 군대가 지휘하게 하였다. 선군사상은 '군사선행의 원칙, 국방위주의 국가기구체계, 혁명주력군'을 정치전면에 내세웠다.

또한 선군정치는 김일성 사후 김정일이 정권을 이양 받으면서 권력세습

---

18) 김일성. 『당 · 정 기관, 인민군대를 더욱 강화하며 사회주의 대건설을 더 잘하여 혁명적 대사변을 승리적으로 맞이하자』. 『김일성전집』(평양: 조선노동당출판사. 2004),「제56권」, p.303.

에 대한 반동을 잠재우고, 특히 고난의 행군 시 피폐된 경제하에서 주민폭동 등을 우려해 군대를 통해 무력으로 제압하기 위한 것이다. 아울러 김정은도 불안정한 권력세습 후 무자비한 숙청을 위해 선군정치를 유지하였다. 그러나 북한 정치가 안정화 되어가자, 김정은은 2013년 8월 "당의 령도는 인민군대의 생명이며 당의 령도를 떠나서는 인민군대의 위력에 대해 말할 수 없다"라고 말하며 '선당정치(先黨政治)'를 강조했다.

김정은은 체제불안과 외부압력을 타개하고자 핵-경제 병진노선을 채택하게 된다. 핵-경제 병진노선은 김일성 시대인 1962년에 채택된 국방-경제 병진노선에 기초한다. 김정은은 국방비의 한계를 극복하고 미국과 대적하기 위하여 핵(국방)-경제 병진노선을 선택하게 된다. 공식적인 등장은 2013년 3월 31일 조선로동당 중앙위원회 전원회의에서 이른바 '병진노선'을 채택하면서 "조성된 정세와 우리 혁명발전의 합법칙적 요구에 맞게 경제건설과 핵무력 건설을 병진시킬 데 대한 새로운 전략적 노선"으로 발표하였다. 현재까지 북한의 핵-경제 병진노선은 어느 정도 성공적이다. 핵 개발 및 실험으로 국방비를 아끼면서 미국을 비핵화 협상테이블로 불러 '종전선언'까지 빅딜을 추진하고 있다. 아울러 북한은 대북제재 결의안(2017년)에도 불구하고 3.9%의 경제성장(2016년)을 이루어내고 있다.

군사정책은 '4대 자주노선' 중에서 '국방에서의 자위'를 주체적으로 추진하기 위하여 4대 군사노선을 수립하였다. 4대 군사노선은 '전인민의 무장화, 전국토의 요새화, 전군의 간부화, 장비의 현대화'이다. 북한은 6.25전쟁을 분석하고 교훈을 도출하여 미국과의 차후 전쟁에서 승리하기 위하여 다음과 같이 4대 군사노선을 채택하였다.

'전인민의 무장화'는 주체사상으로 정신무장뿐만 아니라 군사훈련을 통하여 유사시 전투요원으로 활용한다는 것이다. '전국토의 요새화'는 북한 전지역을 군사적 요새로 만들어 각종 군사시설을 지하화할 뿐 아니라 전쟁물자 및 생산시설도 지하화한다는 것이다. '전군의 간부화'는 인민군을 정치사상과 군사 지휘통솔능력을 강화하여 차상급 임무를 수행할 수 있도록 정예화하는 것이다. '장비의 현대화'는 인민군대를 현대적 무기와 전투기재로 무장시키고, 군사과학과 기술을 발전시킨다는 것이다.

따라서 4대 군사노선은 북한의 무기도입과 군사력 증강, 군사시설의 건설 등으로 군사력을 통한 국방력은 일시적으로 강화되었다. 그러나 4대 군사노선은 군사정책이지 국방정책은 아니었다. 즉 공세적 군사작전에 맞추어 국방정책이 따라가는 형태로써 육군만 집중 육성하고 해군과 공군을 포함한 장기적인 종합계획이 없었다.

특히 미군을 주적으로 하여 준비를 하였으나, 한국 자체도 월남전을 거치면서 자주국방에 기치를 걸고 국방비의 증대로 각종 현대적 첨단무기를 생산 및 무장시켜 북한을 압도하기 시작했다. 물론 이에 위기를 느낀 북한은 비대칭전략으로 핵 및 미사일을 비롯한 대량살상무기(WMD) 등을 개발 및 배치하기 시작하였다.

나. 북한 군사정책 및 기조 변화

소련군이 북한지역에 진주하여 김일성을 지도자로 승인하자, 김일성은 곧바로 공산당 창당과 더불어 1948년 조선인민군을 창설하였다. 창설된 조선인민군은 군대체제를 갖추기 위해서 정규군에 맞는 군사정책을 필요로 하였다. 북한의 군사정책은 크게 군사정책 형성기, 자주노선 추진기, 자주노선 강화기, 군사강국 건설기, 핵보유국 선언기로 나누어서 볼 수 있다.

군사정책 형성기는 6.25전쟁을 치르면서 형성되었는데, 소련 및 중공군식의 전략을 모방하여 한반도 지형에 맞는 전격전과 유격전의 배합전술을 구사하였다. 이후 주체사상의 영향과 1962년 쿠바사태를 계기로 북한은 '국방자위원칙'을 제시하였다. 인민군의 자체적인 공격능력 향상을 중심으로 정규군 외에 민간인으로 구성된 준군사조직을 갖추는 등 자체 전쟁준비 마련에 박차를 가하였다.

1970년대에는 무기체제의 현대화를 통한 전력강화를 추진하기 시작하였다. 특히, 공산 베트남이 통일되는 것을 목격하면서 남한을 무력으로 통일

〈표3-3〉 북한군 정책 · 전략 변화와 현대전이 미친 요인 비교[19]

군사정책 및 전략변화		현대전이 미친 영향	
구분	주요내용	구분	영향요인
정책형성기 (1948~1961)	• 정규군에 맞는 정책개발 - 한반도 통일을 위한 군대강화		
자주노선 추진기 (1962~1970)	• 국방에서 자위정책 수립 - 단독작전 능력강화, 교도대창설	쿠바위기 (1960)	• 미국에 대한 소련의 굴복 충격 - 국방에서 자위정책추진
자주노선 강화기 (1971~1993)	• 고성능무기도입 등 대남군사우위 달성 - 기계화 군단 창설('82) - 스커드 미사일 개발 및 배치 - 민방위 당 조직내 신설	월남전쟁 (1964~75)	• 정규+유격전, 배합전술 인식 - 특수8군단 등 창설
		제3.4차 중동전쟁 (1967~73)	• 기습과 전격전, 제한전 - 기계화부대, 항공전력강조
		걸프전 (1991)	• 첨단정밀무기 위력실감 - 전략무기개발, 국토요새화
군사강국 건설기 (1994~2004)	• 강성대국건설, 군사대국화 - 대포동1호 발사('98) - 1,2차 연평해전('99, '02)	걸프전쟁 (2003)	• Network war 재인식 - 핵개발 및 사상교육 강화
핵보유국 선언기 (2005~현재)	• 핵을 통한 군사대국, 무력시험, 핵 전쟁 - 1 · 6차 핵실험('06, '17) - 천안함 사건('10) - 연평도 포격도발('11)	아프가니스탄 전쟁 (2001~현재)	• 비핵화와 종전/평화협상 • 비정규전 위력 실감 - 제한전 등 기책 개발

19) 서유석 외 2명. 앞의 책. pp.4-8, 17.

할 수 있다는 자신감을 표출하였다. 이어 1980년대에는 현대식 기계화 군단을 창설하고 노동당 내에 민간무력을 담당하는 민방위부를 신설하였다. 그리고 김정일이 최고사령관에 취임하던 1991년을 기점으로 대외적으로는 비핵화를 주장하면서도 내부적으로는 비밀리에 핵개발 추진, 핵실험과 대륙간 탄도탄 발사 등을 추진하였다.

이어 북한은 '군사강국' 을 통한 강성대국 건설을 주창하면서 제10기 1차 최고인민회의대회에서 헌법을 개정하고 국방위원회의 권한을 대폭 강화하는 조치를 취하였다. 군사강국 건설기인 1999년 6월 29일 북한은 1차 연평해전을 도발했다. 연평도 부근에서 북방한계선(NLL)을 침범한 북한해군 경비정 10여 척과 대한민국 해군 함정 10여 척이 14분간의 교전을 벌인 끝에 북한 어뢰정 1척이 침몰하고 경비정 5척이 손상을 입은 채 퇴각했다.

3년 후인 2002년 6월 29일 북한은 서해에서 2차 연평해전을 도발하였다. 북한경비정 2척의 선제공격(10시 25분)에 남한의 고속정과 초계함 4척이 합세하여 교전, 북한경비정 1척이 화염에 휩싸이며 퇴각(10시 43분)하였다. 2000년대의 북한의 군사정책은 경제난과 재래식 군사력 확장이 한계에 봉착하면서, 그 대안으로 핵무기 보유를 통한 당 · 군 중심의 위기관리체제를 유지하고 있다.

2006월 10월에 1차 핵실험을 시작으로 2017년 9월 3일 6차 핵 실험을 감행하고 대내외 핵무력시위를 하였다. 다른 한편 북한은 핵실험으로 인한 경제제재를 타개하고자 연평도 포격을 감행(2012.10.23)하는데, 남북 쌍방교전으로 이어져 남한측에서 4명의 인명피해(군인 2명, 민간인 2명)가 있었다. 이때 북한포병은 김정은의 지휘하에 '치고 빠지는 식' 의 포병운영으로 피해가 거의 없었다고 하며(2020 탈북자 증언), 이는 6.25 이후 최초의 전쟁 요건이 충족된 포격도발이었다. 결국 북한의 군사정책은 포격 및 핵과 화생무기를 바탕으로 '협박을 통한 협상' 전술을 추구해 오고 있다. 아울러 북한은 핵-경제 병진노선으로 대내적으로는 통제와 단합을, 대외적으로는 비핵화를 통한 '종전선언' 추진 등 위협제거 전략을 견지하고 있다.

2. 북한의 남침전략(남침 시나리오) 변화

가. 북한 군사전략 개념=남침전쟁 시나리오(5일 석권 전쟁계획)

북한의 군사전략 목표는 외부의 침공을 막고 체제를 보위하는 것과 대남 통일전쟁에서 승리하는 것이다.[20] 북한은 공세적 군사전략에 국방정책과 국가정책이 맞추어져 있고 상위의 국가전략과 목표 역시 '독재수령체제 옹위'로 귀결된다. 즉 군사전략이 국방정책과 국가전략 및 국가목표이기 때문에 승패는 바로 '국가존망'으로 일관된다. 이러한 국가목표인 적화통일을 달성하기 위한 군사전략, 즉 남침전략은 남한의 전지역을 단시일 내에 석권하고 미군의 증원을 차단하는 단기 속전속결이라 할 수 있겠다.

북한군의 남침전략은 '김정일의 비밀지령'으로 김일성 군사종합대학에서 수립한 계획인데, 1999년 1월 15일 인민무력성 대회의실에서 김정일 주관하에 전술토의가 개최되었다. 특히 발표된 '남침전쟁 시나리오'에 대하여 북한 사단장(특수부대)과 군단장급 이상 60여 명이 난상토론을 벌여 결과를 도출하고 정립한 것으로 알려져 있다.

〈북한의 남침전쟁 시나리오(5일 석권 전쟁계획)〉

1) 전쟁지도지침

최고사령관의 전쟁지도지침은 전후방 동시공격과 기동화부대의 종심작

---

20) 서유석 외 2명, 앞의 책. pp. 9-10.

전 그리고 미군증원 차단과 필요시 대량살상무기 사용도 가능하다는 특별 지침이 포함되었고, 필요시 대량살상무기 사용도 가능하다고 하였는데, 특히 대량살상무기 중에는 핵무기도 포함되며, 2006년 3월 핵실험에 앞서 어느 정도 핵실험 완성단계에서 전쟁지도지침에 포함되었을 가능성이 있다.(이하 북한 핵 · 미사일 전쟁 '남침전쟁 시나리오' 요약발췌)

〈최고사령관 동지의 지도지침〉

「기습공격과 전후방 동시공격으로 초전부터 대혼란을 조성하고 전쟁 주도권을 장악함과 동시에 전차, 장갑차, 자주포로 장비된 기동화부대를 고속으로 종심 깊숙이 돌진시킴으로써 미군의 증원 이전, 최단시간 내에 전 남한을 석권한다. 필요시 대량살상무기 사용도 가능하다.」

북한의 최고사령부는 '단기속전속결'의 전쟁지도지침을 구현하기 위하여 아래와 같이 전략방침을 수립하였다.

〈전략방침〉

① 선제기습공격	④ 공중우세권 확보
② 전후방 동시전장화	⑤ 미군증원 조기차단
③ 고속종심돌진공격	⑥ 필요시 대량 살상무기 사용

첫 번째 전략방침은 선제기습공격입니다.

현대전은 과학기술의 발달로 무기위력이 증대되고 다량의 포탄을 동시 발사할 수 있으며, 정확도와 사거리의 향상에 따라 화력의 대형화가 이루어져 선제공격의 효과는 실로 막대하여 여기에 적이 아군의 기습공격 징후를 발견하지 못하였을 때, 즉 선제기습공격은 상승효과를 발휘하여 전쟁에서 승리를 결정적으로 보장하게 되는 것입니다.

두 번째 방침은 전후방 동시전장화입니다.

특수전부대를 공중과 해상으로, 지상으로, 그리고 지하(땅굴)로 전선후방 및 남한 전지역으로 침투하여 군지휘 통신시설 및 각종 군시설, 후방의 국가 주요시설과 대도시 등에 초전부터 습격과 파괴, 테러, 여기에다 화생무기까지 살포하면 극도의 혼란과 마비현상까지 일으키게 될 것입니다. 이렇게 되면 한국군은 전후방 동시에 전투를 강요당하게 됨으로써 전방 전투지원과 전쟁 지속능력에 심각한 타격을 받게 될 것이며, 이때 아군은 종심기동으로 특수전부대들과 연결하여 속전속결하게 될 것입니다.

세 번째 방침은 고속종심돌진공격입니다.

공격개시하면 당일로 서울 점령과 아울러 수원–강릉선을 점령하는 그야말로 전광석화와 같은 고속기동전쟁으로 끝장내야 합니다. 전선에서 서울까지 40km, 수원까지 70km~120km 모두 1일 작전거리입니다. 우리 장거리포도 진지 변환없이 그 자리에서 화력지원이 가능합니다. 단 돌파구가 형성되면 주요 축선을 따라 전차, 장갑차 등 기계화부대를 후방 깊숙이 투입시킬 제2제대를 적절한 위치에 배비, 그리고 종심 깊은 전략적 기동로에는 병력과 화력의 집중은 물론 특수전부대의 투입으로 기동부대에 대한 기동의 보장이 이루어져야 하는 것이 대단히 중요합니다. 이 고속종심돌진공격의 보장은 바로 단기속전속결의 요체입니다.

네 번째 방침은 공중우세권 확보입니다.

현대전은 공군이 공중우세권을 확보하지 못하면 전쟁에서 승리할 수 없다는 것은 6.25통일전쟁에서 뼈저린 체험을 한 바 있습니다. 특히 과학의 급속적인 발전으로 공군의 항공기와 레이더 그리고 방공통제체제는 3위일체로 자동화되어 있기 때문에 항공기와 방공 미사일의 눈과 귀가 되는 레이더와 방공통제체제를 조기에 파괴하는 것은 아군의 공중우세권 확보의 최우선 과제입니다. 기동계획에서도 보고드리겠습니다만 전방기지에 배치된 MIG-17 항공기는 우선적으로 남한의 전방에 위치한 방공레이더기지에 기습적인 공격을 가하여 파괴하게 될 것입니다.

다섯 번째 방침은 미군의 증원을 조기에 차단하는 것입니다.

남북한 전력비교에서도 지적했듯이 우리의 전력은 남한보다 절대 우위에 있으므로 단기속전속결로 전승이 확실시되지만, 만일 정보능력이 뛰어나고 또 첨단무기와 핵무기로 장비된 미군이 증원되면 장기전에 돌입하게 될 가능성이 있으며 이렇게 되면 우리는 원하지 않는 미국과 전쟁을 하게 될 우려가 있으므로 미군이 한반도의 통일전쟁에 개입할 수 없도록 하는 단호한 조치가 이루어져야 합니다.

여섯 번째 방침은 필요시 대량살상무기도 사용 가능하다는 방침입니다.

필요시 사용 가능하다는 것만 보아도 신중한 사용이 요망된다 할 수 있습니다. 대량살상무기는 피아가 공유할 경우에는 사용하기가 대단히 어려우나 일방에서 보유할 경우에는 절대적인 무기가 됩니다. 그리고 대량살상무기 사용은 UN에서 금지하고 있으나 우리는 '화학무기금지협약' (CWC)과 '전면핵실험금지조약(CTBT)' 에 가입하지 않고 있으므로 비교적 사용에 자유로운 처지입니다

이상으로 '단기속전속결'의 전쟁지침의 구현을 위한 전략방침에 대해서 보고를 마치겠습니다.

2) 전쟁 개시시기 결정

다음은 조국통일 전쟁의 시기를 언제로 할 것인가 하는 공격개시시기 결정에 대한 검토결과를 보고 드리겠습니다.

(가) 전쟁개시년도(Y년도)

조국을 통일한 '결정적 시기' 가 조성되는 해가 바로 전쟁을 개시하는 해가 될 것이며, 이 결정적 시기는 남한사회가 극단으로 혼란이 조성되거나 또는 주한미군이 철수하는 등 정치군사적으로 유리한 시기를 의미하며, 이 결정적 시기가 조성되는 연도를 계획목적상 'Y년' 으로 하겠습니다.

(나) 공격개시일(M월 D일 H시)

공격개시시기((M월) 결정을 위해서는 앞에서 보고 드린 전략방침과 작전적인 지배요소를 포함하여 판단해 본 결과 차트에서 보시는 바가 같습니다.

〈전쟁 공격개시 계절(월) 판단〉

전략 방침	작전적요소	봄	여름	가을	겨울	기타 고려요소
선제기습공격	기습달성	X	O	O	X	기도비닉
전후방동시전장화	특수전운용	X	O	O	X	엄폐와 은폐
고속종심돌진	속도전	O	X	O	△	강우, 강설, 노면
공중우세권확보	공중기동	△	△	O	△	청명한 날씨
미군증원조기차단	단기결전	O	X	O	△	속도전
속전속결	군수지원	O	X	O	△	강우, 강설, 습격, 기온
속전속결	기상	O	X	O	△	월상, 해상, 상륙

전략방침 5개 사항과 추가 작전적 요소를 고려한 총체적 판단결과 1년 사계절 중 '가을철' 이 가장 공격하기에 유리한 계절로 판단하였습니다. 그리

고 가을철 중에서도 기습공격을 위해 달이 없는 그믐과 기습상륙하기 좋은 밀물 만조시기를 검토해 본 결과 1999년을 기준으로 할 때 9월에는 7일~11일 사이와 10월에는 6일~10일 사이가 좋으나 추수시기를 고려하면 10월이 적절하다고 판단됩니다. 그래서 계획목적상 공격개시 시기는 Y년 10월 8일 05:00시를 공격개시일시(D일 H시)로 하였습니다.

3) 북한군 남침 기동계획

가) 공격전 단계(D-6일~D일)

공격전 단계는 D-6일부터 D일 공격개시시간 전까지의 기간이며, 이공격전단계에 대한 인민군 최고사령부의 작전지침은 다음과 같습니다.

〈인민군 최고사령관의 공격 전 단계 작전지침〉

인민군 특수전부대들은 의명 각종 수단으로 시차적으로 적지역에 침투하여 적후방의 비행장을 비롯한 지휘통신시설과 레이더 및 방공시설 등 전략목표를 파괴하여 후방지역에 대혼란을 조성하고, 전선부대가 공격시 전선돌파부대를 적극 원호함과 동시에 고속종심돌진부대의 기동을 확실히 보장하고 적후방부대를 고착시키고 아전진부대와 연결할 준비를 하라.

이 방침에 따라 특수전부대의 기동은 D-6일부터 시작됩니다.

공격전 단계는 D-6일부터 D일 공격개시시간 전까지의 기간이며, 이공격전단계에 대한 인민군 최고사령부의 작전지침은 다음과 같습니다.

(1) D-6(10월 2일): 잠수함침투

추석이 1주일이나 지난 10월 2일 아군(북한)의 1,000t급 잠수함 6척이 동서해 각기지에서 출항하여 동해안의 주문진과 영덕, 울산의 3개 지역과 서해안 화성의 조암과 충남 서천의 2개 지역, 그리고 남해안의 완도 1개소, 도합 6개소에 하현의 달이 아직 뜨지 않은 어두운 밤 22시 30분경(월출 23시 46분) 인적이 드문 해안에 각각 50명씩의 한국군 군복을 입은 특수전부대원들이 침투.

(2) D-4일(10월 4일): **후방비행장에 생물학작용제 살포**

D-6일 서해상으로 침투한 특수전부대 중에는 특별한 임무를 띤 화학특수전 요원이 포함되어 있습니다. 이들은 상륙한 지점과 비교적 근거리에 위치하고 있는 비행장 3개소에 대하여 생물학자용제를 살포할 준비를 하고 침투한 것입니다.

(3) D-3일(10월 5일): **제1차 땅굴침투작전**

전선에 있는 아군단의 특수여단 부대들은 D-3일 01:00, 달도 없는 어둠 속에 아제2군단과 제5군단 그리고 제1군단 정면에서 남방한계선 훨씬 남쪽 지역까지 이미 굴설해 놓은 20여 개의 땅굴 중 6개소만을 사용하여 각각 30명씩의 6개 팀이 전방에서 서울과 수원, 춘천, 원주, 강릉에 이르는 주요 기동로 상에 D-2일 01시부터 02시 사이에 30여 개소의 대형 대전차 장애물을 폭파시키고 그날로 땅굴을 통해 모두 복귀하게 됩니다.

(4) D-1일 24:00: **제2차 땅굴침투**

8개의 땅굴을 이용 침투하여 한국군의 전방 군단사령부를 위시한 사단, 연대, 대대의 지휘시설과 통신시설을 중점 습격하여 지휘기구를 마비시킴과 동시에 장거리 포병부대를 습격함으로써 대포병전을 저지하고 잠수함으로 침투한 특수전부대원들의 마지막 주요한 임무가 D-1일 24:00에 후방지역의 주요 교량 및 터널 30개소를 폭파하는 것이었는데, 이들은 계획대로 이 교량과 터널들을 폭파시키는 데 성공합니다.

(5) D일(10월 8일): AN-2기 침투

D일 달이 없는 그믐날의 어둠을 타고 00:30에 첫 번째의 AN-2기 30여 대씩 2개 조가 동·서 휴전선을 넘어 각각 남으로 침투하기 시작합니다. D일 네 번≥(02:00) 휴전선을 넘은 AN-2기 8대는 02시 30분에 서울 북방 H골프장에, 다른 7대는 서울 서측 Y골프장에, 또 다른 8대는 서울 동측 C골프장에, 그리고 또 다른 7대는 서울 남쪽 N골프장에 접지하는 순간에 병력은 뛰어내리고 비행기는 바로 이륙하여 기수를 북으로 돌리게 됩니다. 순식간에 각 골프장마다 약 90여 명씩의 특수전부대원들의 침투는 이루어집니다.

(6) D일 04:30~05:00: 공격 준비하기

D일 04:30분이 되자 전방의 전 전선에서 일제히 공격준비 사격이 시작되어 05:00시까지 30분간 실시됩니다. 같은 시간에 인천과 김포공항 등 서울 외곽지역에 있는 주요시설에 대해서 장거리포인 170밀리 포와 240밀리 방사포 프로그-5/7 로켓 사격이 시작됩니다.

(7) D일 04:30: SCUD 미사일 공격

공격 준비사격이 시작되는 같은 시각에 북한의 SCUD 미사일여단에서는 한국의 주요도시와 비행장 그리고 주요시설 등에 사격을 개시합니다. 특히 한국군의 비행장은 모두 아특수전부대의 공격을 받은 후에 또 SCUD 미사일 공격을 2차로 받게 되어 막심한 피해를 입게 될 것입니다.

4) 공격개시 이후 기동계획

가) 1단계 작전계획(D일)

제1단계에 대한 최고사령부의 작전방침에 대해 먼저 보고 드리면

인민군 연합부대들은 제5타격군을 주타격군으로 하고 제1.2타격군을 보조타격군으로 하여 개성, 연천, 철원, 양구, 고성 일대에서 일제히 공격을 개시하여 수원—강릉선을 최단시간 내에 확보한다. 해군은 안산과 강릉에 강습상륙하여 적의 퇴로를 차단하며 지상군과 연결한다. 공군은 주타격군에 우선을 두고 근접지원을 하며, 적의 기본집단을 수도권과 휴전선일대 그리고 수원—강릉선 북방에서 포위내지는 격멸하고 제2단계 작전에 진출할 준비를 갖춘다.

1단계 작전방침에 따라 Y년 10월 8일 05:00시에 일제히 공격하여 수원—강릉선을 확보하는 데 목표를 두고 1일 작전으로 실시됩니다.

① D일 지상군 작전

- 제5타격군은 전선사령부의 주타격군으로 4개 군단으로 편성하여 철원, 평강, 금화에서 전선을 돌파하고, 주력 기계화군단은 전선부대를 초월하여 김화—청평(가평)—광주—신갈—수원 방향으로 공격하여 수원을 점령하며, 안산에 상륙한 상륙부대와 연결하여 수도권 대포위를 완성합니다.
- 제2타격군은 보조공격군으로 3개 군단으로 편성하여 서부지역에서 공격을 시작합니다. 제4군단은 김포반도 북방에서 견제공격만 실시하고, 전선군단이 휴전선을 돌파하면 기동화 군단은 문산—서울 축선과 연천—서울 축선을 따라 공격하여 당일 서울 외곽까지 도착한 후, 서울 북방을 포위하게 됩니다.

  그리고 1개 기계화 사단은 행주대교 방향으로 도하하여 부천—인천 방향으로 공격하여 인천을 점령하게 됩니다. 특히 특수전부대는 행주대교를 확보하여 기계화 사단의 도하를 보장해야 합니다.
- 제1타격군은 보조공격군으로 3개 군단 편성으로 양구와 동해안 지역

〈제1단계 작전 기동계획(D일〉

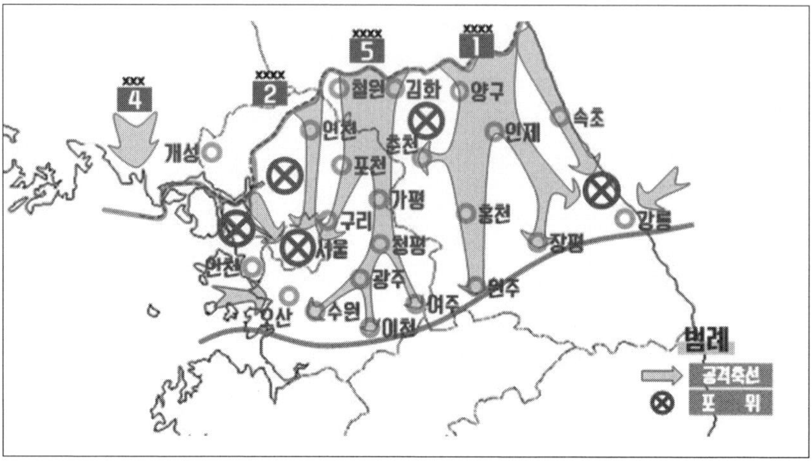

에서 각각 공격을 개시하며, 주력군단은 양구-신남-홍천-원주 방향으로 공격하여 원주를 조기에 확보합니다. 주력군단의 일부 사단은 신속히 춘천을 탈취하여 주타격군의 측방을 보호하게 합니다. 또한 인제에서 1개 사단은 강릉과 장평 방향으로 진출합니다.

- 제5타격군이 수원을 점령하고 수도권 포위권이 형성되면 제2타격군과 제5타격군이 합동으로 서울을 압축 포위하되 서울 진입은 최고사령부의 훈령에 따라 실시됩니다.

② D일: 해상작전

- D일 04시30분에 서해안에 배치된 SILKWORM 미사일이 인천지역을 사격하며, 같은 시각에 서해함대는 고속상륙정과 공기부양정으로 상륙부대를 안산지역에 상륙시켜 조기에 수원을 점령하고 제5타격군과 연결합니다.
- 동해함대의 잠수함부대는 D일 04:00에 진해항만에 침투하여 기뢰부설로 진해항만을 완전 봉쇄합니다.

• D일 04시30분에 강릉지역에 상륙부대를 상륙시키고 강릉을 점령한 후 전선에서 후퇴하는 적군의 퇴로를 차단하고 제1타격군과 합동으로 적을 포위 섬멸합니다.
• 동서해 함대는 가용한 전잠수함과 유도탄 공격정을 모두 출동시켜 해상우세권을 장악하게 합니다.

③ D일: 공군작전

공군은 전방 예비기지인 누천리와 구읍리에 배치된 MIG-17 항공기는 지상군 공격개시와 동시에 출격하여 수도권과 전방에 위치한 남한의 방공기지와 레이더기지를 일차적으로 폭격하게 되며, 후방에 위치한 적의 비행장과 레이더 및 통신기지 그리고 미사일기지에 대해서는 SCUD 미사일 공격에 이어서 2차 공중공격이 이루어집니다. MIG-29대대는 적기 요격임무를 우선하며, IL폭격기 등은 후방에 있는 적비행장과 지휘통신시설을 철저히 폭격하는 임무에 할당합니다.

④ D일~D+1일: 미군의 전쟁개입 저지방책

서울을 포위하고 제1단계 작전이 종료되는 이 시기는 미군의 전쟁개입을 저지해야 하는 중요한 시점이 됩니다. 미군의 전쟁개입을 저지하는 방책으로는 다음 3가지 방책을 고려할 수 있습니다.

㉮ 첫째, 서울포위권 내에 있는 천만 명의 서울 시민과 미국 시민권자, 미군과 한국군의 인원 및 장비, 그리고 귀중한 문화재산을 미끼 및 인질로 만일 미군이 전쟁에 개입하면 이 포위권 내에 대량파괴무기를 사용하여 서울을 초토화시키겠다고 협박하는 것입니다.

㉯ 둘째는 후방에 있는 미군시설과 동·서해로 접근하는 미군함대에 대해서 핵미사일 공격 위협입니다.

㉰ 셋째는 실제 핵무기를 사용하는 안입니다. 제1안과 제2안의 경고에도

불구하고 미군이 개입하고, 오히려 미국이 우리에게 핵공격 위협을 가해온다면 이때는 대전지역에 핵미사일 공격을 실제 가할 것이라는 위협을 발표하고는 즉각 제2단계 작전으로 전환하는 안이 되겠습니다.

나) 제2단계 작전(D+2일)

제2단계 작전에 대한 최고사령부의 작전방침은 다음과 같습니다.

> **제2단계 작전방침**
>
> 인민군 연합부대는 제5타격군을 주타격군으로 하고 제1,2타격군을 보조타격군으로 하여 수원, 이천, 여주, 원주, 장평, 강릉 일대에서 일제히 공격을 개시함과 동시에, 대전지역에 핵무기를 투발하여 남한에 공황을 조성하여 포위보다는 속도전에 중점을 두고 기동로상의 애로지역은 특수전부대가 사전 확보하여 최단시간 내에 군산－대전－영주－울진 선을 확보한다.

제2단계 작전을 수행하기 위해서 먼저 3개의 타격군으로 재편조하여 작전을 실시하며, 공격은 D+2일(10월 10일) 05시10분에 일제히 공격을 개시함과 동시에 대전 근교에 20KT 핵미사일 1발을 투발하게 됩니다. 이로 인하여 후방지역에 야기된 공황을 이용하여 군산－울진선을 일거에 확보하는 1일작전으로 실시하게 됩니다.

- 제4군단은 서울을 포위하고 있는 부대로 재편성하여 의명 서울 공격을 준비합니다.
- 제5타격군은 제2단계 작전의 주타격군으로 3개 군단으로 편성하여 서부지역에서 공격을 실시하며, 수원－군산 축선의 서해안 축선과 수원－대전, 그리고 이천－보은 축선을 따라 공격하여 신속히 군산, 대전, 보은을 확보합니다.

- 제2타격군은 보조공격군으로 중부지역에서 2개 군단 편성으로 여주–점촌 축선과 원주–영주 축선으로 공격하여 신속히 점촌과 영주를 확보하게 됩니다.
- 제1타격군은 1개 군단(증강) 편성으로 동부지역에서 강릉–울진 축선과 장평–춘양 축선으로 공격하여 신속히 춘양과 울진을 확보합니다.
- 제2단계 작전시 해군은 D+2일 05시10분에 울진지역에 상륙군 부대를 상륙시키고, 울진을 점령 후 후퇴하는 적군의 퇴로를 차단하여 제1타격군과 합동으로 포위된 적을 섬멸합니다.

이렇게 하여 1일작전으로 군산–대전–영주–울진선을 확보함으로써 제2단계 작전을 종료합니다.

다) 제3단계 작전(D+4일)

제3단계 작전은 UN 휴전제의와는 관계없이 일부 타격군을 편조하여 공격을 계속하게 됩니다. 최고사령부에서 하달된 작전방침은 다음과 같습니다. 제3단계 작전을 위해서 3개 타격군으로 재편조하여 D+4일(10월 11일) 05시10분에 공격을 개시합니다.

- 제4군단은 D일부터 서울을 완전 포위하고 있는 부대들을 지휘하여 공격을 준비하고 있던 중 D+4일 05시10분에 각 방향에서 서울 시내로 일제히 진입하여 평정작전을 실시하여 서울을 완전 평정하게 됩니다.

제3단계 작전방침

제3단계 작전은 2일간의 추격 및 평정작전으로 공격을 개시하여 당일로 광주–남원–고령–대구–영천–포항으로 연하는 선까지 진출, 의명 계속 공격하여 해남–순천–진주–마산–부산 선을 신속히 확보하여 전쟁을 종결한다. 서울을 포위하고 있는 제4군단은 제3단계 작전 개시와 동시에 서울로 진입 평정작전을 실시한다. 제3단계 작전기간 중 필요시 의명 화학 및 생물학 무기를 사용할 수 있다.

- 제5타격군은 3개 군단으로 편성된 주타격군으로 1개 군단은 대전—무주—고령—진주 축선으로, 1개 군단은 대전—김천—대구—창녕—마산—부산 축선으로, 1개 군단은 점촌—대구—밀양—부산 축선으로 추격작전을 실시합니다.
- 제2타격군은 2개 군단으로 편성된 보조타격군으로, 1개 군단은 군산—광주—해남 축선으로, 1개 군단은 논산—전주—남원—순천 축선으로 추격작전을 실시합니다.
- 제1타격군은 1개 군단 증강으로 편성된 보조타격군으로, 1개 사단은 울진—영덕—포항—울산—부산의 동해안 축선으로, 1개 사단은 춘양—영양—청송—안강—포항 축선으로 1개 사단은 영주—안동—영천—경주—부산 방향으로 추격작전을 실시합니다.
- 제3단계 작전을 실시하는 각 타격군은 신속한 추격작전을 실시하여 광주—대구—포항 선에 도착시는 보고 후, 의명 추격을 계속하되, 각 축선별 주력들은 추격작전을 실시하고 잔여부대들은 평정작전을 실시하면서 해남—순천—진주—마산—부산의 남해안선을 확보함으로써 남한 전체를 점령하고 전쟁을 종결하게 되겠습니다. 추격작전시 완강한 저항에 조우시는 화학무기를 사용하여 속도에 주력해야 할 것입니다.
- 제3단계 작전기간 중 해군은 동해안의 포항, 부산, 서해안의 영광, 목포 지역에 상륙군을 상륙시켜 지상작전을 지원하게 됩니다.

라) 소요 작전기간

지금까지 보고 드린 작전은 남한 전체를 석권하는 데 총 5일 간의 작전기간이 소요되었습니다.

이상 제2부 기동계획에 대한 보고를 전부 마치겠습니다.

〈작전기간〉

단계	작전일수	작전 내용
1단계	2	• D+1일: 수원-강릉선 확보, 서울 포위 • D+2일: 제2단계 작전준비
2단계	1	• D+3일: 핵무기 투하, 속도전으로 군산-울진선 확보
3단계	2	• 추격 및 평정작전 • D+4일: 광주-남원-대구-포항선 확보, 서울 평정 • D+5일: 남해안선 확보
계	5	

이어진 북한 전쟁 수뇌부의 난상토론에서는 기존 군사전략의 문제점을 도출하고 보다 확실한 승리가 담보될 수 있도록 강력한 대안을 제시한다.

-제820 전차군단장: 미군이 전쟁에 개입할 기미가 보이면 대전에 핵무기 1발을 투발도 좋지만, 개전과 동시에 휴전선 일대에 핵공격 강조.

-경보병교도지도국장: 공격개시일에 휴전선에 두어발, D-1일에 수원과 대전, 대구, 부산, 대구, 광주, 대도시 등 10여 발 정도를 투발해야만 미군도 참전 못할 것.

-제5군단장: 탄저균 등 생물학 작용제를 서해안쪽 비행장에만 사용하지 말고 전략시설 및 대도시에 살포 강조.

-공군사령관: AN-2기 2차에 나눠 축차 침투보다는 300대 동시 침투로 혼란 야기 필요.

-해군사령관: 조국통일 전쟁 때 '러시아가 참전한다는' 외교성 발언 등 대러 외교적 협약 필요.

-포병교도지도국장: 남북간 북한의 전력이 우세하니까, 남한의 경제력과 군사력이 비례적으로 증강되므로 조기에 통일전쟁을 앞당길 것을 강조.

-동해함대사령관: 남한의 주요항만을 통해서 군수물자의 반입반출에 차단하기 위하여 항만 봉쇄작전이 절대적으로 필요 강조.

—제2항공사단장: 전쟁직전에 적의 중앙통제기지에 '핵미사일 공격'으로 반공 및 조기경보체제를 마비시키는 것이 선급사항임.

—미사일 사령관: 우리에게 양질의 비체류성 화학무기 등 다양한 화학무기가 있는데 이번 계획에 포함되지 않았음(승낙 후 사용가능).

—작전국장: 일본에 실수유도 미사일 투사로 '미군 도움시 실제공격 경고' 하여 미군기 이착륙 불허조치 종용 필요.

따라서 북한 기본군사전략을 분석한 특이점으로 첫째, 서울을 비롯한 수도권을 무력화시킬 수 있는 개성 판문군의 350문의 장사정포 배치. 둘째, 20여 개의 땅굴중에서 8개 땅굴을 이용한 특작부대 운용. 셋째, AN-2기를 활용한 2회에 걸친 특작부대 침투로 제2전선 확보. 넷째, 대전지역에 핵무기 1발 투하로 한국군에게는 공포를, 미군에게는 참전거부 종용이다. 그리고 난상토론에서는 10여 발 이상의 핵과 다량의 화생무기를 사용하고, 중 · 소의 외교적 대미견제가 단기속전속결의 기본요체라고 강조하였다.

북한의 남침 기본군사전략은 '적화통일 전쟁에서 승패가 국가존망을 좌우한다'는 일관된 생각으로 북한의 모든 역량을 모아 작성하였다(아마도 국가원수가 주관 및 끝장토론까지의 군사전략회의는 한국에서는 없었던 사례다.

한국은 을지연습장에서 국가원수가 보고를 받고 지침을 내려주는 정도다). 해 · 공군과 미사일 등이 열세인 북한은 비대칭전략에 특화하여 발전시켰다. 비대칭전략은 승리를 담보하기보다는 무승부에 그 바탕을 두고 있다. 물론 비대칭전략이 통하면 전쟁에서 승리까지 노릴 것이다.

따라서 북한의 기본군사전략이 지향하는 특징은 첫째, 미군의 참전을 막기 위해 태평양 미군기지를 포함한 미본토까지 핵 또는 화생무기를 사용할 것이다. 둘째, 한국의 전략목표에 핵 및 화생무기를 사용할 것이며, 필요시 대도시에도 화생방무기를 투사할 것이다. 셋째, 초전 미사일과 더불어 잠수함 등을 운용하여 항만봉쇄와 SLBM으로 내륙 전략표적을 공격할 것이다.

넷째, 신형대구경포 및 장사정포 등을 사용하여 접경지역과 수도권 일대를 공격할 것이다.

4) 평가와 전망

손자병법 허실편에 '한 번 전쟁에서 승리한 전법은 다시 사용하면 안 된다(其戰勝不復)' 라고 하였다. 북한의 상기 군사전략의 실체는 1997 황장엽의 '남침 시나리오' 로 매체에 대서특필된 바 있다. 그럼에도 불구하고 1999년에 김정일 주관하에 이미 노출된 군사전략을 가지고 전략회의가 진행되었다는 것은 두 가지에 주목하여야 한다. ① 하나는 북한이 기존 군사전략 외에는 대안이 없다는 것이고, ② 다른 하나는 기본군사전략에 추가하여 핵무기 등을 사용하여 게임체인저로 승리를 담보할 수 있다는 것이다.

다시 한 번 북한의 전쟁개시년도에 대하여 핵심만 발췌하여 알아보자. "전쟁의 결정적 시기는 극심한 남한사회 혼란과 주한미군이 철수하는 등 정치, 군사적으로 유리한 시기"라고 못 박았다. 이는 남한사회가 정치데모 등으로 인하여 정치 및 군부가 각각 분열되어 정상적인 군령과 군정이 무너지는 경우라 하겠다.

그러나 국민에 의해 정권이 창출되고 국민의 뒷받침에 의해서 통치하는 정부가 자유민주주주를 수호하기 때문에 남한사회 혼란은 앞으로도 없을 것이다. 그렇다면 북한으로서는 주한미군 철수나 참전하지 못하게 하는 것이 최선의 방책이다. 북한이 주한미군 철수를 강조하는 것은 미군의 넘사벽 재래식 전력과 핵 및 화생무기의 보복능력 때문일 것이다. 따라서 ②에 주목하여 북한의 기존군사전략의 요체 분석하여 보자.

우선 북한의 기존군사전략에서 1단계 작전은 기동계획을 중심으로 재래식 무기를 사용하여 안산 등 상륙작전을 병행하여 수원-강릉선을 확보하는 것이다. 2단계 작전에서는 대전에 핵무기 1발을 사용, 미군의 참전을 거부하면서 군산-울진선을 확보하는 것이다. 3단계 작전에서는 필요시 화학 및 생물학무기를 사용하여 전과확대를 달성하는 것으로 광주–포항선까지 진출하고 차후 남해안선까지 확보하는 것이다.

이를 평가하여 보면 첫 번째, 선제기습공격이다. 재배치 없이 공격하고 사전에 기동로 확보를 위한 특수부대 운용, 막강한 화력지원이다. 이에 대응하여 한 · 미연합군은 정찰위성, 정찰기, 무인정찰기 등 현대화로 북한의 중대급 이상 기동은 물론 최소 72시간 전에는 전쟁 징후를 포착할 수 있고, 북한은 특수부대를 동시에 전개 시킬 수단이 없으며(스텔스, 전자전기 필요) 이에 대하여 한국은 대침투 대비가 되어 있다.

두 번째, 전후방 동시전장화이다. 배합전술은 다양한 침투장비 및 수단이 필요하다. 즉 북한이 동원할 수 있는 AN-2기, 잠수함 및 잠수고속정, 땅굴 운용이다. 그러나 북한은 침투장비 등 가용수단이 제한되고 한국은 해당 작전지역에 대응체제 및 장비를 보강하여 대비하고 있다. 즉 한국은 서해방어사령부 예하에 비궁, 고속정, 공격헬기, 저속 공격기(KT-1등) 및 고성능 작전기 등을 배치하여 훈련하고 있다. 또한 땅굴도 20여 개 중에서 가용한 8개도 전부 노출되어 한국군이 관리하는 상황이다. 따라서 한두 곳이 성공해도 바로 섬멸되거나 건재 유지가 어려워 전략에 미치는 영향은 미미하다.

세 번째, 고속종심돌진공격이다. 특수부대의 기동로 개척과 화력엄호하에 기계화부대 공격이다. 특수부대는 침투자산 한계로 전개와 건재유지가 불가능할 정도이며, 한미연합군의 제해 · 제공권 장악으로 북한 내에도 북한전차(고속종심돌진수단)의 기동조차 불가능하여, 전쟁 성립의 불충분조건이 내재한다.

네 번째, 공중우세권 확보이다. 북한의 M-17계열 전투기와 특작부대 지원으로 한국의 방공레이더기지 파괴과 비행장 등 전략표적 타격이다. 한미연합군의 방공레이더는 AI기반 우주적 연동으로 북한의 전투기가 이륙 단계부터 추적관리가 가능하며 다양한 수단으로 북한기 요격과 방공망을 파괴할 것이다(리비아 미그기 230대 나토군 60대에 괴멸).

다섯 번째, 미군의 증원을 조기에 파괴하는 것이다. 미국 공군력의 한반도 증원은 일본기지와 괌에서 출격 시 30분~2시간이며, 알래스카에서는 4시간 만에 평양을 타격할 수 있고 1,000여 개의 전략표적을 타격 및 제거하면 전쟁종결의 여건으로 전환된다.

여섯 번째, 필요시 대량살상무기도 사용 가능하다는 새로운 전략방침이다. 핵과 화생전력을 투사하여 게임체인저로 만들겠다는 것이다. 한미연합군은 핵무기 및 화생무기에 취약하다. 따라서 북한의 화생방전은 1단계 작전에서 절반의 성공 가능성을 담보할 수도 있다. 그러나 한국에 배치된 사드의 보호하에 충청권 이남의 항공기 등 전력자산과 태평양 미군 전략자산의 대북한 타격은 전쟁의 일방적 승패를 결정할 것이다.

3. 북한의 미사일 및 장사정포 현황과 위협분석

가. 북한의 장사정포 현황과 위협

1) 북한의 장사정포 운용과 위협

북한의 장사정포는 WMD와 함께 수도권과 중부지역을 위협하는 준전략무기이다. 수도권은 2,600여 만 명의 인구와 정치, 사회, 문화의 70%가 집중되어 있어 국가기반이라 할 수 있다. 북한은 수도권을 전략적으로 공략하기 위하여 350문의 장사정포를 개성 판문군에 배치하고 있다. 150여 문이 배치된 사거리 45km 이상의 170mm 곡사포는 서울의 서대문까지 공격이 가능하며, 200여 문이 배치된 사거리 65km 이상의 240mm 방사포는 중랑천까지 공격할 수 있다.

또한 북한은 장사정포와 미사일의 경계지역인 65km-150km 사이 간극을 효율적으로 공략하고자 대구경 장거리 방사포를 개발하고 있다. 300mm 신형방사포는 2016년 시험완료 후 배치된 것으로 알려지고 있으며, 사거리는 200km에 달해 대전권까지 공격이 가능하다. 400mm 대구경조정방사포는 사거리가 380km에 달하는 초대형 미사일급으로 대한민국의 전역이 타격권에 들어간다.

2) 북한의 장사정포 현황

현재까지 북한군에 실전배치된 장사정포는 170mm 곡사포와 240mm 방사포가 있다. 일명 곡산포로 불리는 170mm 포는 1978년부터 등장했다. 그 원형은 러시아의 203mm 포인 2S7Pion(M-1975)으로 추정하고 있으며, T-80 전차에 2A44 포를 탑재하여 사용하였다. 운용요원은 7명이며 사격준비에 5~6분이 소요되는데 사격 후 3~5분이면 진지변환이 가능하다.

북한은 170mm 포를 지속적으로 개량하여 1998년에 현재와 같은 기준모델이 완성되었으며, 유효사거리가 24km이고 최대사거리는 36km이다. 그러나 RAP(사거리연장탄)탄을 사용시에는 유효 36km, 최대 54km의 사거리를 가지고 있다.

240mm 방사포는 1993년 서부전선에 배치된 것이 확인되었다. 그 형태는 초기형과 중기형 그리고 후기형으로 발전되어 왔다. 초기형은 1985년부터 생산되기 시작하였고, 서방 코드명은 M-1985로 사거리는 43km이며, 재장전 시간은 12분이고, 발사관은 12연장이다. 중기형은 1989년에 등장하였으며 초기형의 운영상의 미비점을 보완하였다. 그리고 후기형은 1991년부터 배치되었으며 사정거리가 60km로 연장되었으나 재장전 시간은 초기형에 비하여 8분 가량 늦은 20분이며, 발사관은 초기형에 비하여 12개 증가된 22개로 구성되어 있다.

300mm 신형방사포는 2015년 10월에 열린 노동당 창건 70주년 열병식에서 최초로 공개되었다. 300mm 방사포는 중국의 302 방사포인 WS-1B 포와 유사하다. 2016년 시험사격 당시에는 발사관 형태였으나 이후 손쉽게 장전

〈북한 주요 야포 및 다련장 · 방사포 사거리〉

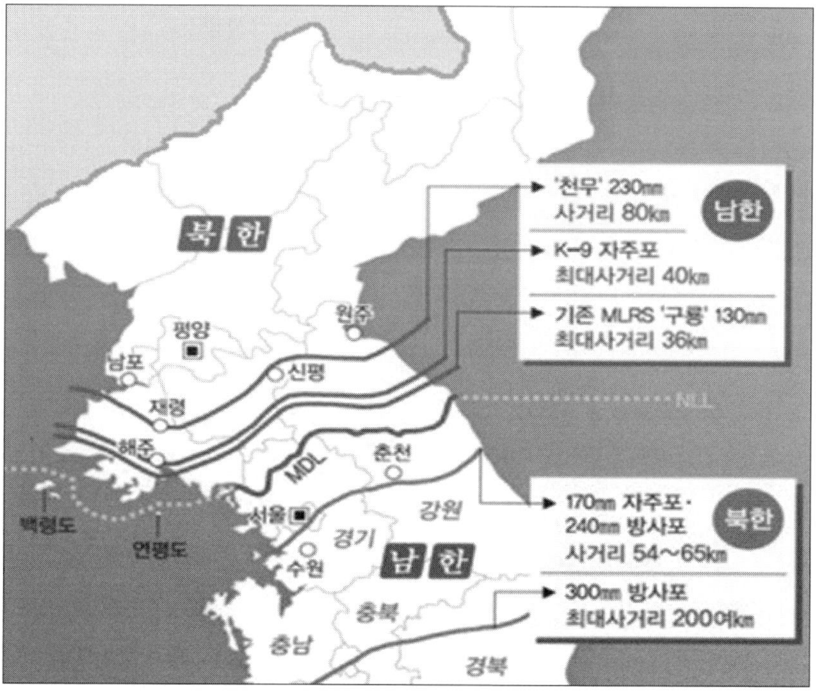

*출처: 국방부

*통상 포병은 휴전선으로부터 후방 10km 내외에서 운용(일부 6km까지 추진).

이 가능한 상자형으로 개량되었으며 발사대 1대당 8발의 로켓탄이 장착되어 있다.

러시아제 GPS인 글로나스(GLONASS)를 장착하여 자체추진 유도시스템을 갖춘 미사일로 평가되는데, 동해안에서 시험시 150km를 비행하여 작은 암초에 명중시킨 바 있다. 최대사정거리는 180km~200km로 추정된다. 300mm 방사포의 특징은 파편지뢰탄, 지하침투탄, 산포탄 등 다양한 탄으로 표적에 따라 맞춤형 공격이 가능하다는 것이다.

430mm 이상급 신형조정방사포는 지난 2019년 8월 24일 시험발사를 통해 알려졌는데, 최고고도 97km, 비행거리 약 380km, 최고속도 마하 6.5 이상으

〈북한 장사정포 현황〉

구분	구분	사거리 (km)	탄두 (kg)	발사관	특징	직경 (m)	운반	추진/ 속도
실전 배치	170mm 곡사포	55km	985	1개 (단열)	고폭탄	0.88	견인/ 차량	마하3
	240mm 방사포	65km	700	22연장 3단	로켓탄	0.88	차량	마하3
개발 완료	300mm 방사포	200km	770	8연장 2단4열	유도 시스템	1.20	차량	마하6.9
	신형조정 방사포	300km		6연장 (2열)	변칙비행 pull-up		차량	마하6.9
	430mm이상 대구경조 정방사포	380km 이상	770~ 1,000	4연장 2열	탄도탄 궤적	1.20	차량/ 고정	마하6.9

로 우리 정보기관에서 탐지한 바 있다. 제주도를 제외하면 전국이 타격범위에 해당된다. 430mm 이상급 신형조정방사포는 수평 · 변칙기동이 가능한데, 비행시 정점고도인 25km에 도달한 뒤 약 120km 동안 완만한 활강을 하고 이후 살짝 상승하는 pull-up을 하는 것이 포착되었다. 또한 차량에 탑재하고 고체연료를 사용하여 발사시간을 단축하여 한 · 미 탐지자산에 사전 포착되지 않아 기습타격에 용이하다.

나. 북한의 미사일 운용 현황과 위협

1) 북한의 미사일 운용과 의의

북한이 미사일을 운용하는 것은 국가정책, 군사전략, 작전술이라는 목표를 달성하기 위한 것이다. 즉, 수도권 주민과 서울 이남에 주둔하고 있는 미군을 볼모로 하여 위협을 통한 주도권을 잡고, 대북지원과 심지어 전쟁억지의 효과를 얻기 위함이라고 볼 수 있다. 북한은 전술 및 작전술 공간에 사거리 70km인 FROG 미사일과 사거리 150km인 SCUD-A 미사일을 구매 및 배치하였다.

1984년에는 사거리 300km 신장된 SCUD-B 미사일을 3회에 걸쳐 실험하고 배치하게 된다. SCUD-B 미사일은 사거리가 300km이고, 탄두중량도 900kg이며, 탄착점 오차도 1～2km이다. 따라서 북한은 대전권까지 전략무기를 확보한다. 이에 더하여 북한은 사거리가 연장된 SCUD-C 미사일을 개발하여 1989년에 실전 배치한다. SCUD-C 미사일은 사거리가 무려 600km이며, 탄두중량은 약간 줄어든 700kg이며, 탄착점 오차는 1～2km를 유지했다. 따라서 북한 미사일 전력은 남한 전지역을 사정권으로 확장되었다.

한편 북한은 2차에 걸친 걸프전시 미국의 화력에 놀라 대비책을 세우는데, 1999년 김일성 군사종합대학 주관으로 인민무력부에서 김정일 주재하에 남침전략을 수립하고 전략회의를 개최하였다.

이때 소위 남한석권 5일 작전(남침시나리오)을 주제로 다양한 의견과 이를 통한 가능한 전략이 제기 되었다. 주요 의제는 전쟁에 자동개입하는 미군 사전전개 차단이었다. 더욱이 북한은 미군이 주둔하고 있는 일본의 미군기지와 괌 미군기지 등에 있는 병력과 장비 및 물자 집결지를 공격하는 타격수단이 필요하게 되었다.

따라서 북한은 일본의 전 지역을 타격할 수 있는 사거리 1,500km 노동미사일을 개발하게 되었다. 더 나아가 미국 괌과 하와이 진주만을 타격할 수 있는 미사일이 필요했는데, 이는 사정거리 1만 킬로미터 이상, 즉 대륙간 탄도탄급 미사일이었다. 이에 북한은 준중거리탄도탄(MRBM)인 대포동 1호를 개발 및 실험 발사하고 이어서 미국 알래스카까지 도달하는 대포동 2호를 개발하였다. 그러나 대포동 2호는 미완으로 대기권 재진입과 탄두 활강시 정확한 목표유도 과제를 기술적으로 해결해야 한다.

북한은 김정은 체제에 들어와서 체제보장과 내부단결을 위하여 '휴전협

〈북한 미사일 종류별 사거리 현황〉

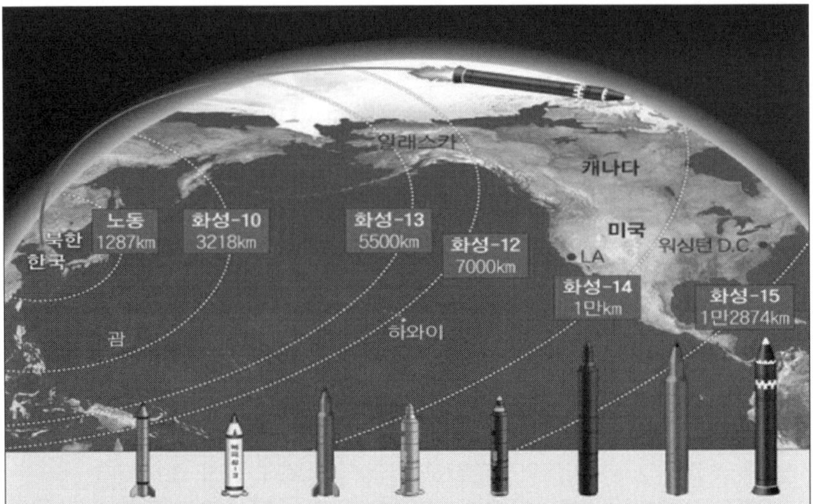

구분	스커드B/C/ER	북극성-2	노동	화성-10	화성-12	화성-13	화성-14	화성-15
최대사거리(마일/km)	435마일/700km	620/997	800/1287	2000/3218	4350/7000	3418/5500	6250/1만	8000/1만2874

* 출처: 국방백서(2020)

정을 종전협정' 으로 바꿀 필요가 있었다. 정치적으로 미국을 협상테이블로 불러들이기 위하여 핵실험과 대륙간탄도탄을 개발하기 시작한다. 이에 따라 북한은 사거리 3,500km인 화성-10호에 핵탄두를 장착이 가능하였고, 화성-14호까지 개발한다. 그리고 미국 본토공격이 가능한 사거리 13,000km인 화성-13호까지 개발하였다. 최근(2019년)에는 신형전술유도미사일(북한판 이스칸데르)과 신형전술미사일(북한판 에이타킴스) 그리고 잠수함발사미사일(SLBM)에 대한 시험발사를 하였다. 다만 잠수함발사미사일은 전용 잠수함이 건조되어야 실전배치를 할 수 있다.

2) 북한의 미사일 개발역사와 현황

소련은 독일의 V-2 로켓을 모델로 한 사거리 170km인 R-11(SCUD-A) 미사일을 1958년에 실전 배치하였다. 이에 고무된 북한은 남한 전지역을 타격할 수 있는 미사일을 확보하고자 하였으나, 당시에 미사일 선진국인 소련이 정치적인 이유로 제공하지 않음으로써 독자개발을 하기로 한다. 최초 북한의 미사일 개발은 1975년 중 · 조 장거리 미사일 공동연구에 합의하여 사거리 600km, 1단 로켓인 'DF-6 미사일' 개발에 착수하였다. 그러나 중국의 국내 사정에 의해 1978년에 취소되어 북한의 미사일 개발의 꿈은 일단 접을 수밖에 없었다. 그 후에도 북한은 이란-이라크 전쟁 후 이란으로부터 소련제 SCUD-B 미사일의 잔재와 이라크제 AL-Hussein 미사일의 잔해를 획득하였고, 1990년대 초부터 중국의 동풍 3호, 4호 미사일에 관련된 기술지원을 받는 등 미사일 개발에 박차를 가하였다. 우여곡절 끝에 북한은 1980년에 이집트와 '탄도미사일 공동개발협정' 을 체결하게 되었다.

체결된 미사일공동개발협정의 골자는 ① 이집트는 북한에 소련제 SCUD-B 미사일 수기를 제공한다. ② 이동발사대차량(MAZ-543)도 북한에 제공한다는 내용이다. 그리고 1981년 북한은 이집트로부터 소련제 SCUD-B 미사일 2기와 이동발사대 차량을 비밀리에 인수받아 이를 분해 역추적하는 공법으로 설계도를 작성하였다.[21] 설계도에 따라 SCUD-B 미사일을 복사 제작하는 데 3년이 소요되어 1984년 4월과 9월에 화대군 미사일 시험장에서 3번 이상의 시험발사를 실시하여 북제 시제품 생산에 성공하였다. 북한이 미사일을 개발할 당시 한국에서는 백곰미사일을 실험완료(1978)하고 실전배치를 목전에 두고 있었다.

따라서 북한의 미사일 개발 방향은 다음과 같은 목적성을 두고 개발하게 되었다. 첫째 남한 전체를 사정권내에 둘 수 있는 미사일, 둘째, 핵개발과 병행하여 핵탑재 가능한 미사일, 셋째, 한반도 주변과 미국 본토에 도달할 수 있는 미사일 개발이다.

---

21) Jane's Intelligence Review(1996.12). p.56. 북한군의 특수무기. p.51. 한국통일원 관계자는 북한이 이집트로부터 SCUD-B 미사일 2기를 도입하여 역설계했다고 밝혔다.(세계일보 1998.7.9.)

이러한 기술이 없던 북한은 소련으로부터 동구권이 무너질 때 미사일전담기관 '마케예프' 설계국, 로켓엔진을 전담하는 기관인 '이사예프' 기술자들을 비공식적으로 초빙하여 기술개발에 참여케 한다. 이는 1992년 러시아 국방위원회 로켓 및 우주기술 총국장인 '바란텐 스테파노프'가 프라우다지와 인터뷰에서 '구소련이 탄도학, 자이로코프, 엔진 및 연료관계의 전문가들이 포함된 미사일 기술자들이 비밀리에 북한에 입국하였다'라고 공개한 바 있다. 그리고 1991년 김일성이 중국을 방문하면서 미사일 기술요청을 정식으로 하였고, 중국은 공식적인 기술지원을 하였다. 그리고 1998년 화대군 미사일시험장에서 시험발사에 성공하였다.

북한은 이집트와 러시아 그리고 중국의 도움으로 FROG 및 SCUD-A 미사일은 도입하여 주한미군 미사일 전력에 대응했다. 그러나 SCUD-A 사거리가 150km 정도이고 탄착점 오차범위가 1~2km 이내로 부정확하였으며, 액체추진체를 사용하여 사격전 2시간대의 노출이 불가피하였다. 특히 사거리가 150km 이내로 전술적으로만 운용할 수 있다. 북한은 이러한 문제점을 타개하고자 사거리가 연장된 자체 미사일을 개발하는데, 사거리 300km 신장된 SCUD-B 미사일이다. SCUD-B 미사일은 사거리가 300km이고, 탄두중량도 900kg이며, 탄착점 오차도 1~2km이다. 이에 북한은 기존의 SCUD-B 미사일에서 사거리가 연장된 SCUD-C 미사일을 개발한다. SCUD-C 미사일은 사거리가 무려 600km이며, 탄두중량은 약간 줄어든 700kg이며, 탄착점 오차는 1~2km를 유지했다.

북한은 한반도 남단과 제주도까지 전역을 타격할 수 있는 미사일이 필요하였는데, SCUD-C의 크기와 엔진을 키운 새로운 1단 액체로켓을 개발하였다. 노동1호 미사일은[22] 북한에서 화성7호로 부르는데, 탄두무게는 770kg이며, 1,300km 거리를 마하 10의 속도로 비행한다. 그리고 탄착지역 공산오차

22) '노동1호 미사일' 명칭은 서방기관이 함경남도 함주군 주이면 노동리에 있던 미사일 제조공장 지명을 따서 보도하면서 세상에 알려졌다.

가 4km 내외로서 탄착지역의 축구장 1개 반 정도를 초토화시킬 수 있다. 노동1호의 가장 큰 특징은 소련의 R-21을 모방하여 핵탄두를 운반할 수 있는 미사일을 자력으로 개발하였고, 이로써 북한은 전략적 자산을 확보한 원년이 되었다.

북한은 걸프전 결과를 토대로 재작성된 1999년 남침시나리오에서 미군의 한반도 전개차단을 위한, 주일미군과 괌 및 미본토에 대한 영향을 미칠 수 있는 대륙간탄도탄급 미사일이 필요하게 되었다. 그러나 대포동급 미사일은 대륙간 탄도탄으로 대기권 통과와 다시 지구로 재진입 등 다단계 추진체와 탄두의 내열문제, 정밀한 관성유도장치 등 최고의 우주기술이 요구되었다. 따라서 북한은 이러한 분야의 기술자를 러시아 및 구동독인 기술자 30~50여 명을 1990~1992년 사이에 입국시켜 개발에 참여시킨 것으로 보인다. 개발된 대포동-1호는 사거리가 1,700km~2,000km이며, 탄두 무게는 770kg~1,000kg이고, 2단 고체연료를 사용하며 마하 10의 속도로 비행할 수 있다. 그리고 1998년 8월에 북한의 대포동에서 1,600km 떨어진 일본 아오모리현의 동북방 580km 지점의 북태평양에 낙하함으로써 대포동 미사일임이 확인되었다.[23]

대포동-1호가 성공적이었음에도 북한은 전략적으로 미본토에 이르는 미사일이 필요하였다. 그러나 당시 북한의 기술로서는 미본토에 이르는 미사일을 개발하기에는 역부족이었다. 특히 대포동-1호에서 다단계추진과 지구재인입시 내열, 관성유도장치 등이 여전히 문제점으로 나타났다. 이러한 문제점을 극복하면서 북한은 대포동-2호의 개발에 박차를 가하였는데, 그 당시(1995. 9) 러시아의 정보당국은 "대포동-2호는 2단로켓으로서 1단의 직경

---

23) '대포동 미사일' 및 '무수단 미사일'의 명칭은 화대군 미사일(발사) 사격장에서 유래하였으며, 행정구역상 함경북도 화대군 무수단리(花臺郡 舞水端里)이고 옛 지명은 함경북도 명천군 하고면 대포동리(明川郡 下古面 大浦洞里)이다. 위 미사일 명칭은 서방권 명칭이고, 화성-10호 등은 지대지, 북극성은 잠대지, 은하-1호 등은 우주발사체, 광명성은 인공위성 등 북한 고유 제식명칭을 뜻한다.

은 2.4m, 길이는 16.2m인 미확인 추진체 위에 2단로켓인 직경 1.2m, 길이 16m의 노동1호 엔진을 얹고 1,000kg의 탄두를 실을 수 있도록 제작되었으며, 사정거리는 4,300~6,000km가 될 것으로 분석한 자료를 제시했다고 하였다.

그러나 개발된 대포동 2호는 사거리가 3,500km~6,000km이며, 탄두 무게는 1,000kg이고, 2단 고체연료를 사용하며 마하 10의 속도로 비행할 수 있다. 그리고 대포동 2호 개량형과 3호는 사정거리가 각각 6,000km와 15,000km까지 비행할 수 있는 대륙간탄도탄으로 발전했다. 또한 우주발사체의 기반으로 활용되어 2006년 7월에 '광명성 2호' 위성을 탑재하고 발사되었으나 42초 만에 공중폭발하였다.

그 후 2009년 4월에 발사했는데, 1단 추진체는 동해안에 2단추진체는 태평양 방향으로 3,846km 떨어졌다. 위성탑재 3단은 분리에 실패하여 궤도 진입에는 실패했지만 비행거리는 6,000km로 추정되었다. 3년 뒤인 2012년 4월 은하3호(대포동 2호 일부 확대)를 발사하여 1.2단을 분리 성공했으나 3단 분리가 제대로 이루어지지 않아서 궤도 진입에는 실패했다. 대포동2호는 인공위성 발사체로 가장한 대륙간탄도탄으로 규명되고 있으며, 성공 여부를 떠나 6,000km 비행거리를 확보하여 미본토인 알래스카 및 하와이를 타격할 수 있는 수단을 확보하게 되었다.

북한이 무수단(화성10호) 미사일 개발의 가장 큰 특징은 사거리연장과 핵탄두 장착으로 미군의 한국 전개를 차단하기 위한 미국령 괌을 공격하기 위함이다. 무수단 미사일(화성10호)은 러시아 SLBM인 R-27U(액체연료)를 모델로 한 것으로 보이나, 2016년부터 고체연료로 개량하여 중국의 JL-1SLBM에 가깝다. 무수단 미사일(화성10호)은 사거리가 3,500km, 전장 22m이다. 특징은 북한 최초 핵탄두를 장착한 미사일이다. 북한의 핵탄두는 KN-08이며, 직경 50~63cm, 무게 200~300kg, 폭발력 40-80KT로 추정된다.

북한이 화성12호를 개발한 것은 미국의 알래스카와 하와이에 대한 타격

〈북한의 미사일 현황〉

구분	미사일 종류	사거리 (km)	탄두 (kg)	CEF (km)	전장 (m)	운반	추진/ 속도
실전 배치	SCUD-B (화성5호)	340	985	0.5~1	11.25	차량	1단/마하3
	SCUD-C (화성6호)	600	700	1~2	12.25	차량	1단/마하3
	노동1호 (화성7호) MRBM	1,300	770	3~4	15.20	차량	1단액체/ 마하10
	대포동1호 (화성8호) MRBM	1,700~ 2,000	770~ 1,000	?	22.30	차량/ 고정	2단/마하10
	대포동2호 (화성9호) ICBM	4,300~ 6,000	1,000	?	32.20	고정	3단/마하 10-30 은화 1호
실전 배치 / 프로토 타입	신형전술 미사일 (에이타킴스형)	400	?	1km이내 (축구장 2~3)	?	차량	1단(고체)/ 마하 6.0 발사관2
	신형전술 유도무기 (이스칸데르형)	500	500	5m이내	?	차량	1단(고체)/ 마하6.0/ pull-up
	잠대지 SLBM (북극성3)	5,000	?	?	?	잠수함	2단(고체)/ 마하6.0/ 화성-11계열
	화성-10 (무수단) MRBM	3,500 (미 괌)	핵탄두	?	12	차량	1단(고체)/ 마하6-20
	화성-12 IRBM	5,000 (하와이)	대형 핵탄두		16	차량	2단(액체)/ 마하6-20

구분	구분	사거리 (km)	탄두 (kg)	CEF (km)	전장 (m)	운반	추진/ 속도
실전 배치 / 프로토 타입	화성-13 최초ICBM	5,000~ 10,000	핵탄두?	?	20	차량	3단(고체/액체)/마하6-20
	화성-14 ICBM	10,000	핵탄두	?	18	차량	3단(액체/고체)/마하6-20
	화성-15 ICBM	13,000 미서부	핵탄두?	?	22	차량	3단(액체/고체)/마하6-20

능력을 확보하기 위해서이다. 정확한 제원은 공개되지 않고 있지만 6,000km를 목표로 개발된 백두산 엔진이 탑재되어 있다고 한다.

물론 백두산 엔진에 대하여 "국제전략연구소(IISS)의 마이클 엘먼 선임연구원은 외부로부터 획득하였다고 하였으며, 우크라이나에서 왔을 것으로 보인다"고 하였다. 우크라이나의 국영 유즈마쉬의 RD-250엔진이 북한에 흘러들어갔고 화성12호에 사용하고, 지속적으로 역추적 설계 및 개발하여 후기형에 탑재한 것으로 추정된다. 화성12호는 사거리 5,000km 내외로 추정되며, 대형핵탄두 탑재가 가능하고, 전장은 12m로 2단 백두산엔진을 탑재하여 준 ICBM급이라 할 수 있다.

북한이 화성13호를 개발한 것은 미국본토에 대한 핵 타격능력을 확보하여 정치적 전략적 우위를 점하기 위함이라 볼 수 있다. 화성13호의 주요제원은 사거리 5,000km-12,000km, 전장 20m, 최종 속도 마하 23, 1단(2개)백두엔진, 3단 액체연료이다. 화성14호와 15호는 13호의 사거리연장과 핵탄두 중량을 늘리는 개량형으로 발전하는데, 2017년에 동년에 시험발사를 한 것으로 보아 동시에 개발이 진행된 것으로 보인다. 화성14호는 무게 40톤, 1단 추력 40톤(백두엔진1개), 길이 18m, 사거리 10,000km이다. 화성15호는 무게 70톤, 1단 추력 80톤(백두엔진 2개), 길이 22m이다.

결론적으로 화성13 · 14 · 15호는 순차적으로 핵탄두 위력과 사거리를 증가시킨 ICBM이라 할 수 있다.

3) 북한의 신형유도미사일 현황

북한의 신형유도미사일은 한국의 대탄요격시스템이 보강되는 가운데 속도와 회피기동으로 목표물을 타격하기 위해 개발하였다. 북한은 최근에(2017~2020) 3가지 종류의 미사일을 시험발사하였다.

첫째, 고속으로 요격미사일을 회피하여 비행장 등 지역을 초토화시키는 신형전술 미사일이다. 둘째, 고속과 풀업(pull-up)으로 요격미사일을 회피하여 정밀타격하는 신형전술유도미사일이다. 셋째, 잠수함으로 은밀히 침투하여 요격미사일 후방에서 고속정밀타격하는 잠대지 미사일(SLBM)이다.

북한의 신형전술 미사일(북한판 ATACMS)은 비행장 등 지역표적을 제압하기 위해 개발되었다. 북한의 신형전술 미사일의 제원과 용도는 다음과 같다. 사거리가 400km로 남한내륙 전지역을 타격할 수 있다. 고체연료를 기반하여 최대속도는 마하 6.1 이상으로 한국에 배치된 요격미사일보다 비행 속도가 빨라 격추가 힘들다. 기타 발사차량에 2개의 발사관을 장착하여 기동발사가 가능하며, 확산탄과 지하관통탄을 사용하여 지역표적과 지하정밀표적을 타격할 수 있다.

북한의 신형전술유도탄(북한판 이스칸데르)은 회피 기동하면서 전략목표에 대하여 정밀타격을 할 수 있도록 개발되었다. 북한의 신형전술유도탄의 제원과 용도는 다음과 같다. 사거리는 500km로 남한내륙 전 지역을 타격할 수 있다. 고체연료를 기반하여 마하 6~7 이상으로 초고속이며 종말단계에서는 마하 4.3으로 저하되나 고속과 풀업(pull-up) 기능이 있으며, 특히 비행 마지막 단계에서 급상승하여 탐지 및 요격이 어렵다. 기타 탄두중량이 500kg 정도로 알려져 있으며 탄두중량을 700kg로 올리면 사거리는 200km로 줄어들 수 있으나 핵탄두 탑재가 가능하다.

북한의 신형미사일(에이타킴스형) 및 유도탄(이스칸데르형)은 비행속도가 마하 8~10이다. 비행시간은 500km 기준으로 4분 안팎으로 한국의 요격체계로는 탐지와 추적이 늦을 뿐만 아니라 요격미사일의 비행속도가 마하 4 수준으로 요격자체가 힘들다. 그러나 고각으로 발사시 대기권을 통과하는 비과시간은 124초(21분40초) 정도 기록되었는데, 요격 가능시간은 사드가 45~48초로 2회 가능하나 이마저 경기도 남부권부터 요격이 가능하다.

북한의 잠대지 미사일(SLBM)은 잠수함으로 은밀히 침투하여 요격미사일 후방에서 고속정밀타격하는 미사일이다. 북한은 잠대지 미사일 개발시 대남 및 대북을 염두에 두고 2가지 전략목표를 동시 달성코자 하였다.

첫째는 남한해역 후방에 깊숙이 침투하여 은밀 타격하는 것이다. 둘째는 미국의 1차 요격선인 태평양을 은밀히 횡단하여 미본토 앞바다에서 갑자기 공격하여 위협을 극대화하는 것이다.

북한의 잠대지 미사일(SLBM) 원형인 북극성 1호는 구소련제 R-27과 이를 모방한 중국제 JL-1(쥐랑)과 형태와 비슷하다. 따라서 북한 잠대지 미사일(SLBM)의 원형은 소련제 R-27에 두고 추진연료와 제어장비 등은 중국의 기술을 일부 도입하여 자체 개발한 것으로 추정된다. 북극성 1호는 길이 8.9m, 사거리 2,500km, 2단 고체연료, 잠수함(신포급, 633신형) 발사 플랫폼을 가지는 잠대지 미사일로서 한미 당국은 KN-11이라 한다. 북극성1호는 2016년 8월에 지상발사형을 시험발사하였다.

북극성2호는 2017년 2월에 김정은이 참관한 방현비행장 인근에서 시험발사를 하였는데, 이동식 발사차량에서 콜드 런치(cold launch; 기체의 압력으로 미사일을 공중으로 밀어 올린 뒤 조정 및 추진) 방식으로 발사했다. 북극성 2호는 길이 9.12m, 2단고체추진, 속도 마하 8.5, 사거리는 북극성 1호와 대동소이하게 2,000km이다.

북한은 2019년 10월 2일 원산 북동쪽 해상(수중)에서 잠대지 미사일(SLBM)인 북극성-3형을 쏘아 올렸고, 북한 매체는 '시험발사 성공' 을 발표했다. 최대고도 910km까지 올라가 수직에 가까운 고각으로 450km를 비행했다. 정상적인 각도(45도)로 발사시 5,000km 내외의 사거리로 추정된다.

그러나 북한으로는 잠대지(SLBM) 미사일을 발사할 수 있는 플랫폼, 즉 전용잠수함은 3척를 보유하고 있으나 실험적 수준이다. 신포급은 1,800톤으로 2척을 보유(척당 발사관 1개)하고 있다. 신형탄도탄 잠수함(신포급-2 · 3)은 3,000톤으로 1척(발사관 3개)을 보유하고 있다. 신포급은 실험용이며, 신형탄도탄 잠수함부터 명칭 그대로 잠대지 전용 잠수함이다. 신포급에서는 수중발사를 하였으나, 신형탄도탄 잠수함에서는 수중발사대에서 발사했다. 3,000톤급의 잠수함은 정밀기술(조선 건조능력)과 시간(최하 7년) 그리고 척당 최소한 1조원 이상의 군비가 들어간다.

북한의 국방비가 3조 이하인 점을 고려할 때 완전 건조로 갈지 아니면 실험용으로 갈지 추이가 필요하다. 하지만 북한이 3척 이내로 건조하더라도 핵탑재시 한국에게는 게임체인저로 미국에게는 본토방위를 위한 잠수함 추적 및 요격시스템 등 전력을 확충 및 재배치하여야 한다.

다. 장사정포와 미사일 위협 소결론

지금까지 북한의 장사정포와 미사일의 현황과 전술, 전략적 운영에 대하여 알아보았다. 북한의 장사정포는 휴전선으로부터 최장 65km 최소 55km 이내의 목표물에 대하여 타격할 수 있는 능력을 갖추었다. 북한의 장사정포는 전술적 무기이나 수도권을 타격할 때 대량의 포탄을 끊임없이 공격할 수 있어 전략적 효과를 거둘 수 있다. 북한이 수도권에 350문의 장사정포와 최근 개발된 대구경 방사포로 공격했을 때 효과적인 요격수단이 없어, 수십만에서 수백만의 주민살상을 초래할 뿐만 아니라 공황 상태를 가져올 수 있다.

최근에 이란이 이라크의 알사아드 미군비행장에 미사일 13발을 공격(2020.1.8)하였을 때 미군은 대공요격시스템을 가동하지 않고 대피하는 방법을 선택하였다. 물론 2,000천여 명의 미군은 부상자가 없다시피 했으며 미군 입장에서는 최선의 선택을 하였다고 볼 수 있는데, 알아사드 비행장의 공격에 대한 미군의 대응은 대공요격보다는 대피시설 활용이 효과적임을 반증하는 사례라 할 수 있겠다.

북한은 최근에 전략적 가치를 구현할 수 있는 전술미사일을 개발하고 여러 차례 동해안과 태평양 해역에 시험발사를 하였다. 앞장에서도 설명했듯이 북한에 기배치된 SCUD-B/C 및 노동미사일은 액체연료 주입시 노출되기 쉽고 고정 발사각 비행으로 요격이 가능하여 공격 효과를 달성할 수 없었다. 최근에 배치된 미사일은 고체추진 연료 사용으로 발사대기 시간을 단축하였고, 회피 기동을 가능케 하였으며, 초음속비행으로 요격 및 초기대응이 어렵게 성능을 개선하였다.

한편 북한은 후방에 은밀하게 침투하여 수중발사가 가능한 잠대지(SLBM) 미사일을 개발하여 시험발사하여 요격과 대응을 어렵게 하고 있다.

결론적으로 수도권에 다량으로 집중되는 북한의 장사정포 공격에 일부 요격만 가능하다. 또한 전략목표와 후방지역에 신형 미사일로 공격시 대탄 요격능력이 현저히 떨어진다. 따라서 초음속 신형요격미사일과 조기탐지 및 경보 그리고 전주민이 대피할 수 있는 시설이 필요하다.

제4장. 국가안보전략과 대북 미사일 방어와 한계

1. 한 · 미 대북 군사전략과 변화
2. 전작권 회수와 장차전 예상
3. 군사적 선제타격 및 미사일 방어와 한계

제4장 | 국가안보전략과 대북 미사일 방어와 한계

> "미국과 동맹을 보호해야 한다면 우리는 북한을 완전히 파괴하는 것 외에 다른 선택이 없을 것" - 도날드 트럼프 -
>
> 북한의 핵미사일은 북한 내에서 폭발시킬 수 있을 때, 한반도 핵 억지력이 효과를 발휘한다. - 저자 -

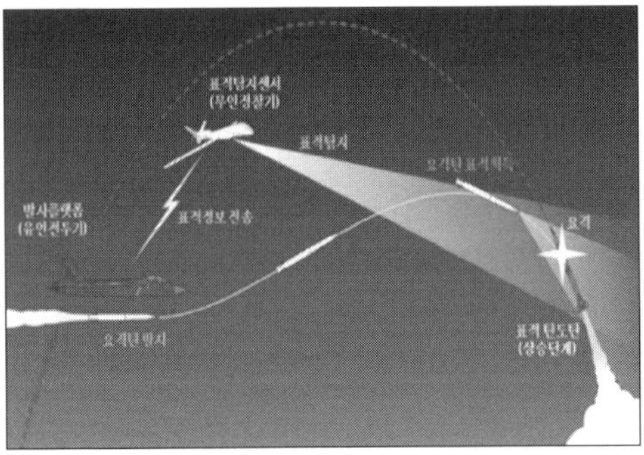

[북한 내 상승단계 요격]

[응징보복: 한미연합자산]

1. 한국의 대북 군사전략

가. 대북 군사작전(계획) 이해

북한의 침공을 가상한 한국의 대북한 군사작전계획은 소위 작전계획 5027(Operational Plan)이다. 한국의 이승만 정부는 6.25동란 중에(1950. 7. 4

일) 유엔군과 원활한 작전을 위하여 전 · 평시 작전권을 미군에게 넘겨주게 된다. 전쟁이 끝난 후 미군 태평양사령부는 한국에 주둔중이던 미8군으로 하여금 한반도 작전계획을 수립토록 하게 하여 작전계획 5027이 탄생하였다. 작전계획의 5027중 50은 태평양사령부를, 27은 한반도 작전을 뜻하는데, 당시 태평양사령관도 4성 장군이고, 미8군 사령관도 4성 장군이기 때문에 미8군 사령관 지휘하에 인도 · 태평양사령부가 지원하는 개념이었다. 인도 · 태평양사령부는 미군통합사령부에 속해 있는데, 미군 작전계획은 다음과 같이 구분된다.[24)]

미군의 작전계획은 전세계를 6개 지역으로 구분하여 통합전투사령부별

〈미군 통합사령부 및 관할지역〉

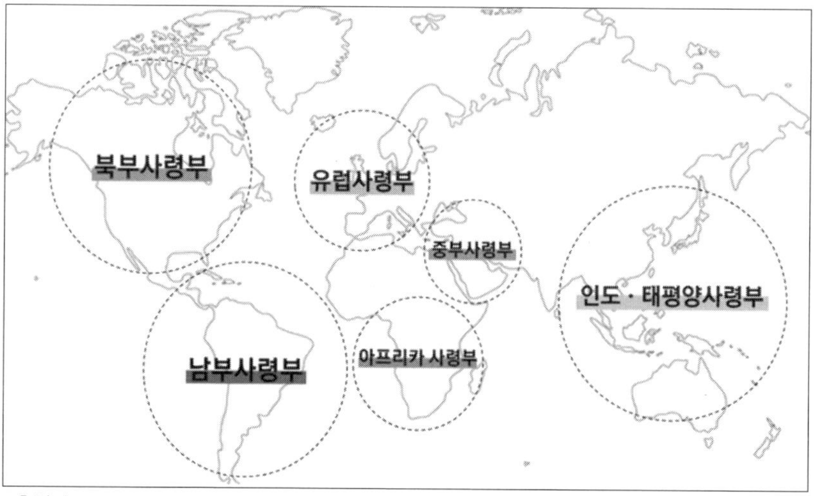

* 출처: 'AIRFORCE ASSOCIATION(미공군 씽크탱크)' FROM 'DAILY REPRT'

24) 미국은 일본의 진주만 기습(1941. 12. 7)으로 제2차 세계대전에 참전하면서 루스벨트와 처칠 회동 후 합동참모본부를 창설하였다. 당시 전쟁을 양분했던 유럽사령부(아이젠하워)와 태평양사령부(맥아더)는 종전 후 필요에 따라 6개 지역으로 분할되었다. 1947년 국가안보법에 의해 합동참모본부에 군종별(공군창설 1947.9.18) 독립운용되던 통합군사령부는 1986년 국방재조직법에 의해 국방부 통제하에 현재와 같이 통합사령부가 군종별로 통합하여 운용한다.

로 코드네임에 따라 분류되는데, 1,000번대는 미중부사령부(중동, 이집트 담당지역), 3000번대는 미북부사령부(미국 본토담당), 4,000번대는 유럽사령부(유럽 담당지역) 5,000번대는 인도-태평양사령부(태평양, 동북아 담당지역), 6,000번대는 남부사령부(중남미 담당지역), 7,000번대는 신생아프리카사령부(이집트제외 아프리카 담당지역)가 담당한다. 그리고 통합전투사령부를 지원하는 특수작전사령부, 전략사령부, 우주사령부, 사이버사령부, 수송사령부 등 5개 사령부이며 총 11개의 통합사령부가 있다.

한미작전계획 5027은 3단계로 구체화 되었는데, 1단계 방어, 2단계 지연전, 3단계 반격으로 작성되었다. 이러한 계획이 세워진 것은 그 당시 한반도 상황이 한미연합군을 합쳐도 북한 남침을 저지하기에는 한계가 있었기 때문이다. 따라서 1단계 방어는 휴전선을 중심으로 최대한 북한의 남침을 저지하고 후방을 안정화시키는 데 있었다. 2단계 지연전은 미군이 한반도에 전개될 때까지 전투력을 유지하면서 북한의 침공을 소단계별로 잡아두어 전투력을 무디게 하면서 지연시키는 데 있었다. 3단계 반격은 미군이 한반도에 전개되면 휴전선까지 회복하고 북진 및 통일하는 것이다. 전시 작계 5027에 의거하여 한반도에 지원되는 미군은 육군 9개 전투사단 등 87만 명, 해군 5개 항모전단 등 수상함 160척, 공군 전략사령부 및 태평양사령부 예하의 항공기 1,536대 규모로 전개된다.

그러나 2000년대 접어들면서 국제정치 변화와 무기체계의 발달과 군사전략 · 전술이 다양하게 발전하였다. 즉 재래식 전쟁에서 하이테크 전쟁으로 양상이 바뀌었다. 1차 걸프전(1991.1.18)은 미군 주도하에 미완의 하이테크 전을 선보였는데 첨단정밀무기, 스텔스 전투기, 토마호크 미사일, 조기경보기 등으로 이라크에 완승을 거두었다. 2차 걸프전(2003.3.10)에서는 하이테크 전의 완성인 첨단무기의 network 전으로 2개 해병여단과 1개 기계화사단으로 1주일 만에 이라크 수도 바그다드를 점령했다.

이렇게 세계의 군사력이 하이테크 전으로 변화하는 가운데, 미군은 해 ·

공군과 육군이 걸프전을 통해 얻어진 전쟁모델을 더욱 발견시켰다. 한국은 미군의 발전된 전쟁모델을 벤치마킹하면서 첨단무기 획득과 교리를 발전시켰으나 대북안보 및 군사전략 개념이 과거의 안보전략과 군사작전계획 5027을 답보하고 있었다. 즉 무기체계만 현대화되어 있고, 안보전략과 군사작전계획은 1972년도 완성된 충무계획과 군사작전의 방어, 지연전, 반격의 골격을 그대로 유지하고 있었다.

미군은 2003년 이후에 큰 변화가 있었는데, 첫째, 걸프전을 통해 첨단 하이테크 무기체계와 전세계에 신속기동군을 하루만에 투입할 수 있는 능력을 갖추게 되었다. 또한 미공군은 괌으로부터 2시간만에, 알래스카에서는 4시간만에 평양을 공격할 수 있고, 각종 미사일 전력은 육, 해, 공, 수중에서 5분~30분 이내에 북한내 전략표적을 공격할 수 있다. 둘째, 미군의 육군전력은 102만 명 10여 개 사단으로 48만의 정규군과 34만 주방위군 그리고 19만 명의 예비군을 보유하고 있으나 한반도에 전개할 사단은 2~3개 규모로 제한된다.

이에 따라 미군은 압도적인 우위의 해 · 공군과 육군 병력 투입의 제한 등을 고려하여 신속하게 북한지역을 석권할 수 있는 작전계획을 모색하게 되는데, 새로운 작전계획인 코드네임 5015 0perational Plan이다. 주요 내용은 전면전, 국지전, 화생방전에 유연하고 탄력적으로 대응할 수 있도록 하였는데, 전면전시 ① 현 전선에서 방어, ② 북 핵심시설 타격, ③ 북진 및 북한지역 석권이다. 즉 핵심내용은 1~2차 걸프전을 통해 습득한 공지합동작전의 근간인 '효과기반작전(BEO)' 과 전쟁징후시 '선제 타격' 으로 개전 초 북한의 핵심시설 700~1,000여 개소를 공격하여 승기를 잡은 후 3일~1주일간 다양한 플랫폼으로 맹폭하여 위협이 제거되면 북진과 북한지역을 석권하는 것이다.

이때 태평양사령부 및 5개 전략지원사령부의 전 전략자산을 미 8군사령부가 통제하는데, 한미 양국이 전시에 각군별로 구성군사령부를 구성하여

〈작계 5027 및 5015 개념 비교〉

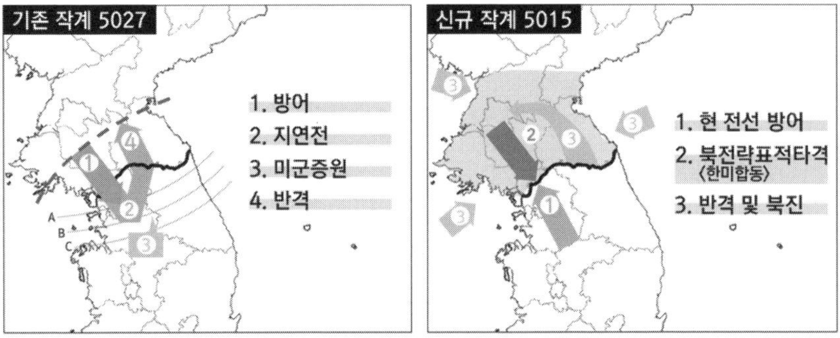

작전을 효율화한다. 즉 공군은 공군 구성군사령부에서 한국군, 주한미군, 인도-태평양사령부 전공군력을 운용한다. 육군은 육군 구성군사령부(전작권 전환시 한국군 지작사가 통제)에서 한국군과 주한미군 그리고 미본토로부터 지원되는 2~3개 사단 등 전 육군력을 운용한다. 해군은 해군 구성군사령부에서 한국해군과 인도-태평양사령부 예하 전해군력을 운용한다. 그리고 특수전은 특수전사령부를 구성하여 한국의 특전사, 해특단, 상륙군까지를 포함하여 운용한다.

아울러 한반도의 상황을 고려하여 전면전인 작전계획 5015(Operational Plan)와 이를 보조하는 작전계획이 다양하게 수립되었는데, 작전계획 5026(Operational Plan), 작전계획 5030(Operational Plan)이 있고, 특정 처리 개념으로 작전계획 5029(Operational Plan), 작전계획 5055(Operational Plan) 있다. 이는 전작권 회수에 따른 미군의 대한반도 영향력을 유지하기 위한 다양한 옵션(option)이기도 한데, 즉 작전계획 성격에 따라 한국제외 미군 단독작전도 가능하기 때문이다.

작전계획 5026(Operational Plan)은 북핵 위기시 미국이 핵이나 미사일 관련 주요시설을 정밀타격하기 위해서 수립한 제한적 군사작전이다. 이는 한반도에 전·평시 작전권 이양(移讓)에 상관없이 미군이 연합 또는 단독으로

〈작계 5015 우발계획〉

작전계획	주요내용
작계 5026 (정밀공습)	전면전으로 확전되지 않도록 국지적 포격을 위한 작전계획. 영변 핵시설과 북한지휘부, 방공망, 포대, 미사일 정밀폭격, 전방지역의 북한 장사정포를 정밀공격.
작계 5027 (전면전)	북한과의 전면전 대응 작전계획. 1974년에 수립되어 2년마다 수정. 북한군의 남침에 맞서 서울을 사수하는 1단계 전략과 주요거점을 타격하고 북진하는 2단계. 최종적으로 북한 정권을 90일 안에 무너뜨리는 3단계 전략.
작계 5028 (개념계획)	북한의 우발적인 행동으로 발생하는 소규모 작전에 대한 특공대 투입 및 엄호 폭격에 관한 작전.
작계 5029 (북한붕괴)	북한의 급속한 체제붕괴에 대비한 준전시용 작전계획. 북한 체제붕괴시 발생하는 북한의 군부 쿠데타를 미군과 한국이 대처하는 동시에 북한 핵무기 시설, 생화학무기 등 대량 살상무기의 신속한 제거. 북한 주민의 대규모 유입을 대비.
작계 5030 (북한동요)	미국이 적극적으로 북한 정권의 내부 붕괴를 유도하는 작전. 북한 영공의 정찰 비행 및 기동훈련으로 북한 군사자원을 고갈하는 유도 작전과 북한 군부를 향한 교란 작전. 군부 쿠데타 유도. 비밀공작도 가능한 작전.

작전하기 위한 것이다. 작전계획 5026(Operational Plan)을 실행하기 위하여 제한적 목표 또는 1,000개의 표적에 대하여 공격할 것이다. 투사되는 전력은 B-2스텔스 폭격기가 2~4대 정도가 동원돼 32~64개를, F-15E 전투기 24대는 96개의 합동직속탄을, B1-B 장거리 폭격기는 288개의 표적에 B52H 전략폭격기는 최소 360개의 합동직속탄을 공격할 수 있게 된다. 여기에 주한미공군의 F-16전투기에서 192개 등 948여 개를 타격할 수 있고, F-35/22전폭기에서 60여 발을 포함하여 1,000개가 넘는 목표물에 대한 공격 추산이 가능하다.

작전계획 5028(Operational Plan)은 남북한 사이에 국지전 같은 우발사건이 발생할 경우 전쟁으로 확대되는 것을 막기 위한 것으로, 대표적인 사례가 연평도 포격도발시 해공군의 대처가 부재하여서 이에 따라 대응강도 및 제한사항을 명확히 개념화한 것이다. 작전계획 5029(Operational Plan)은 북한붕괴 등 급변사태시 북한에 진입 또는 개입하는 평정작전을 지칭하는 것이다. 이 계획은 북한지역관리 통제에 관한 것으로 주요쟁점은 평양지역관리, 핵 및 전략무기 관리, 한만국경 진출 등에 대한 한국군과 미군의 역할분담 차원이다. 개념 5030(Operational Plan)은 대북관련 훈련이나 유엔에서 정한 봉쇄작전에 각종 정찰기와 함정을 북한에 근접시켜 대응을 이끌어내어 군비지출을 강요하여 붕괴를 유도하는 것이다.

2. 전작권 회수와 전략 및 작전계획(제안)

한 나라의 완전한 주권은 병권에 있다. 한국군의 작전계획은 아직도 미군의 한반도 작전계획에 속해 있다. 이는 미군의 전세계 군사력 통제와 한국군의 이해득실이 맞물려 유지되어 왔다. 그러나 2020년을 기점으로 한국군은 기계화 및 정보화로 선진군사강국화 되었다. 향후 빠른 시간 내에 전시작전권을 회수하거나 한미 역할(주: 한국, 조: 미군)이 바뀔 것이다. 따라서 한국군은 대북 '뇌신경(특수임무작전)과 몸통 및 팔다리(정규작전)' 를 끊을 수 있는 새로운 단독작전계획이 필요하다.

손자병법 작전편(作戰篇)에 '전쟁을 할 때는 졸속(간결하고 신속하게)으로 해야 한다(兵聞拙速)' 라고 하였다. 이는 특수작전으로 적의 지도부를 흔들고, 간접작전으로 분열 및 분해하고, 직접작전으로 각개격파하여 전쟁을 신속하게 끝내는 것이다.

물론 현대전에 맞게 동시에 해 · 공군과 미사일전을 포함한 합동작전을 기본으로 한다. 따라서 장차전에서는 북한군을 동서로 양분하고 평안도를 남북으로 절단하여 평양을 고립 및 접수하는 등 신속하게 전쟁을 종결하는 작전계획이 필요하다.

첫째, 북한 지상군의 취약점은 백두대간을 중심으로 동서가 분리되어 있다. 특히 동서를 잇는 주도로가 평양–원산, 함흥–강계, 길주–혜산 등이 있으며 험준산맥을 넘나들어야 한다. 이는 통신과 병력이동에 제한을 가져온다. 통신위성을 보유하지 못한 북한군은 동서를 잇는 주요도로 인근 산정상에 통신 중계시설을 설치 운용하여 동서 전략군을 지휘하고 있다. 이는 폭격과 특수부대로 하여금 파괴할 수 있으며 통신두절로 전략군을 꼼짝 못하게 할 수 있다. 이어서 동서를 잇는 주요도로 일대를 공정부대가 단단하게 장악하고 차단작전을 펼치는 한편, 이를 재탈환하려는 적군을 유인하여 화력으로 섬멸하고 동서를 완전히 절단하여 주력부대를 각개격파하는 것이다. 물론 이 작전을 주관하는 특수부대도 여단별 일부지역대는 공정작전부대로 개편하고 장비보급과 전술훈련이 필요하다.

두 번째, 평안도 순천을 중심으로 횡축을 연결하는 공정작전으로 남북을 절단하는 것이다. 이는 북한의 허리를 끊어내고 평양의 참수작전을 뒷받침하는 종심작전을 완성함으로써 한반도 전쟁을 신속하게 종결할 수 있다. 아울러 순천만 지역으로 해병대를 상륙시켜 공정작전부대와 연결하는 한편, 여건이 보장되면 남포로 진입하여 평양을 도모할 수 있다. 이 작전은 한국군 신속대응사단이 공정전력을 보유할 때만 가능하다. 한국의 제0신속대응사단이 벤치마킹한 미국의 101공중강습사단은 기동헬기 280대와 공격헬기 70여 대를 보유하고 있다. 그리고 미군은 제공권 장악하에 전자전기를 비롯한 지상공격기의 호위를 받으면서 공중강습을 한다. 따라서 한국군은 공정사단을 지원하기 위해 공군의 전자전기 및 지상공격기, 육군의 호위 공격헬기 72대, 기동헬기 208대 정도가 구비되어야 한다.

공군의 지상공격기 및 육군의 헬기 자산은 통합과 순차적 기동으로 어느 정도 해소할 수 있지만 전자전기와 신형 레이더파 미사일 보급이 필수 충분

〈장차작전 예상도〉

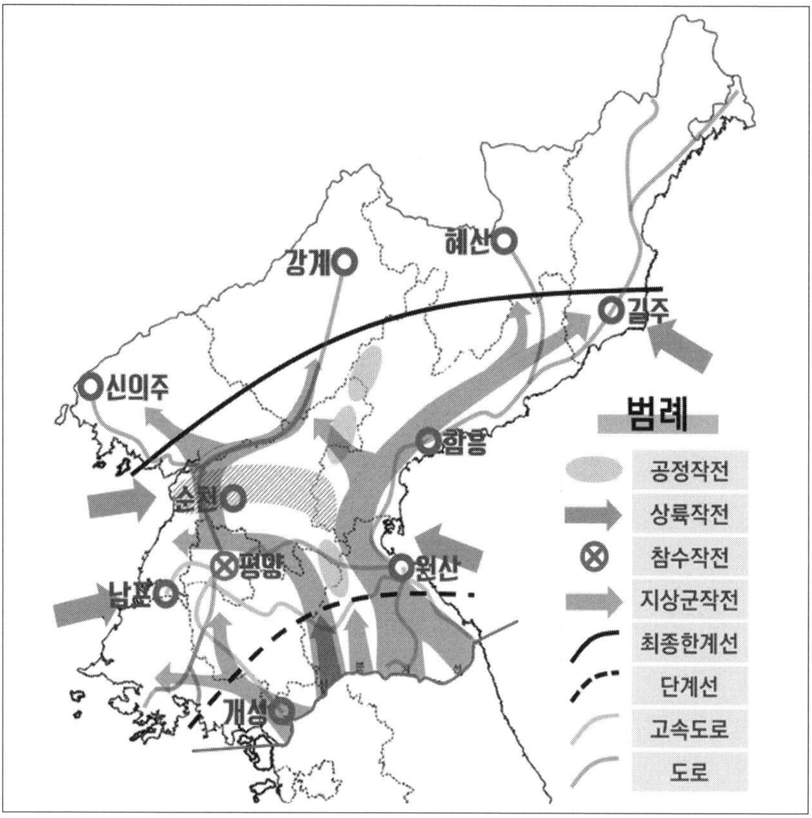

조건이다.

세 번째, 한반도 전쟁에서 속전속결의 요체는 적전쟁지도부 및 핵무력화에 있다. 공정작전과 더불어 북한의 평양을 직접 타격하여 지도부를 와해시키고 주변 핵시설을 확보해야 한다. 효율적인 타격을 위해 전문화된 특수임무부대를 양성하여야 하는데, 현재는 제00공수여단을 모체로 제00특수임무여단으로 개편하였고, 일명 참수부대로 알려져 있다. 평양 침투시 공군의 스텔스기와 전자전기 엄호하에 특수작전용 MH-47 치누크 헬기로 기동하여 자폭용 드론과 개인화기를 이용하여 지도부와 핵시설을 공격한다. 이어서 상황에 따라 퇴출, 핵시설 확보, 공정부대와 연결 등 다양한 임무를 수행해야 한다.

북한의 전면전에 대응하여 한국군은 군종별로 합동으로 장차전을 감행할 것이다.

첫째, 공군과 미사일 사령부는 1단계로 스텔스기와 탄도탄 등으로 북한의 주요표적을 타격할 것이다. 2단계로 한국의 4~4.5세대기는 다양한 대레이더 미사일로 북한의 방공방을 파괴할 것이다. 물론 장거리 대공방은 1단계에서 스텔스기가 처리할 것이다. 3단계로 지상공격기와 육군의 아파치 등 헬기계열이 탱크와 미파괴 표적을 처리할 것이다. 특히 북한군 미사일 공격 전에 한국의 전투임무기 등은 일부 이륙, 일부 인근 소산비행장이나 사드미사일 방호지역으로 이동하여 대기해야 한다.

둘째, 해군은 1단계로 북한의 지대함미사일 해안포에 대하여 육군과 해군의 미사일전력으로 파괴하고 스텔스기로 확인 파괴한다. 2단계로 강력한 기동함대 및 동·서해 수상함대(제1·2함대)로 제해권을 장악하고, 대잠작전으로 북한의 잠수함대를 궤멸시키고 4~6개 지역에 상륙작전을 지원한다. 그리고 잠수함사령부는 대잠전과 전략표적을 타격한다. 3단계로 해병대를 중심으로 서해 2개소(순천군, 남포군), 동해에 3개소(원산, 함흥, 길주)에 상륙작전으로 교두보 확보하고 1차로 공정작전부대와 연결하고 2차로 지상군과 연결작전을 한다. 특히 동해안 상륙표적에 상륙이 어려우면 길주 등 방어가 약한 곳에 상륙하여 역으로 기동하여 원산과 홍남 등을 접수할 수 있다.

셋째, 육군은 세 갈래 방향으로 평양을 창끝으로 북진하여 참수작전, 공정작전, 상륙작전과 연결하여 한만국경 80km까지 진출한다. 1단계는 해·공군과 미사일로 제해·제공권을 장악한 상태에서 전방군단이 휴전선을 유지하고 1주일 내외에 20~40km까지 진격하는 것이다. 이때 북한의 장사정포에 대하여 타격자산(KSSM, 전술미사일, 천무, 공군 합동직격탄)을 총동원하여 제거하는 것이다. 2단계는 세 갈래 방향(최초 4개 방향에서)으로 진격하되 평양으로 향하는 창끝은 강력한 기동군단이 초월하여 공격하여야 한다. 그러나 뜻하지 못한 장애물과 조우시는 다른 방향으로 여단급 또는 사단급으로 분산과 집중을 반복하여 공격하는 융통성이 필요하다. 서부전선에서는 해주 방향을 접수하고 평양 턱 끝으로 압박해야 한다. 중서부에서는 기동군단의 초월공격을 위해서 20km~40km까지 통로를 확보하고 후속하여 수안 일대를 통과하여 평양일대에서 전과확대를 한다. 동부지역은 김화군과 금강군에서 출발하여 원산에서 해군(상륙군)과 합류하여 길주까지 진출, 상륙부대 및 공정부대와 연결하여 전과를 확대한다.

3. 군사적 선제 타격 및 방호시스템

가. 배경 및 대응 개념

북한은 국방비 부족에 따른 한국과의 재래식 전력열세를 만회하고자 비대칭 전력확보에 주력하여 장사정포 및 핵과 미사일 무기체계를 발전시켰다. 북한은 수도권에 장사정포를, 충청권에는 전술대구경포를, 그리고 충청권과 이남에는 SCUD 계열 및 노동미사일을 사정권으로 실전 배치하였다. 특히 미군의 괌과 일본기지에서 전개를 방해하기 위하여 중거리 및 대륙간 탄도탄까지도 개발하여 시험 발사하고 있다.

북한은 실전 배치된 장사정포를 통하여 정치적, 군사적 목적을 달성하고자 연평도 포격도발(2010.11.23)을 감행하였다. 북한의 4군단은 황해도 개머리 해안과 무도에 배치된 350문의 장사정포중 7.62mm 평사포, 122mm 방사포 2회에 걸쳐 170여 발을 연평도에 공격하였는데, 그중 80여 발이 섬 안에 명중하였고 20발이 불발탄이었다.

한편 한국은 북한의 공격 후 12분만에 연평도에 배치된 해병대 k-9포에 의해 80발의 대응 사격을 하였다. 그러나 배치된 총 6문의 k-9포 중에 4문만이 대응사격을 하였는데, 2문은 초기피격에 파손당해 전력에서 이탈하였다. 이탈된 2문 중에서 1문은 긴급복구하여 사격에 참여하였고, 1문은 포구에 불발탄이 끼어 사격하지 못하였다. 이어서 공군과 해군이 현장으로 출동하였으나 원점에 대한 타격은 하지 못하였다. 연평도 포격사건으로 한국측에서 4명의 사상자가 발생하였으며 물질적 피해로는 주민 등 1,263명이 인천으로 대피하였고, 326동의 가옥이 파괴되었다.

한국은 북한의 장사정포와 미사일 전력증가에 대하여 효과적으로 대처하지 못하였다. 연평도 사건 이후에 북한의 장사정포 위력을 실감하고 근본적인 대안을 찾고 있었으나 뾰족한 수가 없었다. 즉 북한의 장사정포가 사격하기 전에 원점에 대한 타격과 날아오는 포탄을 요격하는 것에 대한 개념조차 없었다. 그러나 한국은 멀리 이스라엘에서 미사일을 요격하였다는 희망적인 소식을 접하게 된다. 그 당시 이스라엘은 아이언돔이라는 별칭을 가진 미사일 요격시스템을 갖추었고 3개 포대를 실전 배치하였다. 2012년 3월 12일 아슈도스에서 하마스 등 적대세력에 의하여 발사된 박격포 및 로켓탄 37발 중 32발을 공중요격하여 87% 요격률을 보여줬다.

이스라엘 대응사례를 참고하여 한국은 북한의 장사정포에 대응하는 다양한 구상을 하는데, 가장 큰 문제점은 북한의 350문의 장사정포에서 일제 사격할 때 현재의 요격 시스템으로는 방어가 불가능하다는 것이다. 따라서 북한의 장사정포 및 미사일을 발사전 제압, 공중요격, 대량응징보복의 방향으로 가닥을 잡는다. 그리고 이를 개념화 구체화시킨 것이 킬체인(kill chain)과 한국형 미사일 방어 시스템(kamd)이다. 즉 킬체인은 선제타격과 대량보복 및 파괴이고, 한국형 미사일 방어시스템은 장사정포와 미사일에 대한 공중요격이다. 특히 전방 및 수도권 주민의 보호를 위해 신형 아이언돔 시스템을 도입 또는 자체 생산배치를 추진하고 있다.

나. 선제타격 및 요격체계

북한의 핵 및 미사일, 장사정포 공격에 대한 한국의 대응체계는 탐지 및 타격, 요격, 대량응징보복의 개념으로 발전시킨, 한국형 3축 체계로 킬체인(Kill Chain)과 한국형미사일방어(KAMD), 대량응징보복(KMPR)이다. 그러나 2019년에 3축 체제를 용어만 바꾸었는데, 킬체인을 전략표적타격, 대량응징보복을 압도적 대응, 한국형미사일방어체계를 한국형미사일 방어로 하였다. 그러나 본서는 이하를 기본개념인 3축 체제로 하겠다.

첫째, 킬체인(kill chain)은 크게 ① 탐지 및 정찰 단계, ② 원점에 대한 선제 타격 또는 대량살상 공격이다. ①—1 탐지 및 정찰은 조기탐지, 확인, 추적, 조준, 타격, 평가 단계로 이루어진다. ②—1 선제타격과 대량살상은 공격징후시 탐지 및 정찰에 의한 정보를 바탕으로 육,해,공의 로켓 및 포 그리고 미사일로 제압하고 이어서 완전히 파괴를 하게 된다.

둘째, 한국형 미사일 방어 시스템(kamd)은 다층요격체제를 구축하여 장사정포와 미사일을 중간에서 요격하는 것이다. 북한의 장사정포와 미사일 종류와 공격형태에 대응하여 고층, 중층, 저층으로 요격시스템을 구축하는 것이다. 신개념으로 북한 내 상승단계 요격으로 핵미사일 등은 북한내에서 폭발시키는 것이다.

셋째, 대량응징보복(KMPR)은 북한이 장사정포 및 미사일 공격을 할 경우, 대규모 미사일 및 장사정포로 보복 공격하는 것으로 평양을 몇몇 구역으로 나눠 전쟁지휘부와 기타 핵기지에 대량공격으로 초토화시키는 것이다. 더불어 참수부대까지 투입하여 전쟁지도부와 핵기지를 장악 또는 파괴하는 것이다.

킬체인(kill chain)과 한국형 미사일방어 시스템(kamd)은 다양한 플랫폼과 천문학적 예산이 수반된다. 첫 번째, 킬체인(kill chain) 조기탐지를 위해서는 인공위성, 고고도 정찰기, 육상 탄도탄 레이더, 이지스함 레이더가 필요하다. 또한 선제 타격에는 초음속 유도탄도탄, 항공기에 의한 공대지 미사일, 순양함에 의한 함대지 미사일, 전술유도미사일과 장사정포가 필요하다. 두 번째, 한국형 미사일방어 시스템(kamd)은 저고도 요격시스템인 패트리엇-II, 아이언 돔, 천궁-II 지대공 시스템이, 중고도 요격시스템인 패트리엇-III, L-sam 지대공 시스템이, 고고도 요격시스템인 사드, SM-III ~ V 지대공 시스템이 구축되어야 한다. 실전배치와 배치계획 그리고 운용현황을 알아보자

1) 킬체인(kill chain)

킬체인은 아래 그림에서 보듯이 세부적으로는 타격순환 체계이나 근본적으로는 조기탐지와 정밀파괴 개념이다.

〈킬체인(kill chain)〉

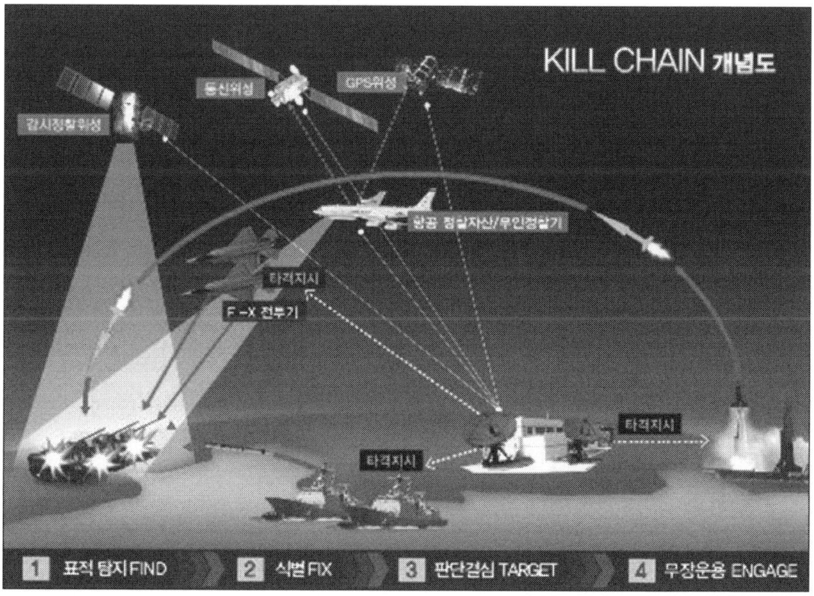

*출처: 국방부

먼저 ① 북한의 전략적 미사일과 수도권을 위협하는 장사정포에 대한 탐지체계이다. 한국의 탐지체계에서 첫 번째, 인공위성에 의한 탐지이다. 한국은 통신 · 방송위성인 5기의 무궁호와 통신 · 해양 · 기상인 2기의 천리안위성 그리고 다목적 실용위성인 4개의 아리랑호를 보유하고 있으며 일부를 감청 및 감시자산으로 활용하고 있다. 특히 한국은 2021년~2023년까지 5기의 군사정찰위성(4.25사업)을 띄울 계획이다.

두 번째, 고고도 정찰기인 글로벌호크와 중고도 정찰기 그리고 금강 · 백두정찰기가 있다. 공군이 운영하는 고고도 정찰기는 글로벌호크는 8기 배치를 목표로 2020년 상반기까지 4대가 배치되어 있으며, 북한 전역의 영상정보를 수집하고 지상이동 목표물을 추적하는 기능까지 제공한다. 중도도 무인기는 육군의 군단급에서 10여 대를 운영할 것으로 예상되며 100km 떨어진 곳까지 영상 및 신호정보를 제공할 수 있다.

세 번째, 발사된 미사일에 대한 탐지는 육군 탄도탄레이더와 해군 이지스함의 레이더에서 제공한다. 육군의 그린파인 탄도탄레이더는 현재 운영하는 2대와 탄도탄 탐지에 특화되어 있는 2대를 추가로 도입하여 운용하는데, 600km~800km 내에서 발사하는 미사일을 추적하여 요격에 필요한 비행정보를 제공한다. 해군의 이지스함의 다기능위상배열레이더(SPY-1D)는 1,000km 밖의 탄도탄을 탐지할 수 있으며 500km의 거리에서 접근하는 1,000개의 표적을 탐지 · 추적하여 요격에 필요한 정보를 제공한다.

② 발사징후 시 방열된 포 및 미사일에 대한 선제타격과 대량보복 파괴다, 연평도 사건 이후 '번개사업' 의 일환으로 다량의 현무지대지 유도전술미사일(KTSSM)을 개발하고 배치하고 있다. 기존의 현무미사일에 유도장치를 장착하여 명중률을 높이고 최단시간 북한 장사정포 지하벙커를 파괴할 수 있도록 특화되어 있으며, 2,000여 기를 확보하는 것을 목표로 한다. 더불어 기존의 육군전술유도탄(ATACMS)과 80km 사정거리를 갖는 천무 다련장 시스템을 실전배치했다. 천무는 발사대 차량 1대당 12기의 로켓탄을 탑재하는

데, 1차 생산분 70여 대를 포함하여 순차적으로 360대까지 배치 예정이다. 항공기 플랫폼은 은밀하게 침투하여 직접 타격하는 40여 대의 F-35 등 스텔스 전투기와 F-15 60여 대와 F-16 170여 대에 장착하여 서울 상공에서 평양까지 타격하는 타우러스 공대지 미사일이 있다.

2) 한국형 미사일 방어시스템(KAMD)

한국형미사일방어시스템(KAMD)는 아래 그림에서 보듯이 날아오는 미사일과 포탄 · 박격포탄을 공중에서 요격하는 것이다. 수도권을 비롯한 남한 전지역에 다층방어(고고도, 중고도, 저고도) 구성을 목표로 한다. 차기에는 상승단계 미사일 및 레이저 요격체계도 추진하고 있다.

저고도 요격시스템은 천궁미사일과 패트리엇(PAC-2) 미사일이 담당한다.

〈한국형 미사일 방어(KAMD)〉

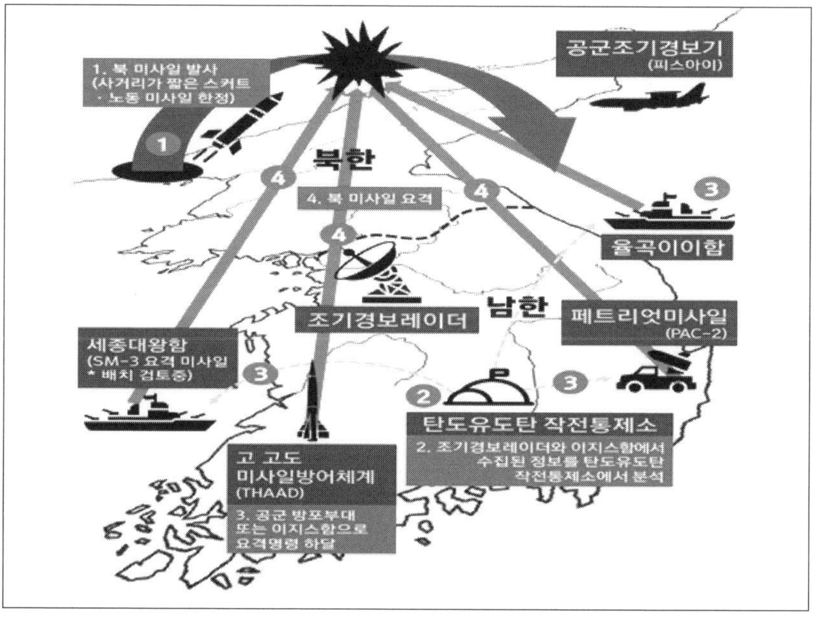

*출처: 국방부

천궁-2 미사일은 1개 포대에 통제소 1, 교전통제소 1(링크-16등 연결), 다기능레이더 1, 발사대 1로 구성되어 발사대당 8기의 미사일을 탑재하고 있다.

천궁-2는 고도 30km 이하, 최대 40km 이내로 접근하는 미사일을 요격할 수 있다. 비행기 격추에 특화되어 있는 천궁-1은 2020년 4월에 41여 개 포대가 전량 실전배치 되었고, 천궁-2는 2016년에 시험발사에 성공하였으며, 7개 포대(200여 발)를 양산하여 2020년부터 배치되기 시작했다. 패트리엇-2 주한미군 2개 대대(1개 대대 6개 포대)가 배치되어 있으며, 추가로 1개 대대를 보강할 예정이다.

중고도 요격시스템은 북한의 신형대구경 방사포와 스커드 및 노동미사일 방어를 담당하게 된다. 신형 패트리엇 미사일과 한국의 L-sam 중거리요격미사일로 요격 가능하다. 미국의 신형 패트리엇('PAC-3MSE')은 고도 60km 이내에서 적 미사일에 대한 직격 요격이 가능하다. 평택, 오산, 대구 등 미군기지에 우선적으로 배치되어 있다. 한국은 청주비행장에 배치된 F-35 전투기를 보호하기 위해 패트리엇(PAC-3) 미사일 1개 포대를 긴급배치한 상태이나 전국의 비행장을 보호하지는 못한다. L-sam은 한국형 중고도 요격미사일 체제로 80km 이내의 공격해 오는 미사일을 요격할 수 있으나 최근 배치된 천궁의 사거리 연장형으로 개발중에 있으며 2025년에나 배치될 것이다.

한국의 고층권역을 담당하는 고고도 요격미사일은 미군이 한국의 성주에 배치한 6개 포대의 사드 미사일이다. 사드체계는 1개 포대당 6기의 발사대와 사드레이더(AN/TPY-2). 그리고 지휘통제(통제차, 전자장비차량, 냉각장비차량)소로 구성되어 있으며, 포대당 96발의 미사일을 보유하고 1발당 가격은 150억원 내외이다. 또한 미군은 평택과 오산의 미군기지를 보호하기 위하여 사드 개량을 통하여 수도권으로 추가 전진배치가 예상된다.

향후 사드개량 및 추가배치는, ① 발사대 전진배치 및 원격조정 추진, ② 사드레이더를 이용해 패트리엇 원격조정추진, ③ 발사대를 추가 도입해 전진배치, ④ '사드－패트리엇 통합체제' 를 C2BMC(탄도미사일 전장지휘통

〈사드(THAAD) 시뮬레이션; 록히드 마틴사〉

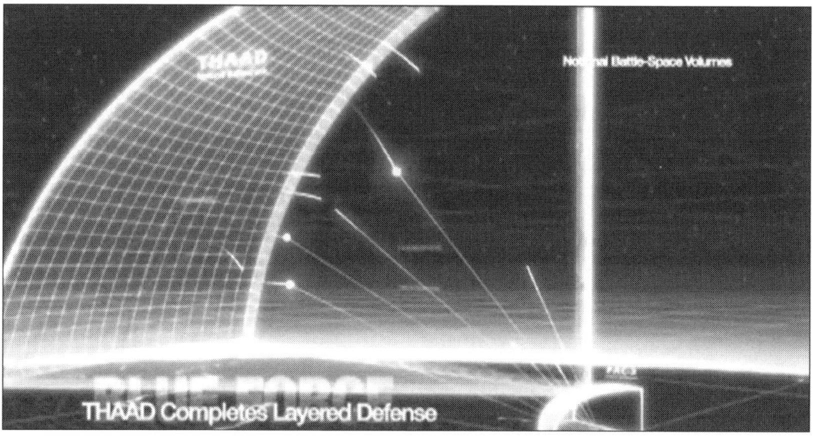

제체계)와 연동할 것으로 보인다. 이는 한국의 고고도 미사일 방어능력을 강화시켜 줄 수 있으나 근본적으로는 미국의 전지구적 MD(미사일방어)망 완성과 대중국 압박을 위한 고도의 전략이라 볼 수 있다.

〈참고: 사드 한국 배치와 중국의 강경 대응과 완화 이유〉

중국이 한국의 사드 배치에 대하여 정치, 경제, 문화 등 전분야에 걸쳐 보복하는 이유는, 미국 항공모함의 전략적 중국접근을 차단하기 위함이다. 즉 중국 항공기 1,000여 대가 동풍-21 미사일로 동시 사격시 미항공모함 격침 가능(1 · 2발 명중 추정)한데, 사드는 1,500km 반경내 항공기를 10분 이내에 격추가 가능해짐. 이어 미국의 함재기는 중국내륙 500km까지 제공권장악 가능해짐. 현재는 중국도 초음속 지대함미사일 배치로 미 해군 세력을 제1도련선까지 구축 가능. 따라서 중국은 사드 위협을 어느 정도 해소하였기에, 한국을 경제파트너와 미국에 대한 완충 역할(가급적 중립)을 기대하며 한중관계를 완화하고 있다.

상승단계 요격시스템은 북한내에서 상승하는 미사일을 요격하여 북한 내에 폭발하도록 하는 핵미사일에 특화된 신개념이다. 미사일은 상승단계에서 가장 큰 로켓 부스터를 가지고 있어 탐지 및 추적이 용이하고, 지구의 중력을 받아 속도가 낮아지며, 종말단계처럼 복잡한 회피기동도 없어 요격이 가장 쉽다. 다만 제공권을 장악한 상태에서 목표물의 200km 내외까지 요격기가 접근하여야 한다. 따라서 한국은 기존의 초음속 미사일을 공대공으로 전환하고, 이를 마음대로 장착할 수 있는 국산 전투기 플랫폼 완성을 추진 중에 있다.

〈대량응징보복(KMPR)〉

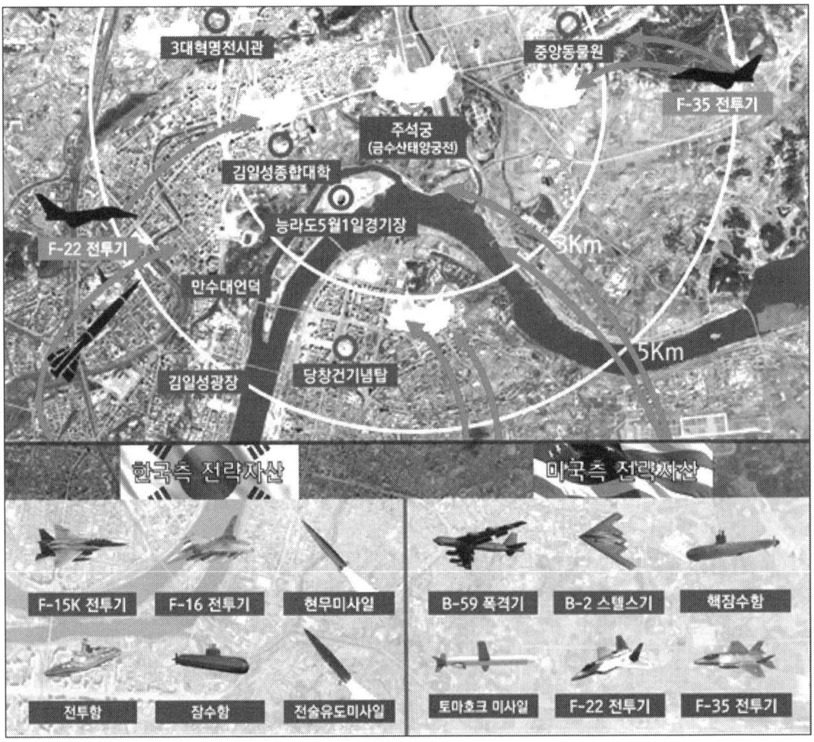

3) 대량응징보복(KMPR)

대량응징보복(KMPR)은 북한전쟁 수뇌부와 핵 및 미사일 기지를 초토화시키는 것이다.

근본적으로는 킬체인과 한국형미사일방어에 추가하여 대량응징보복으로 전쟁억지를 최고조로 끌어들이는 데 있다. 수행방식은 크게 평양을 부분적으로 나누어 미사일, 항공기를 이용 집중적으로 초토화시키고, 추가적으로 참수부대를 평양 전쟁 수뇌부 및 핵미사일기지에 투입하여 외과수술적으로 참수, 파괴, 장악하는 것이다.

한국은 탄도탄사령부에 60여 기 발사대와 2,300발 이상의 미사일을 보유하고 있다. 여기에 해군의 KD-2/3급 구축함 및 잠수함에서 해성-2/3 순항미사일 1,000여 기(잠대지 180여 기 포함)를 다량으로 발사할 수 있고, 공군 F-35(40기)/ KF-15(60기)에서 대당 2발 탑재되는 공대지 순항미사일을 포함하면 200여 발 동시타격이 가능하다. 또한 FA-50(80기)과 F-16(170여기)에 장착을 추진하고 있어 향후 250발을 추가로 동시 발사할 수 있다.

한국군의 응징보복에 이어서 미국의 핵잠수함과 B-59 폭격기에서 미사일 공격이 이어지고 2시간 이내에 괌과 일본 미군기지에서 미국의 F-22와 F-35가 평양을 공격할 것이다. 4시간 이내에 알래스카로부터 B-2를 포함한 항공자산이 응징보복에 참여하게 된다. 그러나 미국은 주도적 작전계획 5026 등을 시행할 때만 선제적 참가할 것이다.

또한 응징보복의 한 축인 참수작전을 수행할 부대로 제○○공수여단을 특수임무여단으로 개편하여, 특수작전항공단, 육해침투 수송장비, 특수화력장비를 보강하고 있다. 또한 참수작전을 지원하도록 ○○사단은 공정사단화하여 지휘부만 양평으로 이동하여 경상도와 충청도에 있는 2개의 특공여단에 장비 및 물자를 보강하고 신속대응군으로 운용하고 있다.

다. 운용 및 제한사항

1) 킬체인(kill chain)

킬체인(kill chain)은 크게 표적탐지, 식별, 결심, 무장운용 단계를 거쳐야만 표적을 타격할 수 있다. 그중에서도 표적탐지가 가장 중요한데, 탐지수단에는 인공위성, 조기경보통제기, 고고도 정찰기가 운용된다. 현재 미군의 키홀과 같은 군사용 정찰위성은 미보유하고 있다. 고고도 정찰기인 글로벌호크는 4대 있으며, 향후 4대를 더 보유할 것이다. 그리고 군단급 중고도 정찰기 10여 대를 운영할 계획이나 실전배치는 좀 더 시일이 걸린다. 또한 조기경보기는 적 항공기 및 탄도탄에 특화되어 있어 사전탐지에는 한계가 있다.

선제타격은 지상발사 육군전술유도탄(ATACMS)과 천무 다련장 시스템을 운용한다. 아울러 항공기에 의한 공대지 미사일은 서울상공에서 발사하여 평양까지 공격할 수 있는 F-35 스텔스 전투기와 F-15와 F-16을 장착하여 평양 이남의 미사일과 장사정포를 선제타격할 수 있다. 아울러 이지스 구축함을 축으로 다량의 순항미사일은 표적을 타격하는데 효율성까지 보여줄 것이다. 선제타격 수단은 충분하고 적의 발사 전에 미사일 전력을 효율적으로 선제타격할 수 있다.

결론적으로 북한의 장사정포 및 미사일을 전개 및 방열할 때 탐지수단과 수량의 제한으로 탐지 역시 제한적이다. 획득된 표적에 대하여 제압이 가능한데, 타격수단이 다양하고 미사일 수량이 충분하다.

2) 한국형 미사일 방어시스템(KAMD)

한국형 미사일 방어시스템(KAMD)은 날아오는 장사정포탄 및 미사일을 요격하는 것이다. 장사정포에 대한 저층요격, 스커드 및 대구경방사포에 대한 중층요격, 노동급 이상에 대한 고층요격의 요격시스템이 있다.

북한의 장사정포에 대한 저층요격은 현실적으로 매우 제한된다. 북한 1만여 문의 장사정포가 일제사격 시 요격시스템이 부재하고, 요격시스템을 전방으로 추진하여도 요격 가성비가 떨어진다. 즉 북한의 170mm 곡사포의 포탄 가격이 80만원 선이며 240mm 방사포도 200만 원 이내인데, 패트리엇-2와 M-SAM 천궁 요격미사일은 12억에서 20억 원을 호가한다. 또한 170mm와 240mm 비행시간은 5분~10분으로 대응할 시간이 없다. 북한의 장사정포는 1만여 문이 휴전선에 걸쳐 배치되어 전지역을 방어하기에는 거의 불가능하다. 그래서 패트리엇-2 및 M-SAM 천궁 요격미사일은 비행장과 전략적 보안목표를 방어하고 있어서 그 외 지역은 방어할 능력이 없다.

북한의 스커드 및 대구경방사포에 대한 중층요격은 사드에 의한 스커드의 최고점 요격과 패트리엇-2~3의 탄체 성능보강에 의한 40km 이상의 고공을 일부 방어한다. 스커드 계열의 미사일은 액체연료를 사용하여 발사전 2시간 정도 연료를 보충하여 탐지시간이 길 뿐만 아니라 정해진 궤도를 따라 비행하므로 요격이 용이하다. 대구경방사포와 신형전술미사일(에이타킴스형) 및 신형전술유도미사일(이스칸다르)은 일부 회피 기동(pull-up)을 하여 요격의 확률은 1/2로 줄어들었으나 큰 궤적을 잡을 수 있을 뿐만 아니라 화학탄 등을 감안하여 2발 연속 발사로 요격 확률은 높은 편이다.

북한의 노동 및 대포동 계열의 미사일은 대기권에 연하여 비행하거나 외기권으로 나갔다가 다시 대기권으로 진입하여 고속(마하 10이상)으로 직격타격한다. 이때 미사일 요격시스템은 사드와 한국형 L-sam이 담당한다. 사드는 10km~150km까지 고공영역을 담당하며, 상대방의 미사일이 내기권에 진입할 때부터 요격한다. 특히 사드의 레이더 시스템은 미사일 발사부터 궤적 등 해당 자료를 송신하여 지휘통제소에서 자료를 정확하게 재해석하여 포대에 송신하기 때문에 요격 확률이 높다. 한국형 L-sam은 80km 이내의 영역을 담당한다.

신형사드가 외기권부터 요격하기 시작하여 내기권에서도 요격할 때 발사 후 50~80km부터 궤적 등 관련 자료를 받아 공중에서 직격으로 요격하는

데, 2회 사격으로 내기권 요격 확률은 높으나, 외기권에서 직격하는 미사일의 속도가 마하 10 이상으로 직격 요격은 제한이 된다. 그러나 내기권 내에서는 최대 200km 이상 요격이 가능하여 평택권(성주－평택 150km)까지는 요격이 가능하다. 또한 L-sam은 개발 중에 있으며 향후 2023년에나 실전 배치되어 다층방어망을 구성할 것이다.

아울러 북한내 핵미사일 요격과 폭발을 할 수 있는 상승단계요격 시스템이 없어 핵 사용억제에 제한이 따른다.

3) 대량응징보복(KMPR)

대량응징보복(KMPR)은 인공위성과 글로벌호크 등 정찰장비로부터 탐지 획득이 중요하다. 현재 한국의 대량응징보복에 사용할 미사일은 현재까지 4,000여 발로 충분하며 향후 1,000발 이상을 양산 배치할 계획이다. 또한 현무-4는 사용거리에 따라 탄두 중량을 2~4톤까지 확대하고 실전배치를 예상하고 있는데, 이는 거의 소형핵무기급이며 집속탄으로 사용하면 그 이상의 위력이 나온다. 따라서 대량응징보복을 할 수 있는 미사일 전력은 충분하다. 그러나 집적타격하는 참수부대의 각종 장비와 시스템이 아직은 부족하며 아울러 이를 뒷받침하거나 단독작전을 할 수 있는 공정사단의 편제 개편과 이에 따른 장비 및 물자의 보급과 그리고 활용에 대한 교리 및 교범 등이 미흡한 채 공정사단화는 더디게 추진되고 있다.

4) 소결론

제2장에서 남북한 전력을 비교하고, 제3장에서 북한의 군사전략과 미사일 역량을 연구하였다. 그리고 제4장에서 한국의 군사전략과 미사일 요격능력을 살펴보았다.

이를 비교 분석한 결과 북한의 군사전략 중 '① 선제기습공격, ② 전후방동시전장화, ③ 고속종심돌진공격, ④ 공중우세권 확보, ⑤ 미군의 증원을 조기에 파괴, ⑥ 필요 시 대량살상무기도 사용 가능' 등 6개의 전략은 이미 노출되었고 이를 실현할 능력이 북한은 없다. 오히려 한미연합 작계 5015 또는 이를 기반으로 한 한국군 단독작전만(위 장차전 작전계획)으로도 북한을 점령할 수 있다.

저자가 강조하고 싶은 것은 전시에 "북한은 북한내에서도 전차를 기동시킬 수 없다. 즉 휴전선 아래로는 장사정포, 미사일 공격만 있을 뿐" 이다. 그러나 한국은 3일 이내에 적의 장사정포를 무력화시킬 수 있는 능력이 있는 만큼, 군은 북진과 요격을 행정부는 전 국민에게 효율적인 피난처를 제공할 수 있어야 한다.(국민피난처는 5장에서 제시하겠다).

아울러 한국은 북한의 장사정포와 미사일에 효율적으로 대응하기 위하여 3축체계를 추진하고 있다. 3축체제는 탐지와 선제타격, 그리고 미사일방어, 대량응징보복 분야로 장비와 물자를 개발 및 확충하고 있다.

첫 번째, 탐지와 선제타격 그리고 대량응징보복은 한 싸이클이다. 탐지분야는 금강급 영상항공기와 글로벌호크 및 군사령부급 무인정찰기를 꾸준히 확충하여 적정한 수준의 탐지정보를 제공할 수 있다. 그러나 인공위성 분야는 정찰위성을 미보유한 관계로 종합적인 정보제공은 제한이 된다. 또한 선제타격과 대량응징보복을 위한 다양한 플랫폼과 충분한 미사일이 확보되어 효과적인 타격을 할 수 있다.

둘째, 미사일 방어망은 KAMD를 근간으로 저층, 중층, 고층으로 다층요격 시스템을 구축하고 있다. 그러나 북한의 장사정포 공격시 저층요격시스템이 M-sam과 패트리엇-2로 수도권 이북은 방어가 제한적이다. 따라서 아이언돔급의 대탄 요격시스템이 필요하다.

스커드 및 대구경유도무기 공격 시 중층요격 시스템이 페트리엇-3와 2023년에 배치될 L-sam이 담당하나 비행장 등 전략목표 위주로 배치되어 요격에 제한이 된다. 고층은 사드체제가 구축되어 있으나 수도권 이북에 대한 방어는 제한이 있다. 따라서 한국의 북한의 대미사일 방어능력은 평택권 이남과 전략목표지역(요격미사일 중첩 배치)만 방어가 가능하고 그 외 지역은 방어가 불가능하다.

결론적으로 탐지 및 정찰장비의 일부 부족(정찰위성)에 따라 발사전 탐지에 일부 제한이 있으며, 발사후 탄도탄 탐지는 육군의 탄도탄 레이더, 공군의 조기경보기, 해군의 이지스함에서 1분 이내에 탐지가 가능하다. 선제타격 및 응징보복할 미사일 수량은 상대적으로 충분하고, 정밀타격을 위한 연동시스템은 구축되어 있다.

그러나 북한의 장사정포 및 미사일 공격에 대한 한국의 방어시스템은 극히 제한적으로 작동되는데, 저층은 패트리엇-2 및 M-sam과 중층은 페트리엇-3으로 전략보안목표만 제한적으로 요격하고 고층은 사드시스템으로 충청권 이북의 일부와 충청권 이남 지역만을 요격할 수 있다.

제5장. 한반도 핵전력, 위협과 대응

제5장 | 한반도 핵전력 위협과 대응

> '세계 3차 대전은 어떤 무기로 싸우게 될지는 모르겠다,
> 세계 4차 대전은 돌멩이와 막대기로 싸울 것이다.'
>
> \- 아인슈 타인 -

[히로시마: 원폭투하] 30분 후

[히로시마: 원폭투하]1분 후

1. 핵무기 이해 및 피해 사례

가. 핵무기 개관

핵무기는 지구의 모든 종을 위해 태어나서는 안 될 무기이며, 인류를 원시시대로 되돌릴 수 있는 최종병기이다. 핵무기는 모든 산업발전의 속도와 한계를 뛰어넘어 이제는 인류가 제어할 수 없는 단계까지 와 있다. 일본의 히

로시마와 나가사키에 투하된 핵의 위력은 상상을 초월했는데, 인명피해만 그해 말까지 각각 14만여 명과 9만여 명이 죽었다. 핵무기 제조계획인 맨해튼 계획(Manhattan Project))에 간접적으로 참여했던 아인슈타인은 '세계 3차 대전은 어떤 무기로 싸우게 될지는 모르겠다, 세계 4차 대전은 돌멩이와 막대기로 싸울 것이다' 라고 하였다. 이는 지구가 원시시대로 돌아간다는 뜻이기도 하다.

그러나 핵무기가 한반도를 두 동강을 낼 만큼 위력이 대단하지는 않다. 지금까지 지구상에 2,000여 회의 핵무기 실험이 있었고, 특히 히로시마 핵폭탄의 3,800배라는 러시아 핵무기(50MT, 차르붐바: 수소폭탄)도 지상실험을 했었다. 그리고 핵무기가 투하된 히로시마도 10여 년 후인 1950년대 초반부터 도시기능을 회복했고, 수소폭탄이 투하된 비키니섬도 지금은 안전하다고 한다.

핵무기는 군사적으로는 생각보다 효율적이지 못하다. 군대는 분산과 집중을 기본으로 한다. 핵폭발시 산골짜기 너머의 콘크리트 진지는 방호가 효율적이다. 핵폭발시 노출된 장갑차 전차의 피해는 50psi 이상의 과압이 필요한데, 히로시마에 투하된 핵폭탄이 원점 기준 반경 370m 밖에 안 되는 범위이고, 심지어 10MT의 초대형 수소폭탄으로도 3km 정도 범위이다.

해군의 경우 공중폭발시험에서 23KT의 핵무기는 600m 떨어진 네바다 전함에 심각한 손실은 입혔지만 침몰시키지는 못했다. 그러나 핵무기 위력이 과장 되었다는 것이지 물리적 충격은 수많은 인명 살상과 도시를 초토화하여 국가적 기능을 마비시킨다.

앞으로 전세계에서 핵무기를 사용한다면 그 전제조건은 정치 · 외교 · 경제 · 군사적 상황이 일치하여야 한다. 전세계에서 한반도가 유일하게 핵을 사용할 수 있는 조건이 성숙되었다. 그러나 북한이 핵을 사용하려면 북방축(중국, 러시아, 북한)과 남방축(한국, 미국, 일본)의 판이 깨어지고, 각자도생의 흐름속에서 북한이 비핵화로 인한 미국에 의해 극한상황까지 내몰리는 상황, 즉 미국의 영변 핵시설 공격에 따른 궁지에 몰린 북한이 한·미에 핵으로 대응할 때 가능성이 상존한다.

따라서 핵무기 이해 및 피해 사례, 북한 핵개발 능력과 현황, 미군의 대북 핵표적과 전략적 함의, 대남 핵공격과 미사일 표적분석 등에 대하여 알아보자.

나. 핵무기 위력과 이해

1) 핵무기 폭발시 일반 현상

핵무기는 핵폭발할 때 핵분열에 의한 막대한 에너지를 방출하는데, 열복사선과 폭풍 그리고 낙진에 의한 방사능오염 그리고 전자맥동에 의한 전자기기 파괴이다. 핵무기는 효과를 극대화하기 위하여 표적에 따라 공중폭발, 표면폭발, 표면下 폭발로 나뉜다.

핵폭발시 일반적인 현상으로는 태양 1,000개를 합친 것 같은 섬광이 번쩍이고 최초 직경 30미터 불덩어리가 1,000m에 확장되면서 열과 원자운이 10,000m 상공까지 솟아오른다. 이때 화구로부터 1억 도의 열복사선이 방출되며, 이 열복사선은 초당 30만km의 속도로 사방으로 전파되며, 열복사선에 의해 지상에 노출된 사람과 생명체는 죽거나 심한 상해를 입고 화재를 발생시킨다. 아울러 강열한 섬광에 의해 사람들은 망막에 화상을 입어 일시 또는 영구적 실명을 한다.

곧이어 화구의 확장에 따른 충격파가 퍼져나가고 뒤이어 동반되는 폭풍은 초속 3,200m로 생명체를 날려버리거나 건물을 파괴하여 범위내 생명체를 없애 버린다. 그뿐만 아니라 핵폭발로 인해 발생한 방사선인 감마선과 중성자가 사방으로 조사되어 건물 내외에 있는 사람에게 투사되어 추가사상을 입힌다.

저공폭발이나 표면 또는 표면하 폭발일 때는 1억도 정도의 화구가 형성,

폭발원점의 흙을 모두 녹여 공중으로 솟아오르면서 원자운을 형성한다. 110KT의 핵무기 표면하 폭발시 직격 360m, 깊이 180m의 대형 폭발구가 형성된다. 공중으로 솟아오른 원자운은 고공의 낮아지는 온도에 반응하여 응결되면서 작은 미립자를 형성하는데, 생성된 물질들은 방사능을 함유하게 되어 30km까지 날아간다. 이들 방사능 미립자가 떨어진 지역은 방사선을 지속적으로 방출하게 되며 노출된 사람은 DNA 변형증상과 사망에 이르게 된다.[25]

2) 핵무기의 폭발 효과 및 위험

핵무기가 폭발할 때는 강력한 에너지 방출로 인해 열복사선, 폭풍, 낙진 그리고 부수적으로 전자맥동이 발생한다. 이를 핵무기 폭발효과라 하는데, 초기열복사선 15%, 폭풍 50%, 낙진 35%로 비율로 피해를 준다. 그리고 인체

〈20KT 핵무기 3대 효과 위험범위〉

핵폭발 지점		1km · 1.2 · 2km · 2.5 · 3km · 4km · 5km · 15km · 30km			
폭풍		건물 완파	반파	경미	
열	인원	사망	3° 화상	2° 화상	1° 화상 / 망막화상
열	건물 산림	화재발생	산발적 화재	화재발생가능	
방사선	초기핵	사망	50% 사망	경미	
방사선	잔류	심각한 오염지		역	상당한 오염

---

25) 스티븐워커, 권기대 옮김, "Countdown to Hiroshima" (서울; 황금가지, 2005). pp.335-337.

의 피해는 없으나 전자장비의 기능을 마비시키는 전자맥동효과라는 군사적으로 중요한 효과도 뒤따른다. 초기열복사선은 수백도에서 일억도의 열을 발생시켜 노출된 모든 것을 태운다. 폭풍은 원점지하와 지상건물을 파괴하고 생명체를 괴사시킨다. 그리고 낙진은 지상의 방사선에 감염된 재를 30km 내외 지역에 잔류방사선으로 서서히 생명체에 피해를 입힌다.

가) 폭풍효과

핵폭발시 원점에서부터 강력한 충격파가 확산되고 이어서 폭풍파가 뒤따른다. 이 충격파가 건물이나 장비들에 스며들어 일차적으로 구조를 약화시키고 뒤이어 강력한 폭풍이 초당 3,200m 속도로 확산되면서 건물과 수목을 파괴시킨다. 이때 붕괴된 건물의 파편이나 유리, 돌 등도 태풍(초속 32m)의 2배 이상의 속도로 추가적인 피해를 입히게 된다.

20KT 핵무기가 폭발시 원점으로부터 800m 이내에 있는 생물체는 폐나 고막 등의 파열로 즉사하고, 2km 이내에 있는 모든 건물들은 붕괴되고, 4km 이내에 있는 건물들은 절반이 파괴되며, 5km 이내에는 경미한 피해를 입게 된다. 10MT의 핵무기가 폭발시 폭풍에 원점으로부터 8km 이내의 모든 건물은 완전히 파괴되고, 21km 이내의 건물들은 절반 정도가 파괴된다.

나) 열복사선 효과

핵폭발이 일어나면 제일 먼저 1억도에 가까운 열복사선이 초당 30만km 속도로 전파되는데 이 열에너지에 노출된 사람들은 즉시 사망하거나 전신화상을 입어 죽음에 이르게 된다. 그리고 산림이나 건물 그리고 도시의 가스관과 주유소의 파괴로 인한 화재 등의 발생으로 이차적인 화상을 입게 된다. 특히 핵폭발 원점부근은 섭씨 3,000도~4,000도에 달하는 고온에 의해 그곳에서 노출된 사람들은 즉각 사망하고 건물은 화재를 일으키며 뒤이은 폭풍에 그라운드 제로(ground zero)가 된다.

20KT의 핵무기가 폭발시 열복사선에 의한 피해는 지상원점으로부터 1.2km 이내 있는 인원은 전원 사망하게 되고, 2.5km 이내에는 3° 화상을 입게 되며, 4km 이내에는 2° 화상을 입고, 5km 이내에는 1° 화상을 입게 된다. 아울러 2km 이내에 있는 건물이나 산림은 모두 화재가 발생하고, 3km 이내에는 산발적 화재발생, 5km 이내는 화재발생 지역이다. 또한 강력한 섬광으로 인해 섬광과 눈초점과 마주친 사람은 망막에 화상을 입어 영구실명을 하게 된다. 그리고 30km 이내에 있는 사람이라도 화구를 바라보면 일시적인 실명을 하게 된다.

10MT의 핵무기가 폭발되면 7km 이내에 있는 사람은 사망에 이르고, 25km 이내에서는 3°~2° 화상을 입게 되고, 32km 이내에서는 1° 화상을 입게 된다. 그리고 16km 이내에서는 모두 화재가 발생하고 32km 이내에서는 산발적 화재가 발생한다.

다) 방사선 효과

방사선은 인체에 직접적 피해를 입히는 초기 핵방사선과 통상 낙진으로 부르는 잔류 핵방사선으로 구분된다. 인체가 방사선을 받으면 세포내에 있는 분자를 파괴하여 궁극적으로 유전자를 변형시킨다. 즉 죽거나 새로운 분자들이 생성되어 암을 유발하거나 핵혈병 등을 유발하게 된다.

20KT의 핵무기가 폭발시 초기 핵방사선으로 인한 피해범위는 지상원점으로부터 1.2km 이내에 있는 인원은 방사선으로 인해 사망에 이르고, 2.5km 이내에는 50% 사람이 사망하게 되며, 5km 이내에는 경미한 피해를 입는다. 잔류방사선은 핵폭발 1분 후 계속 방출하는 방사선을 말하며 여기에는 중성자 감응방사선과 낙진이 포함된다. 중성자 감응방사선은 핵무기가 공중폭발시 방출된 중성자가 핵폭발 직하의 지면에 각종 원소들과 충격하여 방사능 오염물질이 되어 방사선을 방출하게 된다. 이 지역내에는 상당기간(10시간 이상) 방사선이 방출된다.

낙진(일반적 잔류방사선)은 핵무기가 표면 또는 표면하 폭발시에 일어나는데, 지상의 물질에 방사능 물질이 녹아든 채로 수백만도의 고열로 인해 공중으로 솟아올랐다가 상공의 온도가 낮아지면서 작은 방사능 알갱이로 응결되어 풍향에 따라 날아가다가 지상에 떨어지면서 방사선 지역을 형성하게 된다.

20KT의 핵무기가 표면폭발시 형성되는 낙진에 의한 피해 범위는, 폭발지점으로부터 4.2km의 원자운 반경 크기의 원형지역과 바람 부는 방향으로 좌우 20°씩 확장되며 원점으로부터 약 15km 이내는 '위험 오염지역' 이 형성되고 이 지역에 4시간 이내에 150레드(rad) 이상의 방사선을 받게 되며 이 정도의 방사선을 받게 되면 5% 이상의 인원이 사상하게 된다.

원점에서 15km에서 30km까지는 '준위험 오염지역' 이 형성되어 이 지역에서는 4시간 이내에 50rad 이상의 방사선을 받게 된다. 50rad 이상의 방사선을 받게 되면 2.5% 이상의 사람이 사상을 일으키게 된다. 위 (준)위험지역에 장기간 머무르게 되면 방사선이 축적되어 사망에 이르게 된다.

라) 전자맥동 효과

전자맥동효과(Electro-Magnetic)는 핵무기가 공중폭발시 각종 전자장비의 기능을 마비시키는 효과를 말한다. 핵무기가 공중폭발시 방출되는 감마(γ)선이 원자들의 전자를 이탈시켜 폭발주변의 대기를 이온화시킴으로써 장비의 전자장파에 혼란을 주어 수 초에서 수 시간 동안 무선통신, 레이더, 미사일, 항공기 등의 기능을 마비시키는 현상이다.

이러한 전자맥동효과로 핵폭발지역에는 통신 및 전자장비 등이 '소위 먹통' 이 되어 군사작전뿐만 아니라 자율주행운영체계 등을 운영하는 민간부분까지도 포함하는 국가적 대혼란을 초래한다.

다. 히로시마 핵무기 피해 사례(소개)

2차대전 당시 일본 히로시마 원폭투하시 나타난 현상이다. 첫 번째는 히로시마 원폭투하시 나타난 일반적인 현상을 요약하였다. 두 번째는 폭격시 투하장본인과 히로시마 시민의 증언이며, 미전략폭격 조사단을 중심으로 인터뷰 내용을 스티븐 워커(Shockwave)가 기술한 내용이다.

먼저 핵무기 투하시 일반적인 현상 요약 기술이다.

원자폭탄이 히로시마 상공에서 폭발하는 순간 시민들은 강렬한 밝은 빛을 목격했고 그 빛을 쳐다본 사람은 눈이 멀어버리거나 안구가 녹아서 없어졌다. 1억도에 달하는 뜨거운 화구가 공중에 생기고, 폭심지 근처는 열복사선으로 인해 약 3,000~4,000도가 넘었다. 이어서 천지를 울리는 폭발음과 충격파로 인하여 최대 340m/s(1.224km/h)에 달하는 폭풍이 주변 1.6km 내를 매우 튼튼하게 지은 몇몇의 건물을 제외하고는 모두 붕괴되었다.

히로시마는 충격파에 이어 화재가 도시 전체를 휩싸고 있었다. '폭발 후 폭풍' 영향이다. 도시에 대규모 폭격으로 불길이 일어나면 뜨거워진 대기가 빠른 속도로 상승하고, 이 때문에 아래쪽에는 부분적인 진공이 형성(음압 형성)되면서 그 진공 자리를 메우기 위해 외곽에서 들어오는 찬 공기가 도시 곳곳을 빠른 속도로 관통하게 되면서 폭풍은 곳곳의 불씨를 합쳐 대규모 화재공동구를 만들어 버린다. 화재는 히로시마 중심부 11㎢를 모두 삼켰는데, 시 전체는 열로 가득 찼고, 잿빛 대기와 태양마저 가려 어두운 가운데 화마로 인해 불지옥이 되었다. 또한 높은 열로 인해 기온이 치솟아 도시에는 피부가 녹아내린 채 물을 찾으며 방황하거나, 온몸이 불타며 다리 밑으로 굴러 떨어져 물 위에 불덩이처럼 산산조각 나는 사람으로 가득했다.

몇 시간 후 증발한 수분이 모였던 상공으로부터 검은 비가 쏟아지기 시작했는데 방사능 묻은 먼지가 올라갔다가 비에 섞여 내려왔다. 사람들은 타는 듯한 갈증으로 입을 벌리고 마셨는데, 검은 비에 노출된 사람들은 방사능과다 오염으로 더 일찍 죽었다. 그리고 방사능 낙진은 바람을 타고 30km까지 죽음의 재를 뿌렸다.

스티븐 워커(Shockwave)는 그의 저서 '카운트다운 히로시마(Countdown Hirosh-ima)' 에서 폭탄투하 장본인, 살아남은 히로시마 시민, 미전략폭격조사단(Strat-egic Bombing Survey)을 중심으로 인터뷰하고 다음과 같이 기술하였다.(pp.335-340)

토모스 페러비는 폭발광경을 놓쳤으나, 충격은 그야말로 즉각적인 재앙자체였다. 처음 10억 분의 1초 동안 폭발 지점의 온도는 섭씨 6000만 도로 올라갔다. 태양표면 온도의 1만 배에 해당하는 열기는 뚜렷하게 이글거리는, 낯선, 생각지도 못한 밝기의 화염이 되어 눈 깜짝할 새에 도시 전체로 뻗어 나갔다. 이 불꽃은 후에 '피카' 라는 이름을 얻었다. 번개 또는 무시무시한 드라마의 서막을 일컫는 말이었다.

그러나 핵폭발에서 살아남은 많은 이들에게 그 불꽃은 놀랄 만큼 아름다운 것이기도 했다. 수많은 색채들의 흔들리는 물결, 눈이 시리도록 생생하고 망막을 파고들어 영원히 지워지지 않을 것만 같은 녹색, 청색, 홍색, 금색의 물결이었다. 목격자들은 그래도 운이 좋은 편이었다. 불꽃이 채 사그라지기도 전에 수천 명이 죽어 자빠졌다. 그들은 극심한 열기에 형체를 몰라볼 정도로 타 버렸고, 서 있거나, 앉아 있거나, 자고 있거나, 걸어가고 있던 바로 그 자리에서 순식간에 왜소한 석탄 덩어리처럼 탄화되어 연기를 피우며 히로시마 거리의 잔해 속에 여기저기 흩어져 있었다.

폭심지(爆心地)로부터 반지름 1킬로미터 내에서는 단 한순간 타오른 화염의 열에너지가 너무나 강렬했던 나머지, 인간의 체내 장기들을 그야말로 증발시켜 버렸다. 1초의 몇 분의 일도 안 되는 시간에 문자 그대로 오장육부를 끓여 없애 버린 것이다. 새들은 공중에서 그대로 불타 사라졌고 전신주, 나무, 옷, 초가지붕, 목조건물, 애완동물, 그리고 거리의 전차들은 제풀에 몽땅 타 버렸으며, 철골구조 건물은 양초처럼 녹아내렸다. 건물 폐허와 인간의 뼈가 한데 뒤엉켜 형체 없는 덩어리로 녹아 흘렀다.

핵폭발의 연쇄반응으로 방사된 보이지 않는 감마선과 중성자의 홍수였다. 그것은 노출된 피부를 관통해 세포를 손상시키거나 파괴했고, 살아 있는 조직의 구조 자체를 바꾸어 놓았다. 폭탄의 핵심에서 200개가 넘는 방사성 동위원소가 뿜어져 나와 먼지구름 속으로 파고 들어감으로써, 히로시마는 완전히 다른 종류의 무기에 궤멸 당한 도시라는 딱지를 영원히 달고 다니게 되었다.

그 결과 수만 명이 목숨을 잃었으며 그중 일부는 즉시, 또 일부는 며칠 내에, 그리고 나머지는 몇 달 후 또는 몇 년 후에 세상을 떠났다. 질병이나 죽음의 원인은 몇 가지 다른 요소에 좌우되기는 했지만, 누가 봐도 가장 중요한 것은 폭심지로부터의 거리였다. 어쨌거나 500미터 이내에서는 폭발의 힘이 예외 없이 치명적이었다. 오래지 않아 미국 과학자들은 이 거리에 '위협반경(scare radius)' 이라는 이름을 붙여주었다.

화염에 이어 충격파가 들이닥쳤다. 폭심지로부터 시속 320킬로미터 속도로 대기를 찢어발기듯이 터져나간 충격파는, 금세 음속 수준으로 느려져 극도로 압축된 공기 벽이 되어 문, 창문, 가옥, 사무실, 절, 병원, 상점, 노점, 식당, 공장, 버스, 학교, 동물, 그리고 인간들을 사정없이 후려치고 지나갔다. 오펜하이머는 목표 지역내의 가벼운 구조물을 최대한 파괴하기 위해 원자폭탄의 최적 폭발 고도를 일찌감치 550미터로 계산해 두었다. 그러나 꼬맹이의 성능은 그의 예상을 훨씬 뛰어넘었다. 초기 단계에서 충격파는 거의 1평방미터당 7톤이나 되는 힘으로 도시를 사정없이 휘갈기며 지나갔고, 지나간 자리에는 6천 채나 되는 건물이 파괴되어 나자빠져 있었다.

충격파는 5만여 명의 목숨을 추가로 앗아갔다. 폭심지로부터 800미터 이내의 모든 건물은 남김없이 폭삭 주저앉거나 날아가거나 파괴되었다. 예외가 있다면 철근과 콘크리트로 지은 내진(耐震) 구조물 정도였으나, 그마저도 다시 사람이 거주할 수는 없는 상태였다. 원자폭탄의 폭발력을 막아 줄 것은 그야말로 아무것도 없었다. 히로시마시 중심부가 평평하다는 점이 파멸을 더욱 완벽하게 만들었다. 어떠한 경고도 없었다는 점 역시 한몫했다. 폭탄이 터지는 순간 누구 하나 대피하지 못했던 것이다. 그나마 목숨을 부지한 사람들은 오로지 변덕스러운 운명의 장난 덕분에 살아남았다.

노무라 에이조도 그런 행운아 가운데 한 명이었다. 그는 폭심지에서 겨우 100미터 떨어진 콘크리트 건물에 있던 연료배급통제조합의 직원이었는데, 폭발 직전에 상사가 깜빡 잊어버린 서류를 가지러 건물 지하로 내려갔다. 그는 모든 생존자 중에 아마도 폭심지에서 가장 가까이 있었던 사람이었을 것이다.

처음 몇 초만에 대략 8만 명 정도가 사망했다. 정확한 숫자는 영원히 알려지지 않을 것이다. 생존자들의 기억 속에 이 순간은 지울 수 없는 흔적으로 각인되었다.

쓰보이 스나오는 불꽃을 목격할 때 폭심지에서 1,200미터 떨어진 시청 근처에 있었다. 그는 시야를 통째로 잡아찢듯이 휩쓸고 지나가는 붉은색과 은색이 합쳐진 강렬한 빛을 느꼈고, 잠시 후 폭풍에 날려 도로를 가로질러서 15미터 가량 내동댕이쳐졌다.

마쓰시게 요시토는 폭심지로부터 2,700미터 떨어진 곳에서 아랫도리를 벗고 화장실에 앉아 있다가 그 빛을 보았다. 마치 마그네슘 섬광이 바로 눈앞에서 터진 듯 눈부시게 밝고 흰 빛이었다. 그는 바늘 수백 개가 온몸을 찌르는 느낌을 받았고, 곧이어 불어 닥친 폭풍이 집 벽에 구멍을 뚫고 그의 몸을 바닥에 내던졌다. 머릿속에 가장 먼저 떠오른 생각은 틀림없이 지진이 났구나 하는 것이었다.

한편 폭심지에서 불과 550미터 거리의 전화국에 있던 나카마에 다에코는 불꽃을 보았다기보다 실내가 온통 녹아내리는 것이 아닌가 싶었다. 불과 몇 초 사이에 다에코는 천둥이 내리치는 듯한 어마어마한 소리를 들었다. 엄폐호에 안전하게 몸을 숨긴 트리니티의 과학자들마저 그토록 공포에 떨게 만들었던 지구 종말의 포효였다.

폭심지에서 6킬로미터 지점, 피카는 히다 순타로 박사의 얼굴을 정면으로 후려치고 그의 눈동자를 강렬히 파고들었다. 격렬한 열파도가 그를 향해 불어 닥쳤다. '악!' 소리를 지른 것은 기억할 수 있었지만, 실제로 여섯 살짜리 아이의 팔에 주사를 놓아 주었는지는 기억할 수 없었다. 그는 툇마루로 기어나왔다. 하늘은 여전히 푸르렀고 나무는 미동도 하지 않았다. 잎사귀 하나도 흔들리지 않았다. 온 세상이 침묵 속에 그대로 멈춰 섰다. 한순간 그는 꿈을 꾸는 거라고 생각했다.

다음 순간, 그는 히로시마 쪽으로 시선을 돌렸다. 거대한 붉은 고리가 도시 전체를 둘러쌌다. 그것은 끔찍스러운 속도로 퍼져나가더니 언덕 위로, 논 위로, 수풀과 농장과 초가집 위로 솟아올라 마치 거대한 풍랑처럼 히다를 향해 밀려왔다. 갑자기 마을에 있는 집들의 기왓장이 무슨 이파리인 양 공중으로 날아올랐고, 그 주위로 덧문이며 칸막이들이 날아갔으며, 이내 천장도 사라져 버렸다. 폭풍의 힘이 그를 뒤로 마구 몰아붙였고, 그는 방을 두 개나 지나 집안 어른의 위패를 모신 불단에 가서 처박혔다. 진흙과 모래와 지붕이 날아가고 남은 잔해들이 그대로 몸 위로 떨어졌다. 어딘지는 모르지만 아이도 근처의 폐허더미 아래 깔려 있지 싶었다.

다나카 도시아키 역시 마찬가지였다. 도시 남쪽 우지나 항구에서 군사 수업을 받던 중에 건물 천장이 무너져 내렸다. 어리둥절하고 충격으로 반쯤 넋이 빠진 채, 그는 바닥에서 몸을 일으켜 숨을 콱콱 막히게 하는 노란 먼지 사이로 밖을 내다보았다. 두꺼운 벽 덕분에 핵폭풍의 가장 고약한 순간에 몸을 사릴 수 있었던 그는 운이 좋았다.

그러나 그의 가족은 그렇지 않았다. 불과 하루 전에 아내가 만들어준 침넘어가는 계란말이를 먹었던 주류 판매점 위층의 집은 폭심지에서 고작 80미터 거리, 즉 위협 반경 안쪽 깊숙한 곳이었고, 충격의 순간에 아내와 아이들은 모두 집에 있었다.

원자폭탄이 투하된 지 삼십 분 내에, 도시로서 히로시마의 존재는 사실상 사라졌다. 일찍이 볼 수 없었던 지독한 한 방으로 원자폭탄은 모든 것을, 모든 시민을 압도해 버렸다. 파슨스의 말이 옳았다. 마치 운석이 지구에 충돌한 것이나 다름없었다.

전쟁이 끝난 직후 조사차 히로시마를 방문한 미전략폭격 조사단(Strategic Bombing Survey) 요원들은 모든 수치를 충실하게 집계했다. 건물 전소 109,000채, 사망자 7만에서 8만, 부상자 7만에서 8만.(거의 틀림없이 과소평가된 수치였다. 후일 몇몇 역사학자들은 사망자 숫자를 14만으로 정정했고, 즉시 사망한 사람들이 있는 반면 방사능 중독 및 다른 부상으로 향후 몇 달 안에 죽은 사람도 많았다고 한다.) 33제곱킬로미터나 되는 구역이 완전히 잿더미로 화했다. 히로시마 관내 의사 90퍼센트 사망 또는 부상. 공인 간호사 1,780명 가운데 1,654명이 사망하거나 부상. 45개 공립병원 중 42개 전소. 전화 및 통신시설 80퍼센트 소실, 전화국 직원 3분의 1 사망. 전차 65퍼센트가 파괴되고, 특히 폭심지에서 1.5킬로미터 내의 전차를 전파. 전도시 내에 작동이 가능한 소방장비는 오로지 16개, 그중 셋은 빌어온 것. 소방대원 80퍼센트가 사망 혹은 중상. 수도관 파열 7만여 건, 그로 인해 일부지역의 수압이 완전히 떨어져 얼마 남지 않은 소방대원들이 수천 건의 화재를 진압하기가 불가능했음. 이런 식의 목록은 끝이 없었고, 숫자 하나하나가 한 도시의 죽음을 해부하는 견디기 힘든 중압감을 지닌 수치였다. 미국의 관측통들은 냉담하게 지적했다.

"충분히 예상한 바와 같이 원자폭탄에 대한 최초의 반응은 공포심, 그것도 통제되지 않은 공포심이었다."

그것은 두 말할 나위 없이 전체의 일부분에 지나지 않았다.

(3) 핵무기 개발 및 제조

일반적으로 핵무기를 개발하는 데는 핵관련 고도의 기술과 시설이 있어야 하고 정치적으로 외국의 간섭을 물리칠 수 있어야 가능하다. 많은 나라가 핵무기 제조에 도전했고, 현재까지 1996년 이전에 핵을 개발한 나라 외에 제3국은 파키스탄과 북한이 유일하다(이스라엘 1966년 제조).

핵무기 개발의 필수 조건

1. 핵분열성 물질 획득
2. 핵폭발장치의 제조
3. 핵실험
4. 핵투발수단 확보

그 외 남아프리카 공화국 등은 국제사회의 압력에 핵개발을 포기하였다. 핵무기 개발에는 핵물질 획득, 핵폭발 장치의 제조, 핵실험, 핵투발수단 확보 등 4가지 사항이 필수적으로 갖추어져야 한다.

가) 핵분열성 물질의 획득

이 세상의 물질은 원소들로 구성되어 있는데, 최소의 입자를 원자라고 한다. 이 원자는 중심에 핵이 있고, 이 핵 주위로 전자가 들어있으며, 원자핵은 양자와 중성자로 구성되어 있다. 원자핵들 중에는 저속의 중성자가 원자핵을 충격하면 이 중성자를 흡수함과 동시에 핵이 두 개로 쪼개지면서 2~3개의 중성자를 방출하고 또 에너지를 방출하게 된다. 이것을 '핵분열' 이라 하고 연속적으로 핵분열하면 '핵분열연쇄반응' 이라 하며 이때 기하급수적으로 백만분의 1초라는 지극히 짧은 시간에 일어나는 것이 '핵폭발' 이다.

핵무기의 원료는 우라늄-235($^{235}U_{92}$)와 플루토늄-239($^{239}Pu_{94}$)가 있다. 우라늄-235는 자연광산에서 채광되는데, 천연우라늄은 비분열성 물질인 우라늄-238이고 우라늄-235는 0.72%에 불과해 분열성 핵물질 획득을 위해 추가적인 제련공정을 거친다. 플루토늄-239는 원자력 발전소에서 쓰고 핵연료를 재처리하는 과정을 통하여 획득할 수 있다.

(1) 핵무기 우라늄-235의 획득방법

① 채광: 우라늄 광산에서 광석을 채광하고 광석에서 흙을 포함한 불순물 등을 제거하기 위하여 정련공장으로 보낸다.

② 정련: 채광된 우라늄 광석을 분쇄하여 순도 75% 천연우라늄을 분리한다. 이때 분리된 우라늄은 황색을 띄고 있는 떡처럼 생겨서 'Yellow Cake' 이라 칭한다.

③ 변환: 농축하기에 적합한 분말형태로 만들기 위해 불소(F)를 혼합하여 육불화우라늄(UF_6)으로 변환시킨다. 이 과정에서 순도 99.5%로 높인다.

④ 농축: 육불화우라늄을 가열하면 기체가 되는데, 이 기체화된 육불화우라늄을 '기체확산법' 이나, '기체원심분리법', '레이저법', '노즐분리법', 농축방법으로 우라늄-235의 비율을 높이고, 우라늄-238의 비율을 낮추어 최종 핵무기 원료(순도 90% 이상)가 되는 우라늄-235를 얻을 수 있다.

▲ 원심분리 농축방법

최근에는 효율과 경제성을 이유로 '원심분리 농축방법' 을 주로 사용하고 있는데 파키스탄과 북한이 우라늄 핵무기를 제조하는 데 활용한 바 있다. 이 방법은 우라늄-235와 우라늄-238의 미세한 무게 차를 이용하는 것으로 기체상태(UF_6)로 만들어서 원심분리기에 넣어 고속으로 돌리면 무게가 무거운 우라늄-238은 바깥쪽에 몰리고, 약간 가벼운 우라늄-235는 안쪽으로 몰린다. 안쪽으로 몰린 우라늄을 모아 다시 고속 회전시키는 이 과정을 여러 번 거치면서 순도 90% 이상의 우라늄-235를 획득할 수 있다.

명 칭	U-235의 함유 비율	용 도
천연 우라늄	0.72%	발전용
저농축 우라늄	2~20%	발전용
중농축 우라늄	20%	핵잠 원자로용
고농축(핵무기급)	90%	핵무기용

▲ 핵무기용 플루토늄 농축 방법

플루토늄-239($^{239}Pu_{94}$)는 핵무기의 원료이다. 원자력발전소에서 사용하고 남은 원료에서 우라늄-235와 함께 다량으로 발견되는 동위체다. 그러나 원자로형에 따라 플루토늄-239($^{239}Pu_{94}$)는 농도가 달라지는데, 순도 90% 이상이어야 핵무기로 사용할 수 있다. 플루토늄을 생산하는 원자로는 크게 2가지로 나눌 수가 있는데, 전기생산을 목적으로 하는 경수로형 원자로와 핵무기 제조를 위한 흑연감속원자로가 있다.

경수로형 원자로는 가동시 핵연료로 농축(2~4%) 우라늄을 사용하여 플루토늄-239 순도 60~70% 정도를 획득할 수 있으며, 이는 순수 전기생산을 목적으로 한다. 반면 흑연감속원자로 가동시 천연우라늄을 사용하는데, 플루토늄-239의 순도 90% 이상을 획득할 수 있으며, 이는 처음부터 핵무기 제조를 목적으로 한다.

〈원자로형별 플루토늄 순도〉

원자로형	핵 연 료	플루토늄-239 순도
경수로형 원자로	농축(2~4%)우라늄	60~70%
흑연감속원자로	천연우라늄	90% 이상

(2) 사용 후 핵연료

원자력발전소의 가동원리는, 원자로 내에서 핵연료봉을 연소시켜 핵분열이 일어나면서 열에너지가 발생하고 이 열에너지를 전기에너지로 전환시킨다. 핵연료봉은 주기적으로 교체(형태에 따라 차이)하게 된다. 교체된 핵연료봉을 '사용후핵연료'라 한다. 이 사용후 핵연료를 재처리 과정을 거치면 핵무기급 플루토늄이 생산된다.

(3) 재처리 과정

사용후 핵연료에서 획득하고자 하는 플루토늄을 화학적으로 추출해 내는 과정을 '재처리(Reprocessing)' 작업이라고 한다. 이 재처리 과정에서 플루토늄과 우라늄 그리고 핵분열생성물질(핵 폐기물)도 분리해낸다. 재처리 공정은 총 7단계로 ▲1단계: 사용후 연료의 냉각 및 저장단계, ▲2단계: 사용후 핵연료를 절단하는 단계, ▲3단계: 절단된 사용후 핵연료를 진산염에 용해시키고, 피복관을 제거하는 단계, ▲4단계: 핵분열 생성물질 제거단계, ▲5단계: 우라늄 용액과 플루토늄 용액으로 분리하는 단계, ▲6단계: 우라늄과 플루토늄을 정제하는 단계, ▲7단계: 질산염제거 및 저장단계.

위 과정에서와 같이 7단계를 거친 사용후 핵연료는 우라늄과 플루토늄으로 분리 및 추출되어 우라늄은 원자로의 핵연료로 재사용되고, 플루토늄은 그 순도에 따라 핵무기 원료 또는 핵추진 원료로 재사용하게 된다.

나) 핵폭발장치의 제조

핵무기를 만드는 2번째 단계는 핵폭발장치의 제조이다. 핵폭발장치에는 4가지 구성 요소가 있는데, ▲초임계질량 달성 핵물질, ▲기폭장치, ▲중성자 발생장치, ▲반사재 등이다.

① 초임계질량 달성을 위해 핵물질은 순도와 질량의 조건이 맞아야 한다. 핵물질의 구성 순도는 우라늄의 경우 우라늄-235가 90%, 우라늄-238은 10% 이내여야 한다. 플루토늄의 경우 플루토늄-239는 93% 이상, 플루토늄-240은 6.5% 이내, 플루토늄-241은 0.5% 이내, 플루토늄-242는 0.1% 이내이어야 한

다. 핵물질의 질량은 20KT 핵무기를 기준으로 우라늄은 25kg, 플루토늄은 8kg가 필요하다고 'IAEA' (핵폭발 일정량 'Significant Quantity)' 에서 발표한 바 있다. 그러나 현재는 기술의 발달로 우라늄은 14kg, 플루토늄은 5kg까지 점차 감소하고 있다.

〈20 KT 위력의 임계질량〉

구분	플루토늄	우라늄
임계질량	6~8kg	20~25kg
순도	93% 이상	90%
형태	구형	구형

* 일본 '히로시마' 에 투하한 핵폭탄에 사용된 우라늄의 양은 60kg이었고, 일본 '나가사키' 에 투하한 핵폭탄에 사용된 플루토늄의 양은 7kg이라고 알려져 있다.

② '기폭장치(고폭장치)' 는 핵폭발시 핵분열성 물질을 미임계질량 상태에서 초임계상태로 만들 때, 고성능 폭약으로 결합 또는 압축시키는 장치이다. 이 기폭장치는 미임계질량 상태에 있는 초임계질량으로 만들기 위해서 백만분의 1초라는 극히 짧은 순간에 이루어져야 하므로 초당 1,000m 이상의 고속을 낼 수 있는 고성능 폭약을 사용해야 한다. 핵분열 물질을 초임계질량으로 만드는 기폭장치에는 포신형과 내폭형 2가지가 있다.

• 포신형(Gun Tupe) 기폭장치

포신형 기폭장치는 우라늄 핵무기를 제조할 때 사용하는 기폭장치로 분리된 2개의 미임계질량 상태의 우라늄을 순간적으로 혼합시켜 초임계질량으로 만들어 폭발시키는 기폭장치이다.

위 그림에서 보듯이 기폭장치의 좌측 격발장치로 뇌관을 점화시키면 고폭약이 폭발하여 오른쪽 반구형의 우라늄 물질을 왼쪽으로 밀어붙여 좌측

〈포신형 기폭장치〉

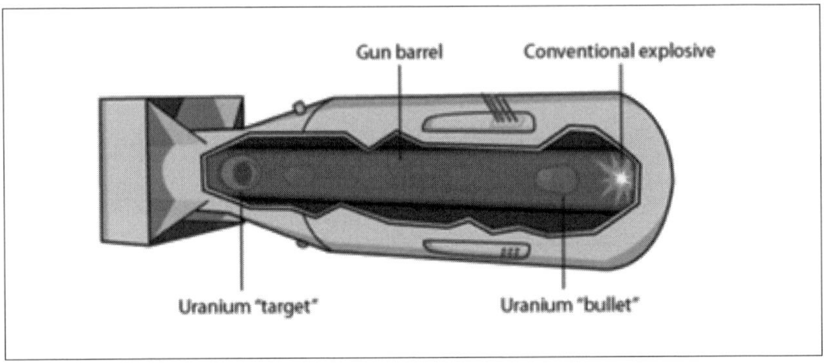

의 우라늄물질과 혼합되면서 초임계상태가 되는데, 이때 중성자가 방출되어 핵분열과 핵폭발이 발생한다. 일본의 히로시마에 최초로 투하된 '우라늄 원자탄' 이 포신형 기폭장치이다.

• 내폭형(Implosion Type) 기폭장치

내폭형 기폭장치는 플루토늄 핵무기 제조에 사용하는 압축형 기폭장치이다. 아래 그림에서 보는 바와 같이 중앙부에 중성자와 플루토늄 물질로 반사재의 구형을 만들고 바깥으로 2개 층의 고폭장약에 점화뇌관을 심고 그

〈내폭형 기폭장치〉

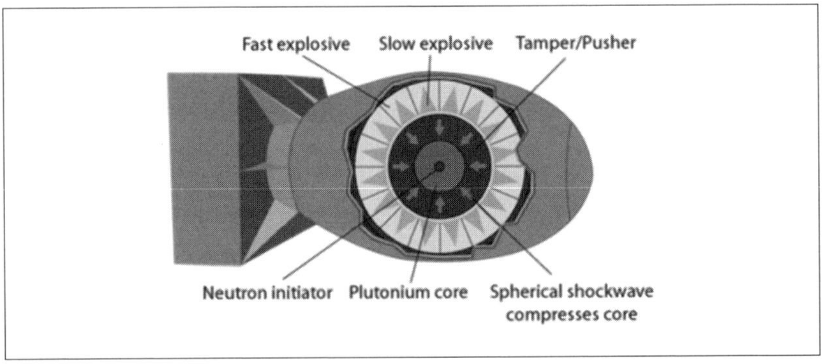

사이를 충격파 공간을 넣고서 덮어 원형으로 만든다.

폭발은 2,000 Volt의 전압을 백만분의 1초로 순간 압축하여 초임계 상태로 도달하게 한다. 이때 플루토늄 물질 덩어리 맨가운데 있는 중성자 원에서 중성자가 방출되어 핵분열을 일으켜 핵폭발이 진행된다. 이 내폭형 기폭장치로 만든 플루토늄 원자탄이 일본 '나가사키' 에 투하되었다.

내폭형 기폭장치는 구조가 소형으로 미사일용 핵탄두에 적합하다. 포신형과 내폭형 기폭장치에 사용되는 폭약은 PBX(Plastic Bonded Explosive)라는 특수폭약으로 그 충격파가 초당 7,800의 속도를 가지고 있다.

• 중성자 발생장치

기폭장치 중심부에 있는 핵분열성 물질인 우라늄과 플루토늄의 맨가운데에 중성자 발생장치가 설치되어 있다. 아래의 그림에서 보는 바와 같이 중성자 발생장치는 핵물질 한가운데 위치하고 있는 골프공 크기만한 구형 용기로 만들어져 있다. 기폭장치의 격발장치가 작동되어 고성능폭약이 폭발하여 폭발력이 내부로 작용할 때 그 압력과 충격에 의하여 얇은 알루미늄막이 찢어짐으로써 α입자가 자유롭게 베릴륨을 충격하게 된다. 이때 베릴륨은 중성자를 방출하여 핵분열성 물질을 최초로 충격하게 됨으로써 핵분

〈중성자 발생장치〉

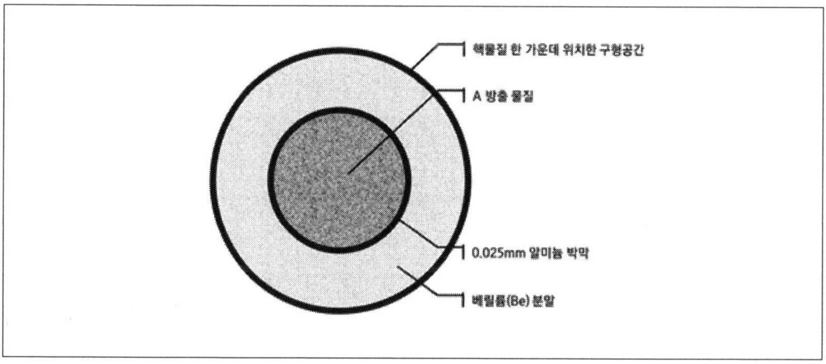

열 연쇄반응을 일으켜 핵폭발이 된다.

• 반사재장치(Reflecter)

반사재장치는 기폭장치의 핵분열성 물질 외부둘레에 반사재를 감싸주고 있는 것이 반사체장치라고 하며, 이를 Temper라고도 한다. 핵분열성 외부에 반사재를 감싸주는 것은 핵분열 과정에서 외부로 이탈하는 중성자를 이 반사체가 다시 내부로 되돌려 보내 연쇄반응에 참가시킴으로써 절반 이상의 핵분열 효율을 높이는 데 있다. 즉, 핵무기용 반사재로는 베릴륨이나 U-238을 사용하는데, 절반 이하의 우라늄이나 플루토늄의 질량으로도 같은 위력을 발휘한다.

다) 핵실험

핵무기를 만드는 3단계가 핵실험이다. 핵실험은 실제 핵분열성 물질을 핵폭발장치 속에 주입하고 격발장치를 작동시켜 고성능폭약의 폭발이 중성자 발생장치를 기폭시켜 핵분열 연쇄반응 과정과 효과를 테스트하는 것이다. 그러나 일본 히로시마에 폭발시킨 우라늄 핵폭탄은 한 번의 핵실험도 없이 실전에서 바로 사용하였다. 또한 파키스탄도 최초 핵실험에서 성공하였을 뿐만 아니라 실패한 나라가 없었다는 사실만으로 핵실험을 하지 않아도 핵폭발의 가능성은 거의 확실시 되고 있다. 그리고 내폭형장치인 경우는 충격파의 균형과 압축의 효과를 시험해서 내향파열시스템 시험만 되면 실제 핵실험을 하지 않아도 된다고 알려져 있다. 오늘날에는 컴퓨터의 발달로 핵무기 설계로부터 완성에 이르기까지 모든 컴퓨터 Modeling되어 있어 컴퓨터에 의한 모의실험(Simulation)으로도 핵실험을 대신할 수 있게 되었다.

라) 핵투발수단의 확보

핵무기개발 및 운용의 마지막 4단계는 핵투발수단의 확보이다. 핵무기를 목표지역으로 운반하는 수단은 항공기, 포, 미사일 등이 있다.

항공기는 전폭기급(대형전투기) 전투기, 폭격기, 수송기에 장착하여 운반할 수 있다. 현재는 최첨단레이더와 요격방공방의 발달로 전력이 비슷한 상대방과는 운용하기 어렵다. 다만 전력이 월등한 경우는 수송기까지 운송이 가능하다. 즉 상대방의 레이더를 먹통으로 만드는 전자전기를 앞세우거나 운송기 자체에 전자전 장비를 장착하여 레이더를 회피해 가면서 목표지역에 도달할 수 있다.

포로 투발하는 방법은 사거리 최소 50km 이상이 가능해야 하고, 구경 200mm 이내로 최소화하여야 하는 제조상의 기술적 한계를 가지고 있다. 특히 미국은 8인치포에 장착하여 시험사격을 하기도 하였으나 사거리 문제로 폐기하였다. 그러나 현재 사거리 100km 포와 포탄 개발이 가시화되는 등 활용 가능성이 커지고 있다.

탄도미사일로 투발하는 방법은 사거리가 길 뿐 아니라 비행속도도 마하 3~10속도까지 발전하여 별다른 장애 없이 목표를 타격할 수 있다. 탄두는 최소 1톤 내외로 하여야 미사일에 장착 및 운용할 수가 있다. 현재는 기술의 발달로 핵탄두를 800kg부터 이내로 소형화할 수 있어 미사일 장착은 가능하다. 특히 북한은 항공기(IL-28, MIG-29)에 의한 방법은 가능하고, 탄도미사일 화성-11호 이상부터 핵탄두 장착이 가능하다.

2. 북핵 개발과 핵무기 확보 현황

가. 핵개발 현황

북한의 김일성은 6.25 전쟁 중인 1950년 11월 3일 미국의 트루먼 대통령이 '원폭사용을 고려하고 있다' 라는 기사에 충격과 자극을 받았다고 한다. 또한 1950년 9월부터 극동군총사령부에서는 교착상태인 소모전을 타개하고자 철의삼각지대 일대에 핵무기를 투하하는 참모부 작전계획을 작성한 바 있다.

이에 김일성은 전쟁후 핵연구에 박차를 가하게 되는데, 1955년 4월 북한 과학원 제2차 총회에서 원자 및 핵물리학연구소를 설치할 것을 의결하게 된다. 1956년 3월 26일 구소련의 '드브나' 다국적 핵연구소 창설시 핵관련 기술자 30명을 보내고, 북한에 '방사화학연구소 '를 설립한다. 1962년 1월에는 평북의 영변과 박천에 원자력연구소를 설립하고 구소련으로부터 IRT-2000형(열출력 2MWT)원자로를 도입하였다

1972년에는 캐나다의 핵폭탄 전문가 김경하 박사를 입북시켜 핵무기 개발에 박차를 가하여, 1975년도에는 IRT-2000형 연구용 원자로에서 최초로 그램(g) 단위의 플루토늄(Pu)을 추출하였다.

1980년 8월에는 자체기술로 5MWe 원자로를 건설하기 시작하여 1986년 7월에 완공하여 가동하기 시작했다. 1989년에는 핵폐기물을 플루토늄(Pu)으로 재처리하는 '방사화학실험실' 을 제한적으로 가동하여 플루토늄(Pu)을 확보하기 시작했다.

한편 북한은 핵기폭장치 실험도 병행하기 시작하였는데, 소련의 KGB의 스플리노프 대령은 1990년에 북한이 핵기폭장치를 개발하였다고 보고서를 작성하였다. 그 즈음부터 북한의 핵무기 보유가 감지되기 시작하였다. 1998년 5월 30일에 파키스탄 발루치스탄 사막지하에서 15KT급의 핵실험이 있었는데, 이후 사막 상공에서 플로토늄의 흔적(크립톤 85)이 발견되면서—당시 파키스탄은 고순도 우라늄 생산기술 미보유 추정—북한의 핵 커넥션에 의한 북한의 핵실험을 의심하게 되었다.

1999년 1월에는 김일성군사종합대학에서 주관한 '남침전쟁 시나리오' 를 발표하게 되는데, 이때 핵무기 1발을 대전에 공격하는 것으로 작전을 전개한다는 내용이었다. 황장엽씨는 1997년에 망명 후 "북한은 1996년에 파키스

탄과 협정을 맺고 우라늄 235로 핵무기를 만드는 제조기술을 넘겨받은 뒤 연료봉 1,800개 중 전반을 재처리했다" 고 증언했다. 강명도씨는 1994년 7월 27일에 북한은 이미 핵무기를 5개를 가지고 있다고 하였다.

북한은 1991년 12월 23일 남북 비핵화 공동선언에 따라 북한도 LAEA와 핵안전협정을 체결하고 핵사찰을 받았는데, 핵신고 리스트 불일치 및 미신고 시설이 확인되어 핵개발에 제동이 걸렸다. 이를 타개하고자 대안으로 '원심분리 농축방법' 으로 우라늄을 확보하기 시작하였다. '원심분리 농축방법' 은 우라늄을 기체 상태(UF6)로 만들어 원심분리기에 넣어 고속으로 회전시키면서 핵무기에 필요한 순도 90% 우라늄-235를 획득하게 된다.

북한의 원심분리기 획득은 파키스탄의 핵 아버지라 불리는 '칸박사' 는 "우라늄 농축 핵심장비인 P-1, P-2 원심분리기를 각각 완제품으로 10개씩 북한에 공급했다" 고 파키스탄 당국에 증언하였고 후에 미정보당국에 재진술하였다. 북한은 1998년 6월 8일 파키스탄 주재 경제 참사관 강태윤의 처가 살해되었고, 이틀 후인 6월 10일 김씨의 시신을 넣은 관에 파키스탄에서 제공받은 가스 원심분리기(centrifuge)와 설계도를 함께 넣어 특별기편으로 평양으로 가져갔다.

이후 북한은 국제사회의 제재에도 독자적으로 핵개발 프로그램을 진행하였다. 2006년 10월 9일에 풍계리 핵실험장에서 핵실험을 하였는데, 1KT 이하 초보적 수준의 핵기폭장치 실험을 하였다. 미국지질조사국과 일본의 지진당국은 리히터규모 4.2의 지진을 검출하여 핵실험 가능성에 무게를 두었다. 3년 후인 2009년 5월 29에는 2~6KT 추정 핵분열 이용 핵무기 실험을 하였다. 그리고 4년 후인 2013년 2월에는 6~7KT 추정 고농축 우라늄 사용 핵무기 실험을 하였다. 2017년 9월 3일 60KT추정 핵무기 실험을 하였는데, 이는 ICBM 탑재용 수소탄이라고 발표했다.

나. 핵보유 추정 운용 능력

북한의 핵무기 보유현황을 추정하는 데는 핵물질생산능력을 확인하는 것이 필요하다. 2019년 현재 영변 3개의 원자로에서 매년 24kg의 플루토늄 생산이 가능하고 1개의 영변 우라늄 농축공장의 P-2형 원심분리기에서 매년 80kg의 고농축 우라늄 생산이 가능하다. 그리고 영변의 50메가와트 원자로에서 매년 50kg 생산과 태천 200메가와트 원자로에서 매년 200kg 플루토늄을 생산할 수 있다.

핵무기 1발은 만드는 데 필요한 핵물질은 플루토늄과 우라늄의 양이 각각 다른데, 일본의 히로시마와 나가사키에 투하된 20kt급 핵무기는 각각 플루토눔 3~6kg, 우라늄(235) 5~16kg 정도이다.

북한의 핵물질확보 노력은 1992년까지 거슬러 올라간다. 이때 북한은 CIS에서 핵개발에 사용되는 플루토늄을 밀반출해 갔다고 러시아 시사주간지 코메트산트는 보도했는데, 그 당시 2개월 사이에 러시아의 핵미사일 분해작업장에서 밀수출업자들을 통해 고철을 실은 차량과 철도편으로 블라디보스톡을 거쳐 57kg 분량이 북한으로 흘러 들어갔다고 했다.

북한 자체내의 영변원자로를 중심으로 1989년에 90g 플루토늄을 생산한 이래 1992년까지 6~12kg 추가 생산하여 1~2개 핵무기를 만들 분량을 확보했다. 그러나 밥돌의원 등은 1차 가동중단시 위 추출량을 근거로 2,3차 원자로 가동중단시를 포함하면 36kg을 확보한 것으로 주장하였다.

핵무기를 만드는 또 다른 핵물질에는 고농축 우라늄이 있다. 고농축이란 핵물질인 우라늄-235가 20% 이상인 우라늄을 뜻하는데. 천연우라늄에는 0.7%밖에 들어있지 않다. 북한의 고농축 우라늄 확보 시도는 2001년 8월 카자흐스탄 웅브공장과 아좌일라우 공장에서 제조한 고농축 우라늄 32kg을 수입한 것으로 보이며, 1994년부터 2002년까지 매년 중앙아시아 국가로부터 핵무기 10개 분량을 수입해 갔다고 하였다.

한편 세계일보가 카자흐스탄 고위 관계자로부터 핵물질 북한내 이동에 대한 극비보고서를 입수, 우즈베키스탄 주재 한국대사관을 통해 전달되었는데, 그 양은 HUE 250kg으로 추정하였다.

북한은 서방과 NPT의 핵사찰 등으로 플루토늄 생산이 자유롭지 못하게 되자 고농축우라늄 프로그램을 추진하였다. 1996년에 파키스탄과 협정－스커드 미사일기술과 핵기술 교환 추정－을 맺고, 파키스탄의 핵 아버지라 불리는 '칸 박사'는 "우라늄 농축 핵심장비인 P-1, P-2 원심분리기를 각각 완제품으로 10개씩 북한에 공급했다"고 파키스탄 당국에 증언했고, 우라늄-235로 핵무기를 만드는 제조기술을 넘겨받은 뒤 알루미늄강 150T을 도입하고 원심분리기 1,800개를 개발, 가동하여 고농축 우라늄을 생산하기 시작했다.

〈북한의 핵물질 확보 현황〉

도입시기		플루토늄	우라늄 235	비 고
1984～1989		• 러시아(1992):55kg • 북한(영변:1989):90g 계:57.9kg	중앙아시아 (1989):250kg 계:250kg	
1989～1993	계	38.9kg		
	1차가동 ('86～'89)	15kg		
	2차가동 ('89～'91)	10.8kg		
	3차가동 ('91～'93)	12.5kg		
1993～2003		kedo 출범	• '96원심분리기운영 매년 40kg 획득 40kg×24년=960kg	
2003～현재(2019)		5MWe50MWe, 200MWe×16년= 4,320kg(4.3톤)		

한편 2002년부터는 북한의 고농축 우라늄 프로그램은 북한은 방문한 미국의 켈리 외교차관보에 의해 제기되었다. 따라서 2002년부터 2,000개의 원심분리기에서 매년 10~15kg 우라늄을 추출했다면 현재까지 758kg에서 1,120kg 확보한 것으로 추정 가능하다. 북한의 고농축 우라늄에 의한 핵무기 제조 능력은 80여 발에서 100발 정도가 가능한 것으로 추정할 수 있다. 그러나 싱가포르 회담시 미국의 트럼프 대통령이 지적한 북한의 고농축 우라늄 강송 비밀핵시설은 6,000개의 원심분리기를 돌릴 수 있는 큰 규모였다. 결론적으로 북한은 플루토늄을 1989년 이전까지 90g, 1993년까지 38.9kg, 2003년부터 현재까지 4,359kg(핵무기 726발)을 획득했고, 우라늄은 1999년에 250kg을 수입했고, 1996년부터 현재까지 960kg(96발)을 확보한 것으로 추정된다.

다. 핵무기 몇 발을 보유하였는가?

북한은 핵무기 개발의 필수조건인 ① 핵분열성 물질의 획득, ② 핵폭발 장치의 제조, ③ 핵실험 ④ 핵탄두 소형화와 투발수단을 확보 충족하면서 완성해 왔다.

첫째, 핵분열성 물질 즉 플루토늄과 우라늄은 위에서 언급한 대로 핵무기 820여 발을 만들 수 있는 분량을 확보했다. 핵폭발장치의 분야는 4단계로 구분할 수 있는데, ▲ 초임계는 질량 달성과 형태, ▲ 기폭장치, ▲ 중성자 발생장치, ▲ 반사체 등이다. 북한은 핵무기 임계질량 달성에 필요한 우라늄-235는 99% 순도를, 플루토늄-239는 93% 이상을 충족하였다. 기폭장치는 백만분의 1초라는 짧은 시간에 고성능 폭탄을 폭발시켜 초임계질량에 도달해야 한다.

북한은 우라늄탄과 플루토늄탄을 실험한 바 있다. 중성자 발생장치는 기폭장치의 중심부에 위치하고 있어 핵분열물질(우라늄, 플루토늄)이 초임계질량 상태로 될 때 중성자를 발생시켜, 핵분열 연쇄반응을 일으키게 하는 기폭제 역할을 한다. 핵반사재 장치는 핵분열성 물질을 감싸주고 분열과정에서 외부로 이탈하는 중성자를 내부로 되돌려 연쇄반응에 참가시켜 핵분열 효과를 극대화한다. 북한은 이를 자체 기술로 완성한 것 같다. 마지막으로 핵폭발장치의 완제품 실험이 남아있다. 핵폭발장치의 구성 요소들이 모두 완성되면 이들을 −고성능폭약실험, 전기 기폭회로실험, 기폭장치실험, 중성자발생장치실험− 결합하여 완성한다.

핵무기 개발의 4대 충족요건인 세 번째는 핵실험이다. 즉 핵실험은 앞의 2대 요건을 충족하고 핵무기화하는 마지막 단계이다. 모든 핵무기의 실험은 필수이지만 우라늄탄은 실험을 생략하기도 하는데, 일본 히로시마에 투하된 리틀보이는 실험 없이 실전에 바로 투입되었다. 파키스탄 역시 최초 핵실험에서 성공하였다. 핵실험은 종합실험을 한다. 특히 기폭장치실험 할 때는 탄공이 남게 되는데, 1992년에 인공위성에 탐지되었고, IAEA 사찰요원이 흔적을 지적함에 따라 서방 특히 미국에서 발표하였다. 이러한 핵무기 제조장치에 대하여 1994년 리스카시 전 주한미군사령관은 미의회 증언에서 "북한은 1992년 말까지 핵물질 생산, 1993년 말까지 핵장치 개발, 1994년 말까지 핵운반체제를 개발할 것이라고 증언한 바 있다.

북한은 2006년 10월 9일 제1차 핵실험을 실시했다. 폭발력은 1kt으로 추정되며 히로시마 우라늄탄의 1/6수준이었다.

20009년 5월 25일 제2차 핵실험을 하였는데, 폭발력은 6kt으로 추정됐다. 20013년 2월 21일 제3차 핵실험이 있었는데, 폭발력은 6~16kt으로 추정된다. 2016년 1월 6일 제4차 핵실험을 하였는데, 폭발력은 6~16kt으로 추정되나 수소폭탄급 핵증폭분열탄으로 추정된다. 이를 계기로 한국과 서방은 북한의 핵실체를 인지하였다. 이에 대한 대응으로 한반도에 사드를 배치하게 되는데, 동북아 4개국의 이권에 따라 요동치면서 정치, 경제, 안보가 맞물려 격랑에 휩싸인다. 같은 해 2016년 9월 9일에는 똑같은 5차 핵실험을 하게 된다.

2017년 9월 3일에는 제6차 핵실험을 하였는데, 그 당시 폭발력은 한국추정 50kt, 미국추정 250kt 발표하면서 자연스럽게 북한의 핵실험 성공을 동시에 인정하게 된다.

다음은 핵탄두의 소형화와 핵탑재 운반체 확보이다. 통상 미사일에 장착하는 핵탄두는 통상 1kt 미만이어야 한다. 2009년에 칸 박사는 6박스의 스틸 케이스 박스와 6박스의 64개 기폭장치를 공개하였고, 한 시간 내에 노동미사일에 장착할 수 있다고 밝혔고, 무게도 500kg으로 추정한다고 밝혔다는 것이다. 현재까지 북한의 소형화 능력은 300kg-10kt 1발, 500kg-15kt 6발, 1,000kg-5kt 개발 및 보유한 것으로 추정된다. 2018년 3월 9일 북한의 김정은 이 핵탄두 소형화 실물 앞에서 사진을 찍어 노동신문에 게재하였는데, 노동신문은 "핵탄두를 소형화해 탄도미사일에 장착할 수 있다" 고 보도했다.

〈세계의 핵소형화 기술 현황〉

20kt 기준

200kg	300kg	400kg	500kg	600kg	700kg 이상
미국	러시아	유럽	파키스탄	북한	최초개발국

이에 앞서 7일에는 북한의 국방위원회 성명에서 "핵타격 위협" 발표한 바 있다. 특히 2018년 6월 미 · 북 정상회담 이후에도 핵탄두의 소형화와 경량화 작업을 추진하였다고 한국 국가정보원이 국회에서 증언하였다.

결론적으로 북한은 6차례 핵실험을 통하여 핵무기를 보유하게 되었고, 노동미사일에서부터 대륙간탄도탄에까지 장착할 수 있는 소형화된 핵탄두를 일부 개발하고 지속적으로 성능을 개량하는 것으로 추정된다.

3. 북한의 대남 핵사용 시나리오와 피해예측

가. 북한 핵무기 사용 시나리오

북한의 통치자가 3번이나 바뀌었다. 그럼에도 일관되게 핵무기 생산을 위한 노력에 박차를 가하였다. 김일성 통치시대에는 주한미군에 500~2000개의 핵무기가 배치되어 언제라도 북한의 모든 것을 파괴할 수 있다는 공포심에서 생산을 위한 토대를 쌓았다고 볼 수 있다. 김정일 통치시대에는 '고난의 행군' 같은 국가적 위기와 미국의 스텔스기가 북한 상공을 누비며 핵과 통치자를 제거할 수 있다는 시그널에도 결국 핵실험을 하였다.

그리고 이 시기에 대남 핵표적에 대하여 구체적으로 시나리오 작성되었을 것이다. 김정은 통치시대에는 핵무력의 완성인 핵탄두의 소형화와 운반체 즉 대륙간 탄도탄을 꾸준히 실험하고 있으며, 대기권 재진입 부분을 제외하고 다른 부분은 완성된 것으로 보인다. 그리고 북미 비핵화 회담을 통한 핵보유국으로 인정받는 한편 핵탄두 탑재실험을 위한 다양한 미사일을 발사했다.

북한 통치자들의 체제 보존과 적화통일이 함축된 핵사상으로 만들어진 핵무기를 어떻게 운영할 것인지 몇 가지 전쟁시나리오에 대하여, 다음과 같이 상정할 수 있다.

시나리오 1: 북한이 말하는 결정적 시기(X년도)가 도래하면 한국군과 미군의 전력을 초전에 대항 불능으로 만들고 미군의 증원을 원천적으로 차단하는 내용을 골자로 하는 소위 북한의 7일 석권 남침시나리오다. 특히 북한은 되치기 당할 위험성이 가장 큰 남한의 전투비행장, 미사일 기지, 군항 등과 유생역량을 말살하기 위해 대도시까지를 포함하여 전술 및 전략 핵무기 20~60발을 목표지역에 타격하는 시나리오다.

시나리오 2: 북한이 핵무기로 위협만 한 채로 연평도 사건과 같은 포격전을 일으켜 제한전과 전면전으로 비화될 때, 한 · 미 공군전력으로 즉각적인 공습과 핵 파괴·참수 작전과 더불어 휴전선 이북으로 북진을 하면 북한은 전세를 재역전시키기 위하여 전략 및 전술핵을 사용하면서 반격하는 시나리오다.

시나리오 3: 북한이 미·북 제네바 핵합의와 미·북 지도자 간의 비핵화 합의가 이행되지 않는다면, 미국 주도하에 작계 5026에 의거 북한의 핵관련 시설에 대한 제한된 공격을 가하게 되면 북한은 이에 대한 보복으로 한국과 주한미군시설에 핵미사일로 대항하는 시나리오다.

시나리오 1은 핵전하에 전면전이다. 북한의 핵보유는 기정사실화 되었다. 북한에서 귀순한 '강명도' 씨가 영변핵산단의 국가보위부 책임자로부터 들은 바에 의하면 "북한은 지금(1992년) 핵폭탄 4~5발을 가지고 있고 목표는 20발이다"라고 했다고 전했다.

북한은 지금까지 5차례(2006~2016) 핵실험을 하였고, 비핵화를 전제로 북미회담(2018 싱가포르)까지 개최하였다. 그리고 북한 핵사찰단(7회) 해커 박사는 북한의 핵무기는 37발까지 보유(2019.9)했다고 하였으며, 미국 국방대학 산하연구소(INSS)는 20~60개를 보유했다고 추정하였다. 소요량에 대하여 저자는 다음과 같이 세분화하였다.

앞의 '시나리오 1'의 경우를 상정해서 표적을 선정하고 소요량을 살펴보겠다.

① 북한이 남침시 4개축선(파주, 포천, 춘천, 고성)으로 돌파한다고 가정하면 전방군단의 지휘부 와해에 전략핵 4발 등 총 4발을 최초부터 사용할 것이다.

- 북한이 전술핵 보유시 전방군단 방어력 파괴에 전술핵(0.5~1KT 기준) 1발씩 4발 추가 소요.

② 후방에 있는 주요 군사시설 29개 표적에 29발 소요.

③ 남한 주민의 심리적 충격을 주기 위한 대도시 15개소 20발 소요.

따라서 도합 49개 표적에 각각 20KT 핵무기 1발씩 총 49발의 핵무기가 소요될 것으로 예상된다.

앞의 '시나리오 2'는 포격전과 제한전 그리고 전면전으로 확대이다. 북한은 포격전에서는 핵을 사용하지 않고 위협만 할 것이다. 그러나 제한전으로 비화되어 북한의 전쟁지도부는 핵무기 사용을 결정할 것이다. 그러나 이 시점에서는 한·미 해공군과 제한적인 한국 지상군에 의해 북한의 800~1,000개 표적이 공격을 받은 후이므로 핵무기 사용에 제한을 가져올 것이다. 즉 북한이 보유하고 있을 핵무기 49발 중에 반격전에 50% 이하가 파괴되고, 한·미 공군의 지속적인 발사대 탐색 및 파괴에 30% 정도가 추가하여 사용이 곤란할 수 있다. 또한 사드를 포함한 한·미 지대공 및 함대함 미사일에 10% 요격되면 남한지역에 대한 핵공격은 10% 내외 제한되는 것을 예상할 수 있다.

앞의 '시나리오 3' 비핵화 협상이 실패하고 미국 주도 작계 5026을 실행할 때이다. 북한의 전쟁지도부와 핵무기 및 시설에 대한 미국 주도 공격이다. 미국은 전세계의 군사기지로부터 스텔스 전투기와 스텔스 미사일(육해공) 동원하여 '외과 수술' 하듯이 타격할 것이며, 이때 북한전쟁지도부는 핵무기 사용에 대한 선택 권한이 제한된다. 남은 핵시설과 핵발사대는 한·미 공군의 지속적인 발사대 탐색 및 파괴에 10% 이하로 제한될 것을 예상할 수 있다.

나. 북핵 공격시 형상과 피해범위 추산

역사상 핵무기를 실전에 사용한 사례는 일본의 히로시마와 나가사키만이 유일하다. 앞으로 전세계에서 핵무기를 사용한다면 그 전제조건은 정치·외교·경제·군사적 상황이 일치해야 한다. 즉 북한이 핵을 사용하려면 북방축(중국, 러시아, 북한)과 남방축(한국, 미국, 일본)의 판이 깨어지고, 각자도생의 흐름 속에서 북한이 극한상황까지 내몰리는 상황에서 남북한이 직접적인 무력충돌이 발생될 때 가능성이 상존한다.

1) 서울 상공 핵공격시 피해 시뮬레이션과 피해범위

수도권에 대한 북한의 핵공격 시나리오는 다음과 같은 2가지 피해 시뮬레이션이 있다. 첫째, 2003년에 미군이 공개한 서울상공에 10KT 핵무기를 공격하는 시뮬레이션, 둘째, 서울 광화문 네거리 상공에 1MT의 핵무기를 폭발시 예상되는 피해다.

첫째, 서울의 미8군사령부와 한국군 합동참모본부 상공에 20KT 핵무기 폭발시키는 것이다. 이는 수도권을 철저히 파괴하여 한국의 항전의지를 말살시키고자 하는 의도일 것이다.

- 2004년 미국 핵전문가 단체인 천연자원보호협회(Natural Resources. Defense Council)가 미국방성 산하 국방위협감소국(Defense Technical Review Agency)의 컴퓨터 모델을 이용하여 제작한 것이다.
- 폭발원점의 150m 이내 모든 물질은 순식간에 증발되고, 1.8km 이내 지역에 있는 물질 대부분은 불에 타거나 녹아버린다.
- 시청, 광화문 일대 등 서울 중심가를 포함하는 4.5km 이내 지역의 모든 건물이 반파 이상의 피해를 보게 된다.
- 즉각 사망 30만 명, 누적사망 125만 명 등 서울인구 10% 정도가 사망할 수 있다.
- 폭심지에는 900램의 방사능이 형성되어 90%가 사망하고, 북풍을 가정할 때 성남시쪽으로 30km까지 낙징오염 범위가 확대되어 200만 명이 추가 피해를 입는다.

둘째, 광화문 네거리에 10KT보다 10배 강한 1MT 핵무기를 폭발시키는 것이다.

- 광화문 네거리에서 2km원 이내에 있는 사람들은 모두 즉각 사망하고, 지

〈서울 상공 핵폭발 시뮬레이션〉

상건물들은 완전히 파괴될 것이다.

- 5km권 이내의 사람들 대부분은 모두 사망할 것이고, 지상건물 역시 완전 파괴, 철근콘크리트 건물의 뼈대 일부는 앙상하게 남을 것이다.
- 10km 이내의 있는 사람들 역시 대부분 사망하게 되고, 지상건물은 초당 62m의 강풍으로 완파 또는 반파될 것이며 화재발생으로 목조건물은 형체를 알아볼 수 없을 것이다.
- 15km권 이내의 사람들 대부분은 사망 또는 부상을 당할 것이고 살아남은 사람들마저도 대화재로 인한 산소부족으로 호흡곤란을 일으켜 질식할 수도 있을 것이며, 지상건물은 완파 또는 반파될 것이다.

서울시의 주요 시설과 사람들의 90% 이상이 15km 내에 있으므로 1MT의 핵무기 단 1발로 대량살상, 대량파괴의 피해를 입을 것으로 예상된다. 일부 전문가들은 "서울 광화문 상공에 1MT의 핵무기가 폭발하면 서울의 어디라고 할 것 없이 사람의 흔적은 '자취도 없이' 사라지고 말 것이다. 정말 끔찍하다"라고 표현한 바 있다.

2) 최근 북한이 실험한 230KT(히로시마 원폭 11배) 서울 상공에 폭발시킬 때 시뮬레이션 결과물 소개이다.

브루스 버넷 랜드연구소(RAND Corporation) 선임연구원은 "북한이 2017년 9월에 실시한 6차 핵실험 위력은 230KT 정도인데, 이를 폭탄으로 만들어 서울에 떨어뜨린다면 318만 명이 즉사하거나 중상을 입을 것이라는 시뮬레이션 결과가 최근 나왔다고" 말했다. 이는 핵폭발 시뮬레이션 프로그램 '뉴크맵(NUKEMAP)' 을 통하여 얻은 결과라고 밝혔다.

3) 특정지역(도농복합시) 공격시 피해범위 산정

전략적 가치가 소재하고 있는 군사기지 주변의 소규모 도시까지 핵표적이 될 수 있다. 비행장, 함대사령부, 군단급 이상 사령부, 국가전략 벙커 등 인근의 도시는 직간접 핵공격의 직접적 피해와 간접적 피해를 입는다. 특히 핵무기의 특성상 지상원점과 주변의 방사능 방출지역 그리고 30km까지 낙진지역이 형성된다.

그러면 2개 군단이 밀집되어 있고 미군사격장과 승진사격장이 소재하고 있는 P시(市)에서 1개 군단사령부에 핵무기가 피폭되는 상황을 상정하여 보자.

20KT 핵무기로 0군단 사령부를 목표로 공격할 때, 지휘벙커는 산 내각에 위치에 있어 직접타격은 어렵다. 핵무기는 ○군단사령부와 항공단의 중간(사령부 쪽으로)지역이 공격 원점이 될 것이다.

〈핵 공격하 가정 조건〉

- 핵무기 위력: 20KT
- 투발수단: SCUD-ER급 이상
- 핵무기 위력: 20KT
- 공격속도: 마하 3~8(6~10분내 타격)

- 지역규모: 반경 24km
- 지역현황: 산악분지(천보－운악정맥)
- 지역주민: 15만 명
- 군병력: 3만여 명

핵폭발시 일반적으로 반경 1.2km의 분화구가 형성되면서 1억도의 열과 1500rad 방사능, 4,2km 원자운이 형성된다. 이를 다시 핵무기의 3대 효과를 대입하여 분석하면, 첫째, 폭풍효과는 800m이내의 생명체는 폐와 고막 등이 파열되면서 즉사시키고, 2km 내에 있는 모든 건물을 파괴시킨다. 그리고 4km 이내의 건물중에서 절반 정도가 파괴된다.

둘째, 열복사 효과는 1.2km 이내는 3,000~4,000도의 열복사에 의해 노출된 사람은 즉사하고, 2.3km 이내는 3° 화상을 입게 된다.

셋째, 방사선효과는 초기 1.2km 이내의 사람은 즉사하고, 2.5km 이내의

〈20KT 핵무기 표면 폭발 시 위험도〉

*출처: 저자가 핵무기 운용 등 관련 책자(위험예측도)를 참고하여 산출

사람은 50% 이내의 사람이 사망하게 된다. 이때 발생한 원자운은 죽음의 재라 하는데, 반경 4.2km 원점에서 15km까지 심각한 오염(1지대), 30km까지 상당한 오염지역(2지대)이 되면서 풍향에 따라 바람이 부는 방향으로 좌우 20도씩 바뀌는데, 포천시의 경우 봄부터 여름까지는 남서쪽에서 북동쪽으로 겨울에는 북쪽에서 남쪽으로 죽음의 재를 뿌린다.

지상원점 중심으로 반경 800m에 걸쳐 형성된 분화구와 반경 1.2km 내에 3000~4000도의 열복사는 모든 생명체는 즉사한다. 따라서 1.2km 내에 거주민 1,600여 명과 병력 600여 명이 즉사하는데 3개 읍 · 면 · 동이 해당된다. 2km 내에는 폭풍에 의한 건물 완파, 초기 방사선에 의한 50% 사망으로 1,000명이 잇따라 사망하는데 4개 읍 · 면 · 동이 해당된다.

그리고 4.2km 이내에는 폭풍효과에 의한 건물 50%가 반파되어 2,400여 명~1,250명이 추가적으로 사망하는데 5개 읍 · 면 · 동으로 확산된다. 이어서 죽음의 재를 뿌리는 낙진은 지상원점으로부터 15km까지 I 지대(심각오염)오염지역을 형성하는데 150rad 방사선이 노출되어 사망률이 5%에 이르러 5,000여 명이 사망한다.

지상으로부터 30km까지는 II 지대(상당오염)오염지역을 형성하는데 피부의 경미한 부상을 입게 되는데 사망은 없으며 12개 읍 · 면 · 동과 인접 시 · 군까지 영향을 미친다. 결론적으로 20KT 핵무기가 P시(市)에 피폭되면 10,700명이 사망하고 4개월 이내에 4,000여 명이 추가로 사망한다.(단 인근 0군단사령부 공격시 인구 및 지형적 영향으로 1/4 이하 감소가 예상된다.

다. 핵무기 과장된 위협과 진실

전통적인 피해예측 시뮬레이션이 히로시마—나가사키시의 핵폭발 사례를 토대로 대입하고 있어 핵위협이 과장된 측면이 존재한다. 당시와 달리 현대의 철근 콘크리트 대도시에서는 핵무기의 위협이 상당히 반감된다. 현대의 철근 콘크리트 건물은 충격파에 대해 강한 내성을 지니고 있어 20psi 미만의 과압에서는 붕괴되지 않고 버티기 때문이다. 충격파는 파괴할 수 없는 구조물을 통과할 수 없기 때문에, 철근 콘크리트 뒤에 있는 구조물은 강한 방어효과를 지닌다.

우선 히로시마시 원자폭탄과 같은 핵폭발이 현대의 도시에서 일어났을 경우, 충격파로 인한 파괴효과는 반경 1km 밖으로만 가도 1psi 미만으로 떨어지게 되어 전통적인 예측에서의 피해면적의 단 5% 수준으로 격감된다. 열복사로 인한 피해도 상당히 줄어드는데, 열복사는 기본적으로 전자기파(빛)을 통한 복사에너지이기 때문에 얇은 옷이라도 차폐할 경우 피해가 크게 줄어든다. 유리만이 열복사를 투과시킬 수 있기 때문에 불덩어리(300m) 바로 바깥부분을 제외하고는 열복사에 의한 영향은 거의 없을 것으로 예상된다. 그렇기 때문에 열복사에 의한 피해도 개활지의 10% 수준으로 줄어들게 된다.

〈핵무기 충격 압력피해 예측〉

과압	전통적인 피해 예측	수정된 피해 예측
＞12psi	2.38km²	0.50km²
5~12psi	4.78km²	0.28km²
2~5psi	17.12km²	0.35km²
1~2psi	41.62km²	2.01km²

초기 방사선에 의한 피해도 현격하게 줄어드는데, 22cm의 강철이나 82cm의 콘크리트만으로도 직접적인 초기 방사선의 99% 이상을 차단할 수 있기 때문이다. 낙진 피해 역시 원자력 사고와는 달리 시간이 흐름에 따라 급격하게 줄어든다. 군사적 용도에서도 핵무기는 생각보다 효율적이지 못한데, 장갑차, 전차 등 현대의 장갑화된 기갑전력을 무력화시키기 위해서는

50psi 이상의 과압이 필요하기 때문이다.

히로시마에 투하된 20kt의 핵폭탄을 기준으로 반경 370m 밖에 안 되는 범위다. 당연히 기동 중인 기갑전력이 빽빽하게 밀집하지는 않았을 것이므로, 이 정도 파괴력이면 맞대응으로 공격헬기 또는 기갑전력을 투입하든가, 대전차 유도탄을 사용하는 게 훨씬 값싸고 효율적일 것이다. 보병사단에 대해서도 마찬가지로, 인체는 의외로 충격파에 대해 강한 내성을 지니고 있어 핵폭탄은 분산 기동중인 보병사단에 대해서 그다지 효과적인 군사적 피해를 주지 못한다.

4. 미국의 대북 핵표적과 남한내 핵표적 함의

핵무기는 그 가공할 위력으로 보아 인류가 최후에 만들었어야 할 최종병기이다.

그러나 핵무기는 3차원에서 폭발할 때 무한정 에너지가 뻗어가지는 않는다. 폭발위력은 끝이 있고 자연폭발보다는 작으나, 대량인명 살상은 불가피하다. 북한에 의한 핵무기 공격시 한국지역의 핵무기 표적분석은 난해하다. 명확한 것은 '한국의 어디에 얼마를 공격해야 한국이 항복하느냐?' 이다. 핵 및 미사일 표적을 재분석하는 이유는 사전에 표적을 확인하고 주변 주민을 대피시키기 위함이며, 국가적인 조치에 자료를 제공하고자 함이다.

북한의 핵공격시 한국지역 표적분석은 세 가지 방법에 의해 접근할 수 있다. 하나는 미국이 일본에 핵공격시 선정기준을 정한 것에 대한 분석이며, 또 하나는 6.25전쟁 후 북한에 대한 미국의 핵표적 계획이고, 나머지 하나는 북한의 남침계획에 따른 전략표적 분석이다.

첫 번째, 일본에 대한 미국의 핵공격시 표적 선정이다. 당시 미군에게는 두 가지 염려사항이 있었는데, 핵무기 폭발 여부와 위력을 확신할 수 없었다. 그래서 일본의 저항의지에 따라 1945년 개발시 3개, 9월에 3개, 12월까지 매달 7개를 만들어 사용토록 계획하였다.

일본에 대한 원폭투하시 미국은 '원자폭탄 선정위원회' 를 구성하여 다음과 같이 선정기준을 정하였다. ① 지름 3마일(4,8km)이상이고 주요 목표물이 있는 도시, ② 원자폭탄 폭발피해를 효과적으로 측정할 수 있는 것, ③ 1945년 8월까지 폭격을 할 계획이 없는 곳이었다. 그래서 선정된 것은 AA등급의 교토와 히로시마, B등급은 니카타였다. 그러나 AA 등급의 교토가 제외되고 나가사키가 목표지로 선정되어 최종목표는 히로시마, 고쿠라, 니카타, 나가사키의 4개 도시로 정해졌다.

그리고 히로시마와 나가사키에 원폭이 투하되었는데, 히로시마는 항구이며 결사항전의 총병(5만 추정)의 본부와 군수산업도시가 있었고, 나가사키는 미쯔비시 조선소와 일본해군의 주요 항구였기 때문이었다. 따라서 대남

〈6.25 이후 미군의 북한 핵표적〉

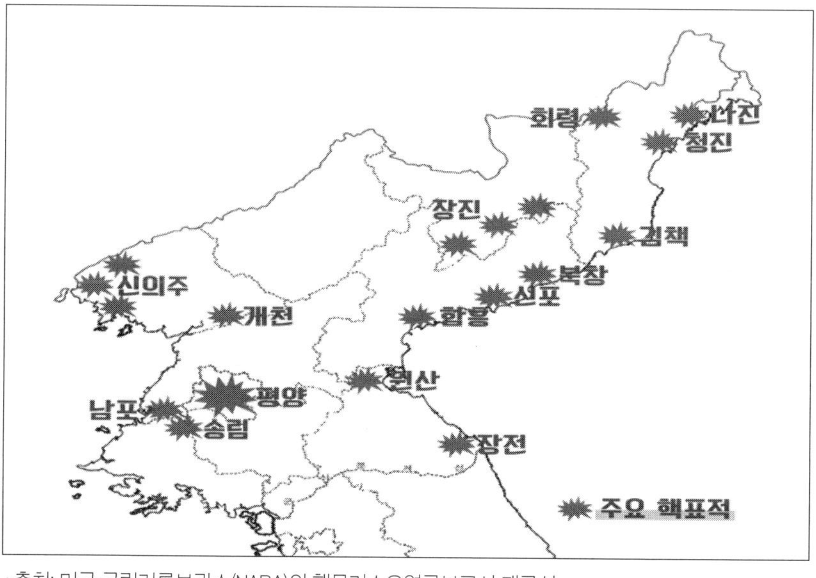

* 출처: 미국 국립기록보관소(NARA)의 핵무기소요연구보고서 재구성

전략 표적은 국방기술과 산업을 선도하고 생산하는 항공기 제작소와 조선소 그리고 미사일을 생산하는 지역이 될 것이다.

두 번째, 미군은 6.25전쟁이 끝난 후 장차 한반도에서 효과적인 전쟁 종결을 위하여 핵사용을 계획하였다. 기밀 해제된 미국 국립기록보관소(NARA)의 핵무기소요연구보고서(Atomic WeaponsRepquirments Study)에 의하면, 미군은 1959년에 북한지역에 군사표적 64개소와 도시표적 20개소를 포함하여 94개소의 핵표적을 선정하였다. 미군의 핵사용 근본개념은 '북한을 구석기시대로 돌리든가, 지구상에서 사라지게 하겠다' 는 것으로 해석될 수 있다. 군사 표적은 오성산을 비롯하여 64개소이고 민간표적은 군수산업기지 역할을 하는 항구도시와 내륙 전략요충지로 핵표적이 선정되었다. 북한 핵표적의 분석이 중요한 이유는 이와 반대로 남한내 핵표적에 대한 추정이 가능하기 때문이다. 즉 남한내 군사전략 표적은 물론이고 주요 도시와 산업도시까지 핵심표적에 포함될 것이다.

〈한반도 미군 핵무기 배치 및 철수 현황〉[26]

1958년	1967년	1976년	1977년	1985년	1991년
어네스트존 지대지로켓 280mm포 등 배치시작	전술핵무기 사상최다 (960기) 기록	일부 미사일 로켓 철수 전술핵무기 540기 감소	오산공군 기지에 있던 핵무기고 폐쇄	전술핵무기 150기 수준으로 감축	미 해외 전술 핵무기 철수 선언. 100여 기 모두 철수

셋째, 북한의 남침전략에 따른 남한내 핵표적이다. 우선 미군과 유럽외교

26) 미국 핵전문가인 아킨과 필드하우스는 1985년 발간된 책 '핵전장' 에서 '군산 주한 미공군에 전투폭격기용 핵폭탄 60개와 5인치 핵포탄 40개, 155mm 핵포탄 30개, 핵지뢰 21개 등 151개가 저장돼 있다' 고 밝혔다.
한국 내 미국 핵무기 배치 및 철수 연혁(https://bemil.chosun.com/nbrd/bbs/nbeil, 2021.3.5).

협회가 용역한 보고서가 지향하고 있는 남한내 핵표적에 대하여 알아보자.

남한내 주요 표적은 미군의 공군기지와 군수 및 일반 주둔기지인 오산, 군산, 부산, 평택, 청주, 대구 등 6개소이다. 그리고 서울의 청와대와 전쟁지도부가 있는 충무지휘센터 등 2곳 등 총 8개소이다. 북한이 지향하는 남한내의 전략 표적은 한국이 항복하도록 만드는 것이다. 이를 달성하기 위해서는 한국 내 전략 표적 41개소와 미군의 8개 전략 표적을 포함하여 총 49개소이다. 순수 한국 표적 41개소는 비행장 12개소, 지휘부 및 사령부 13개소, 대도시 15개소 20개 표적, 항공 및 항만 4개소 등으로 다양하게 선정할 것이다.

그리고 49개소의 기준치보다 핵무기가 많으면 대도시를, 모자라면 군사적 표적부터 할당할 것으로 보인다. 특이한 것은 미군이 북한에 선정한 핵표적과 북한이 선정할 것으로 보이는 남한의 핵표적의 교집합은 민간인이 거주하는 중소도시까지 포함하게 된다. 이는 한국의 주민 입장에서 보면 '구멍난 핵우산을 쓰고 있다' 는 것이다.

〈남한내 주요 핵표적: 미군기지〉

NUCLEAR STRIKE TARGETS ACCORDING TO NORTH KOREAN SOURCES

Location	Target	Arsenal	Value
South Korea	Target in the "operation theatres of South Korea"	Nuclear	Counterforce
South Korea	"US military bases in South Korea", Osan, Gunsan, Busan	Unspecified	Counterforce
South Korea	Pyeongtaek, Jungwon, Degu, Gyeryongdae	Unspecified	Counterforce
South Korea	Seoul	Unspecified	Countervalue
South Korea	"Blue House" and "reactionary governmental agencies"	Unspecified	Countervalue

*출처: European Council on Foreign Relations(ECFR) 유럽외교협회(재구성)

〈남한내 주요 예상 핵표적〉

현리
양양
포천
강릉
원당
서울
인천
삼척
남태령
성남
횡성
수원
용인
오산
이천
평택
충주
영주
음성
서산
예천
안동
청주
대전
계룡대
상주
김천
포항
대구
거창
남원
광주
부산
사천
범 례
주요 도시
주요 핵표적
제주

제6장. 북핵 및 미사일 · 포격시 국민피난처

1. 총력전과 국민 피난개념 이해
2. 전통적 전쟁 피해지역 분석
3. 현대전과 피해지역 분석
4. 안전한 국민피난처

제6장 | 북핵 및 미사일 · 포격시 국민피난처

향후 전쟁은 핵 및 미사일전이며 후방에서는 핵심지역만 피한다면 자연이 피난처이다

*핵심지역: 전투비행장, 군항, 대도시

- 저자 -

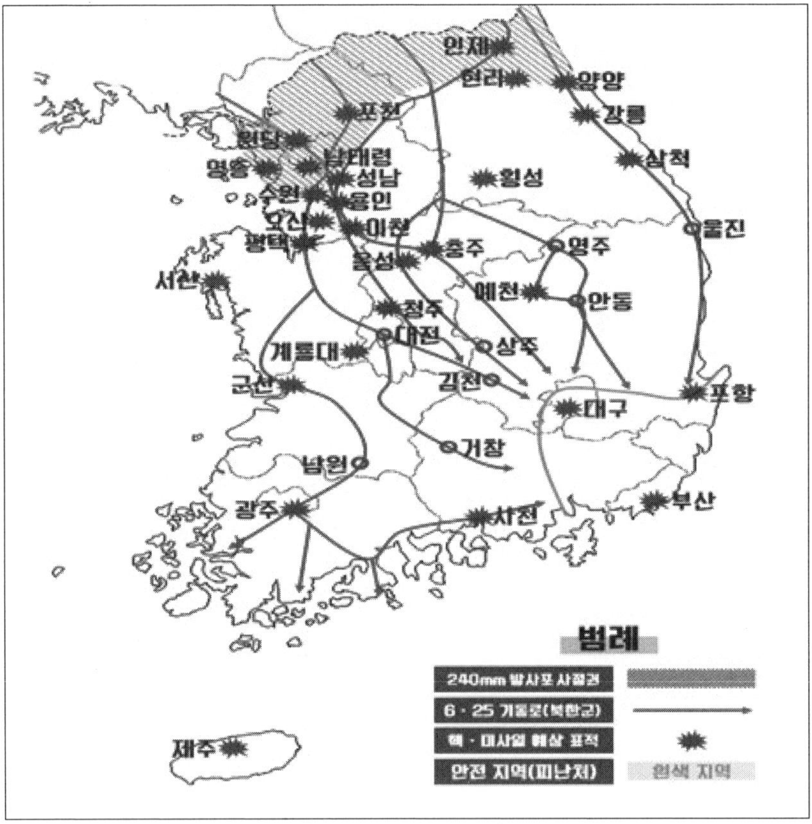

[국민피난처: 본문 중에서]

1. 총력전과 국민피난 개념 이해

전쟁의 승패는 국가 존망이 달려 있기 때문에 국가의 전역량을 집중시켜 외침을 물리쳐야 한다. 그러나 지금까지 남북한 국력 및 전력을 분석한 바에 의하면 북한은 전쟁을 일으켜 승리할 전력을 갖추지 못하였다. 다만 핵을 포함한 강력한 미사일 세력은 여전히 위협적이다.

한편 한미연합 작계인 5015의 주 핵심내용이 현 전선에서 견제 후 제공 및 제해권 장악시 북진하는 것으로 되어 있다. 한반도 전쟁시 작계 5015와 충무계획의 비상대비 사이에는 시대적 갭(Gap)이 존재한다. 즉 전쟁발발을 가정한 충무2종(D-2)사태시 군사는 동원병력과 장비 · 물자를 전방에 추진하여야 하고, 비상대비는 전방 주민을 후방으로 철수시켜야 한다. 그러나 철수주민과 전방추진 장비 · 물자와 동원전력이 한강선에서 병목현상을 일으켜 3.5일 정도 지체된다. 예견치 못하는 이러한 상황은 두 가지 치명적 문제점이 대두된다.

첫째 한국군은 완편시까지 북한 공격을 견제하면서 3.5일 이후에나 반격이 가능해져, 북한 장사정포에 접경지역 내 주민이 3일간 위협이 존재한다. 둘째, 주민 철수는 병목현상으로 지연되며, 후방 철수지역도 북한 신형대구경 장사정포 사거리내에 노출되어 있다. 따라서 군사는 군사적으로 비상대비는 비상대비적으로 새로운 방법을 모색해야 한다.

필자가 40년여 년간 군과 비상대비를 아우르면서 고민하고 찾은 해답은 북진(기계화)부대는 120% 완편하고 승기를 잡으면 바로 진격하고, 동원전력은 현대전에 맞는 필요물자 및 장비를 동원하여 순차적으로 전방으로 전개해야 한다. 비상대비적으로 전방 주민은 철수 대신 지하시설물을 이용 대피를 기본으로 하고 차후 북한의 170mm 장사정포의 지속적인 포격을 고려하여 50km 후방으로 일시적인 주민이동이 필요하다.

따라서 한반도의 현대전에서 전쟁의 주체(군)와 지원(민)은 확실히 구분

되며, 군대는 술과 과학으로 전장을 지배하고, 국민은 평시 세금을 잘 내고 최소한의 지원만 하면 된다. 유사시 전방의 주민들은 예비군과 관련 종사자 외에는 후방의 안전한 지역(다음 장에서 설명)으로 1주일 정도 차량에 비상 식량을 지참하여 대피(소풍)하였다가 복귀하면 된다.

후방지역 주민은 전략표적지역(다음 장에서 설명)에서 30km 이상 벗어난 안전한 지역으로 3일 정도 대피(소풍)하였다가 일상으로 복귀하면 된다. 이 원칙을 따른다면 그리 두려울 것도 혼란스러울 것도 없다. 제5장부터 다루는 '국민주요 피난처' 는 북한의 핵과 미사일로부터 비교적 안전한 지역으로 이하 '국민피난처' 로 기술하겠다.

2. 전통적 전쟁 피해지역 분석

1) 고대 및 근대 침공지역과 역사

한반도는 고래로부터 외침에 시달렸다. 지금까지 922회 외침이 있었으며 이를 극복했기에 현재의 대한민국이 존재한다. 한국이 수도를 포함한 국토 끝까지 유린당한 역사는 몽골 침공과 임진왜란, 병자호란이 있었다. 두 번은 북쪽에서 내려왔고 한 번은 남쪽에서 올라왔다.

북쪽에서 내려온 몽골과 청나라는 기병을 위주로 단기간에 직공으로 남하하여 군사 대처와 주민대피할 시간적 여유를 주지 않고 전국을 유린하였다. 그러나 몽골은 뜻하지 않게 곳곳에서 공성전으로 맞선 고려의 전략에 말려들어 번번이 '고려 항복' 이라는 목적달성에 실패하여 7차의 침공까지 이어졌다.

남쪽에서 올라온 왜군은 임진왜란 동안 전라도 일부를 제외하고 온 나라를 유린하고 다녔다. 왜군은 부대를 7개 군으로 나누어 전국적으로 기동과 주둔으로 조선인을 학살하고 유린하였다. 따라서 각 침공로 별로 결전 장소

와 주민피해 현상을 분석하여 보자

〈몽골침공〉

몽골침공은 한반도의 서부와 중남부 일대를 구석구석을 침공하여 광범위하게 주민을 살해하는 등 피해가 극심했다. 물론 정복지에서 저항세력은 모두 불태워 버리는 게 몽골의 전술이기도 하였다. 몽골침공은 고려의 최씨 무신정권이 안정되어 가던 13세기 초, 몽골족은 금을 제압하고 산해관을 넘어 대륙으로 진출하여 북중국을 장악한 후 금과 남송을 정복하려 하였다.

이때 금의 지배하에 있던 거란이 금의 멸망을 틈타 독립을 하였다가 몽골군에 쫓겨 고려의 강동성에서 저항하였다. 1219년에 고려와 몽골군이 연합하여 거란족을 소탕한 일을 빌미로 몽골이 과도한 공물을 요구하자 고려와 갈등이 생기게 되었다. 이후 몽골 사신 저고여가 귀국 도중 압록강에서 살해(1225년)되는 일이 발생, 이를 계기로 몽골이 고려를 침공하게 되었다.

몽골의 침입은 총 6차에 걸쳐 국토를 유린한다. ① 1차 침공은 살례탑 지휘하에 선봉 1부대는 의주에서 개경까지 최단거리로 침공했다. 주력부대는 의주와 해주를 통한 개경으로 침공했고, 조공부대는 곽주와 계주 등을 통해 개경으로 왔으며, 북계는 일부부대를 잔류하여 경계하였다. 개경을 공략하던 일부 몽골군은 서울을 거처 충주까지 진출하였다. 고려는 개경이 함락위기에 처하자 화친을 맺었고 몽골의 다루가치가 설치되어 몽골에 내정간섭을 받게 되었다.

② 몽골의 2차 침공은 고려의 강화천도(1232년 2월) 추진이 몽골에 대한 항쟁으로 간주하여 살례탑 지휘하에 그해 8월 대대적이고 신속하게 침공하였다. 몽골군은 하나의 동선으로 의주, 서경, 개경, 남경(서울), 용인(처인성), 충주를 거쳐 대구까지 4개월간 국토를 유린하였다. 몽골군은 남하 중에 광주성에서 패전하였고, 처인성에서는 적장 살례탑이 사살되어 신임 퇴계의 지휘로 회군하였다.

〈몽골의 침공로〉

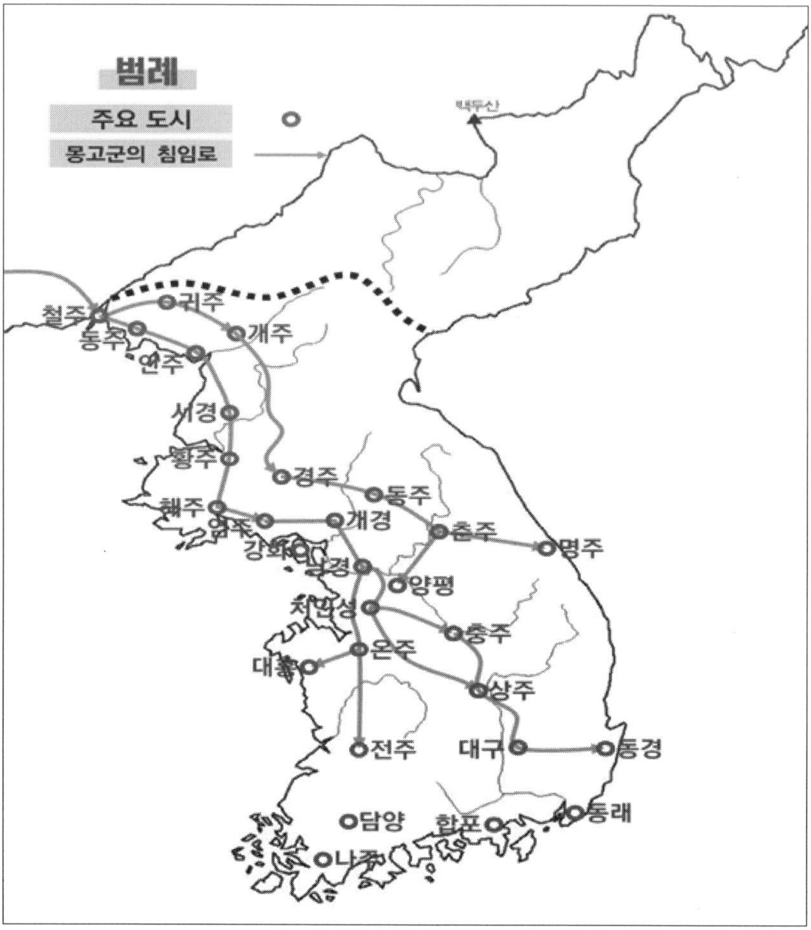

③ 몽골의 3차 침공은 금나라를 완전히 공략한 후 고려를 완전히 정복하기 위하여 침공했다. 1년씩 3차례로 나누어서 침공하였다. 제1년(1235년)은 적장 탕고의 지휘하에 북계의 용강, 함종, 삼등 방향으로 침공했다. 서해도(황해도+평안도)에서는 개경, 남경(서울), 강화도에 주력으로 공격하는 동안 1개대는 충주, 상주, 안동, 경주 등 경상도까지 침공하였다.

제2년(1236년)에는 탕고 지휘하에 북계의 귀주, 계주, 자주 방향으로 침공하여 북방을 다졌다. 주력은 의주, 황주, 개경, 남경, 죽주(안성), 공주, 전주, 부안까지 갔으며, 중간에 죽주에서 방향을 틀어 온수, 대흥 방면의 고란사 지역까지 유린했다.

제3년(1338년)은 탕고 지휘하에 의주, 서경, 황주, 개경, 남경, 충주, 성주, 대구, 동경(경주)까지 진출했다. 1년(1239년) 후에 몽골 사신단이 내도하여 화의가 되면서 몽골군은 철수한다.

④ 몽골의 4차 침공(1247년)은 고려 조정의 개경 환도 지연 우려로 아모간의 지휘하에 내륙의 길로 남진하였다. 내륙의 길을 택한 것은 서부지역은 고려군도 그 동안의 전투 경험을 바탕으로 나름 방비하고 있었다. 몽골군은 의주, 차주, 서경, 개경으로 남진하였고, 남경(서울)에서는 경상도와 전라도 방향으로 갈라지는데, 경상도 쪽은 광주를 거쳐 충주까지 남진하고 전라도 지역은 수주, 공주를 거쳐 전주까지 진출한다. 이듬해 고려사신 원나라 파견과 고려 정종의 죽음을 계기로 철수하였다.

⑤ 5차 몽골의 침공(1253년)은 멍케가 원나라 헌종으로 즉위한 후 고려 고종 친조와 개경으로 환도를 촉구하면서 예구의 지휘하에 침공하였다. 5차 침공의 특징은 몽골의 선발대(300여 명)를 전주와 충주등 내륙으로 파견하여 후방을 흔들었다. 예구의 주력부대는 의주, 서경, 황주, 개경으로 진출하고 두 방향으로 갈라진다. 전라도 쪽은 남경, 광주, 공주, 전주, 부안까지 진출했고, 경상도 쪽은 원주, 충주, 금당협(경상도)까지 진출했다. 강원도 쪽은 등주, 고성을 거쳐 양양에서 춘천방면과 연결한 후 다시 명주까지 진출한다. 남진하던 몽골군은 주력이 충주성에서 김윤후 장군에게 저지당한 후 고립을 우려하여 철수한다.

⑥ 몽골군의 6차(6-1) 침공은 고려조정의 개경환도가 지연됨에 따라 내륙을 도륙하여 화친을 도모하고자 감행하였다. 차라대 지휘하에 주력군은 의주, 황주, 남경, 충주, 대구까지 진출한 후 진주와 동경(경주)까지 진출했다. 조공은 함경도에서 출발하여 문주와 철령까지 진출하였다. 6차 침공은 한반

도 내륙종심인 진주와 경주까지 진출하여 유린하였다. 그러나 고려조정의 승전의지과 주요성에서 승리는 몽골군을 철수하게 하였다.

몽골군의 6-2차(1257년) 침공은 모라다이 및 차라다이 지휘하에 주력군은 의주, 황주, 개경, 남경, 직산과 공주까지 진출했는데, 주로 서해도의 강화일대를 유린하여 개경환도를 강요했다. 조력군은 함경도에서 문주(원주), 등주까지 진출하여 개경과 연결하였다. 처음부터 점령지 유린과 개경환도에 대한 무력적 위협으로 소기의 목적을 달성하였다고 판단하고 퇴로 차단전에 철수하였을 것으로 보인다.

6-3차(1258년) 몽골군 침공은 고려의 권력이 최씨정권에서 김인준 등 무신정권으로 변화되고 왕정복고풍으로 중앙정부의 분열되는 틈을 노리고 출병한다. 차라대 지휘하에 주력군은 의주, 황주, 개경, 남경(서울), 충주 박달재까지 진출한다. 조력군은 함경도에서 금강성, 양주(양양), 명주(강릉)까지 진출한다. 고려정부는 방어를 하는 한편 화의도 진행하는데, "고려 왕자를 몽골로 보낸다"는 내용을 몽골로 가는 사신을 통해 차라대에 알리면서 몽골군은 철수하게 된다.

결론적으로 몽골는 1차 침공에서 기병을 활용한 기동전이 고려의 공성전에 막히면서 고전을 면치 못한다. 이후 2~6차전까지 공성전은 지양하면서 신속하게 남하하고 기동로 주변을 유린하였다. 몽골의 기동로는 크게 의주와 함경도 두 개의 출발점에서 시작하며, 주력군은 의주, 서경, 개경, 남경까지 진출한 후 경상도의 대구, 경주까지 진출하고, 다시 충청 · 전라도의 예산과 전주까지 진출함을 알 수 있다. 조력군은 함경도에서 출발하여 원산, 고성, 명주(강릉)까지 진출한 후 철수했다. 이러한 기동로는 북한 기계화부대의 기동로와 합치하는 점이 많아, 기동로를 제외한 지역을 피난처로 분석이 가능하다.

〈임진왜란〉

임진왜란은 1592년부터 1598년까지 일본의 조선 침공으로 7년 동안 조선과 일본 그리고 명나라가 벌인 전쟁이다. 일본의 전국시대를 통일한 토요토미 히데요시는 정치체제 강화 및 지방 다이묘의 군사세력 분산 목적으로 조선 정벌을 획책한다.

부산진에 상륙한(1592.4.17) 왜군은 파죽지세로 한양(5.2)을 함락하고 평

〈임진왜란시 왜군 진격로〉

양(6월 말경)을 점령한다. 아울러 함경도 길주, 온성 등 함경도는 6월 말에 점령당한다.

왜군의 제1군은 고니시 유키나가 지휘하(1만8천여 명)에 부산, 상주, 충주, 한양, 개성, 평양으로 진출한다. 제2군은 가토 기요마사 지휘하(2만3천여 명)에 부산, 경주, 삼척, 한양, 철원, 원산, 온성으로 진출한다. 제3군은 구로다 나가마사 지휘하(1만1천여 명)에 부산, 김해 추풍령, 대전, 한양, 황해도(지역)에 주둔한다. 제4군은 모리요시나리 지휘하(1만7천여 명)에 부산, 상주, 충주, 한양, 강원도(지역)에 주둔한다. 제5군은 후쿠시마 마사노리 지휘하(2만4천여 명)에 부산, 김해, 옥천, 충청도(지역)에 주둔한다. 제6군은 고바야카와 다카카게 지휘하(1만5천여 명)에 김해, 진주, 전라도(지역 일부)에 진출한다. 제7군은 모리 데루모투 지휘하(3만여 명)에 부산상륙 후 경상도(지역)에 주둔한다.

파죽지세로 전 국토를 유린한 왜군은 평양성을 함락하고, 조선의 선조 체포와 평안도에 모인 주력군에 대한 파상 공격을 하였으나 성공하지 못하였다. 이 즈음에 남쪽에서는 조선의 이순신 장군이 남해안에서 일본 수군을 격파하고 한산대첩을 기점으로 제해권을 장악, 왜군은 평양에 보급을 추진할 수 없어 전략적 타격을 입었다. 북쪽에서는 명나라 이여송 지휘하에 5만의 병력이 압록강을 건너 평양을 압박하고 있었다.

평양성에 몰린 왜군은 조명연합군에 의해 4차에 걸쳐 공격을 받았으며, 명군이 퇴로를 열어주자 평양성을 포기(1593.1.27)하고 한양으로 퇴각하였다. 명군의 공격로는 의주, 평양, 벽제관, 한양 그리고 울산으로 진격하였다. 한양으로 퇴각한 왜군은 행주산성에서 대패하여 한양을 버리고 남쪽으로 퇴각하여 남해안에 울산성을 비롯한 왜성을 축조, 장기전에 대비하였다.

일본은 관백의 명령으로 1597년 8월 27일 총 14만 명 8개 군으로 재편성하여 전라도와 충청도로 전선을 확대하는데, 이를 정유재란이라 한다. 왜군은 1달 만에 남원과 전주를 함락시키고 고니시의 좌군은 전라도로 남하하고,

가토의 우군은 충청도까지 북상한다. 이에 조선도 하삼도 청야전술과 수군의 남해제해권 장악을 명하고 명에 구원을 요청했다.

그러나 원균의 조선 수군이 칠천량해전에서 패하자 육전에서도 진주성이 함락되고 충청도와 전라도까지 위험하게 된다. 이에 충청도로 북상하는 왜군은 명나라 마귀 기병대에 의해 직산에서 격파당하고, 전라도로 남하하는 왜군은 이치와 웅치전투에서 패하면서 경상도로 퇴각한다. 그리고 진주성을 함락한 왜군도 25회의 전투로 병력의 1/3을 잃어 경상도 내륙으로 퇴각하면서 울산, 부산, 사천, 순천 왜성에서 농성하다가 일본으로 퇴각했다.

결론적으로 일본은 신속하게 서울을 점령하여 조선왕을 잡아 항복을 받아내는 것이었다. 육군의 주력 1로는 부산, 상주, 충주, 한양 이어서 서경, 의주까지 진출하여 조선왕을 생포하고 주력군을 전멸시키는 것이다. 주력 2로는 부산, 경주, 삼척, 한양, 철원, 원산, 온성으로 진출하여 함경도까지 점령하는 것이다. 수군은 재해권을 장악하고 조선왕 체포와 서울과 평양 등에 군수물자를 보급하는 것이다. 그러나 조선의 수군에 의해 제해권을 장악당하고 조명연합군의 반격으로 삼남으로 퇴각한다.

관백의 명령에 의거 정유재란을 일으켜 왜군은 진주성과 전주성을 점령하며 호남과 충청을 위협하고 제해권을 장악한다. 그러나 조선수군은 열세에도 제해권을 재장악하고 충청도의 직산전투, 전라도의 웅치 및 이치전투에서 잇단 승리로 전세를 역전하고 왜군을 남해안 왜성으로 몰아낸다. 이러한 왜군의 기동로는 북한의 남침 기동로와 일부 겹치는 부분이 있어 국민의 피난처를 분석하는 데 참고할 만하다.

3. 현대전쟁 피해지역 분석(6.25전쟁)

6.25전쟁은 한국과 북한과의 전쟁이다. 미국을 중심으로 한 자유진영과

소련을 중심으로 한 공산진영의 대리전이기도 하다. 6.25전쟁의 원인은 여러 설이 있으나 서방측에서는 미국이 '아시아 태평양 · 소련 방위계획' 에서 한국과 대만을 제외한 '애치슨라인(Acheson Line) 선포' 를 중요 요인이라 하였는데, 이는 일명 '6.25전쟁의 초청장' 으로 김일성이 적화통일을 결심하는 데 결정적으로 작용했을 것으로 보인다. 공산측에서는 국공내전에서 공산당군의 승리로 중국통일과 지원 여건이 충족되고, 소련의 스탈린이 김일성의 남침 요청을 48회 기각하였으나 '애치슨 라인' 이 선포 이후 승인하였을 뿐만 아니라 작전계획지침, 중국참전권고, 공군 및 각종 전쟁물자 지원

〈6.25 전쟁 북한군 군사배치 및 기동로〉

* 출처: 국가기록원 보관 6.25 남침도(북한군 작전명령도 재구성)

등의 조치가 있었다.

북한은 남한 침공을 위해 사전에 작전계획 '폭풍 224'를 하달하고, 1950년 6월 25일 일요일 새벽 4시를 기해 북위 38도선 전지역 걸쳐 기습공격을 하였다. 6.25전쟁 직전에 북한군은 10개 사단 30개 연대 20만 1천여 명과 소련의 T-34 전차 242대, 야크기 170대를 앞세워 파죽지세로 남하했다.

반면에 한국은 8개 사단 22개 연대 10만 3천여 명으로 대전차무기도 전투기도 없이 맞섰다. 북한의 남침 계획은 1단계 작전으로 서부전선에 1군단을 배치하여 주공으로 수도권을 공략하고, 동부전선에 2군단을 배치하여 조공으로 수도권 이남과 동해안 7번 도로를 연하여 수원과 강릉을 잇는 선까지 진출한다.

2단계는 군산과 포항을 잇는 선까지 진출하고, 수원과 원주 그리고 강릉에서 재집결한다. 3단계는 재집결지로부터 5갈래로 나누어져 공격하고 목포와 부산을 잇는 선까지, 차후에 최종목표(부산)까지 진출한다.

북한의 서부전선을 지휘하는 1군단은 좌로 3여단, 6사단, 1사단, 4사단, 3사단, 2사단을 배치하고 동부전선은 2군단이 12사단, 5사단, 1여단이 포진하였다. 그리고 1군단 예비로 203기갑연대, 107기갑연대, 109기갑연대 105기갑연대가 포진하고 그 후방에 10사단, 13사단이 후속 대기하였다. 2군단 예비로 106자동차연대, 766연대 그 후방에 15사단이 포진하고 있었다.

북한군 1군단의 보병 3여단은 옹진반도를 점령할 특수임무를 가지고 태천 및 박성군에서 옹진 · 강령(부포항)으로 진출하여 6월 26일에는 국군 제17 독립연대를 몰아내고 옹진반도를 점령한다. 북한군 1군단의 우익, 즉 서쪽은 6사단으로 팔로군 출신의 방호산이 이끌었다. 방호산은 항일조선연군 소속 팔로군 출신으로 유격전에 귀재였다. 개성을 점령하고 김포, 수원, 공주로 진출하였고 금강을 넘어서는 김제, 군산, 전주, 남원, 목포를 점령했다. 이어서 주력으로 보성, 순천, 진주를 거쳐, 하동, 마산으로 진출하였다.

북한군 1사단은 최초 문산—고랑포 축선에서 금촌과 파주, 벽제, 서울, 이

〈6.25 북한군 남침 세부 기동로〉

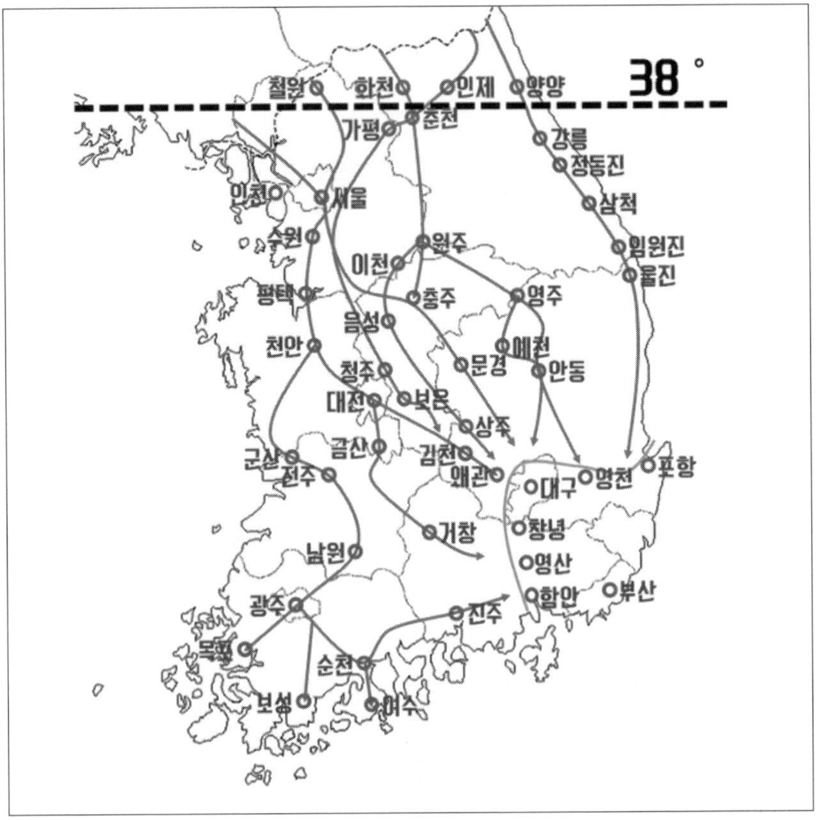

천, 충주, 문경, 예천, 군위, 신령, 낙동강까지 진출했다. 중부전선으로 침공한 보병 4사단은 리권무 사단장의 지휘하에 철원, 동두천, 의정부, 미아리, 서울, 수원, 평택, 대전, 금산, 무주, 거창으로 진출했다.

보병 3사단은 리영호 사단장의 지휘하에 포천, 의정부, 퇴계원, 서울, 수원, 대전, 영동, 추풍령, 김천, 왜관, 낙동강까지 진출했다. 류경수 105 탱크사단은 제1군집단 4개 사단에 1개 연대씩 배속 운영하였다. 특히 3보병사단과 4보병사단에 배속된 탱크연대가 개전 3일 만에 서울에 입성했다. 이후 오산, 금강, 대전, 낙동강으로 진출했다. 중동부지역에는 보병 2사단이 화천, 춘천, 가평으로 침공하다가 내륙 방향으로 전환하여 이천, 음성, 청주, 보은, 김천, 황간, 낙동강까지 진출했다.

북한군 2군단의 12사단은 인제, 홍천, 원주, 제천, 영주, 안동, 신령, 낙동강 방어선까지 진출했다. 5보병 사단은 전창덕의 지휘하에 양양, 강릉, 평창, 정선, 영월, 봉화, 울진까지 진출했으며, 주력이 내륙으로 진출하면서 7번 축선은 5사단 육전대가 강릉과 삼척 등에 상륙하여 포항까지 진출하였다. 15보병사단은 박성철 지휘하에 화천, 홍천, 원주, 충주, 영주, 안동, 상주, 영천으로 진출하였다. 1보병여단은 보병 5사단의 육전대 등과 협조하면서 양양, 강릉, 삼척, 울진, 영덕, 포항 등에 진출하였다.

결론적으로 북한군은 남한 침공 3단계 작전 5갈래 기동로를 선택하여 10개 사단으로 세부 기동로를 따라 남진했다. 그리고 유엔군은 압록강 초산과 함경도까지 진출하는 북진도 있었다. 이 과정에서 쌍방의 피해 규모가 국방부 기록은 한국의 군인 26만 명 전사하였고, 민간인 100만여 명 사망했다고 한다. 그리고 북한도 민간인과 군인 합쳐서 250만 명이 사망한 것으로 추산하였다. 북한군은 38도선에서 낙동강까지 침공할 때, 주력 7개 사단과 후속하는 3개 사단이 각 사단 별로 1개의 주 기동로와 2개~3개 정도의 보조 기동로로 남하하면서 점령지 좌익과 합세하여 많은 민간인을 살상했다.

아울러 북한이 3단계 작전을 하는 주요라인의 고지와 강 양안에서 공방전을 치를 때 주변 민간인과 부역으로 전쟁터로 끌려간 민간인도 피폭 등으로 살상되었다.

반대로 국군과 유엔군이 진격할 때는 오폭과 우익계가 좌익계 민간을 공격하였다. 또한 유엔군 특히 미군은 피난민과 섞여 들어와 공격하는 북한군을 대응하는 과정에서 노근리 양민학살과 같은 피해 사례도 있었다. 6.25전쟁은 고래와 향후를 막론하고 한반도 전쟁에서 가장 디테일하고 가장 많은 주민피해가 있었다. 따라서 주요격전지와 세부 기동로까지 고려하여 피난처로 선정해야 한다.

4. 안전한 국민피난처(핵 및 미사일 표적 제외 지역)

가. 전국 피난처 총괄

지구상의 모든 폭발물을 흡수하는 땅은 위대하다. 각국의 모든 핵무기가 폭발해도 지구는 온전하다. 심지어 핵의 직격탄을 맞은 히로시마와 나가사키에서도 핵의 무지하에 살집이 없어서 그냥 살았다.

서두에서 밝힌 바와 같이 이 책의 발간 취지는 전시와 핵 및 미사일 전쟁하에 주민의 생명보호와 안전생활 영위이다. 본 장에서 몽골 침공로, 임진왜란 침공로, 6.25 북한군 침공로를 확인하였다.

그리고 대남 핵표적으로 비행장, 지휘부 및 사령부, 대도시, 항공/항만 선정하였다. 다만 미사일은 별도로 표기하지 않았는데, 이유는 핵운반체가 미사일이고 핵표적 자체가 전략 표적으로 미사일 표적과도 겹치기 때문이다. 종합적인 안전피난처를 선정하는데, 한반도 남한을 총괄하여 선정하고 각 도(道)별로 확대하여 선정하여 보겠다.(가장 안전한 조선십승지 지역을 제7장에서 중점적으로 다루겠다.)

6.25 침공로와 대남 핵 및 미사일 표적 중에서 6.25전쟁 침공로는 일부만 참고하고 남한내 전략표적 위주로 분석 및 선정하였다. 그 이유는 남북한이 현대전을 치른다면, 북한은 제공권이 장악당한 상태에서 기동부대가 남한으로 침공하기가 불가능하다. 즉 북한내에서도 전차를 기동시킬 수 없는 상태가 되기 때문이다.

다음의 요약도는 북한의 6.25전쟁시 기동로와 현대전에서 남한내 핵표적을 예측하여 제외한 지역을 국민피난처로 묘사하였다(핵표적은 제4장 참조).

반대로 북한의 핵표적과 미사일 표적 그리고 북한의 침공로와 1948년부터 1956년까지 남한에서 활동한 빨치산 활동지역을 제외한 곳이 주요 피난

〈국민피난처: 핵 및 미사일 표적 제외지역〉

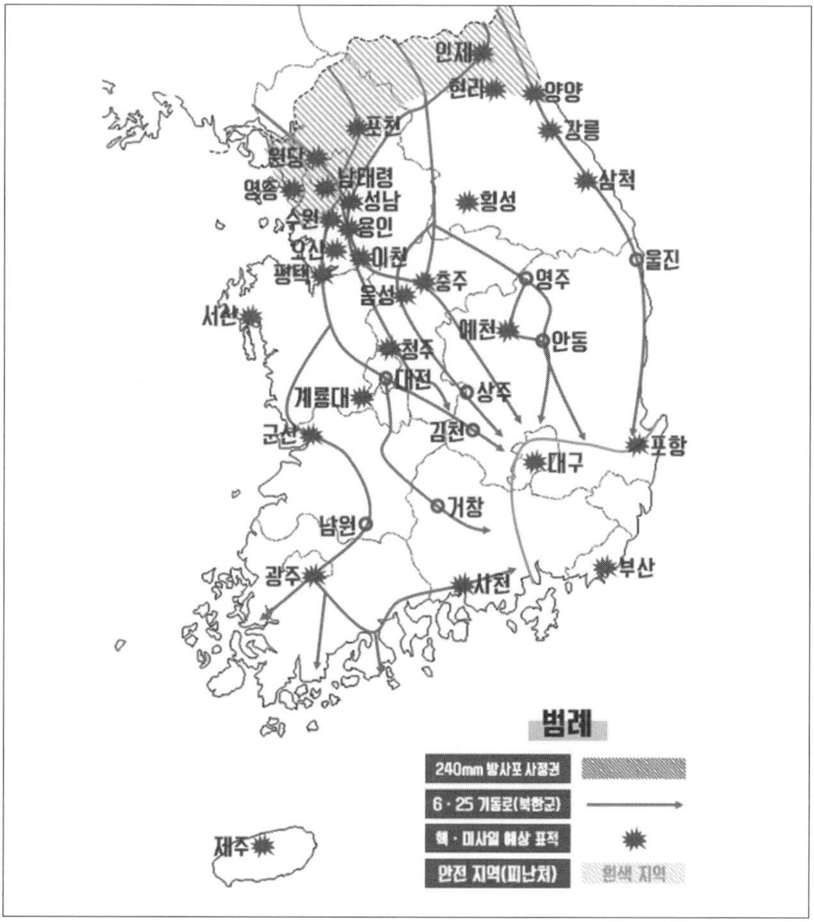

처가 되겠다. 일단 수도권과 전방지역(40km 내외)은 핵과 미사일 그리고 장사정포까지 공격이 예상되므로 국가피난처에서 제외하되 미사일과 장사정포에 대처하는 방법을 뒤에 제시하겠다. 특히 수도권의 서부는 휴전선이 사선으로 임진강을 따라 올라가므로, 강화도 북단에 인접한 북한의 관산반도에서 장사정포를 사격하면 서울과 수원까지 사정권 내에 들어가게 된다.

따라서 수도권에서 비교적 안전한 지역은 남양주, 가평, 양평, 광주, 여주,

안성 등이다. 오산과 평택은 전략표적이므로 제외한다. 아울러 전방 군단이 관할하는 지역(대략 휴전선으로부터 40km 내외)도 국민피난처에서는 제외하겠다. 그 이유는 전방지역에 배치되어 있는 군부대를 목표로 단거리 미사일과 장사정포의 공격이 예상되기 때문이다. 다만 춘천 이남과 영동고속도를 연하는 선과 동해안에서는 주문진 위에 있는 기사문항을 연하는 선 내외가 안전할 수 있다.

충청권 이남은 국가전략(보안) 목표가 있는 지역이거나 중·대도시 그리고 빨치산이 잠시 있었던 지역을 제외한 지역이 안전한 지역이다. 위 지역 또는 도시에서 4km 이상 떨어진 지역은 비교적 안전한 지역이며, 낙진 등에 대해서는 대처요령을 참고하면 된다.

첫째, 서부축선은 서울과 과천, 수원, 오산, 평택, 당진, 군산, 서산, 영광, 남원, 광주이고, 당진과 남원을 제외하고는 도시 자체가 전략표적이거나 인접지역이므로 도시로부터 4km 이상 이격하여야 안전하다. 그리고 적의 특작부대가 은거할 수 있는 산악은 수색 등을 거친 후 시간 차이를 두고 피난이 요구된다.

둘째, 중부축선은 서울, 성남, 용인, 이천, 음성, 청주, 대전, 계룡산, 거창, 사천 및 김천까지이다. 중부축선은 남북을 관통하며 주요 도시가 군사적 성격을 띄면서 발달했다. 따라서 중부축선에서 안전한 곳은 거창 하나뿐이다, 그 외 지역은 도시 자체가 전략표적이거나 인접지역이므로 도시로부터 4km 이상 떨어져야 안전하다.

셋째, 중앙축선은 춘천, 횡성 및 원주, 충주, 영주, 예천, 안동, 대구이다. 중앙축선에서 안전한 지역은 안동, 영주 등 2개 도시이다. 춘천은 북한의 장사정포 사거리 내에 있어 기본적으로 제외한다. 안동, 영주 등은 지하시설에서 대피가 요구된다. 그 외 지역은 도시 자체가 전략표적이거나 인접지역이므로 도시로부터 4km 이상 이격하여야 안전하다.

넷째, 동해안축선은 고성, 양양, 주문진, 강릉, 삼척, 울진, 포항, 부산이다.

동해안축선에서 안전한 지역은 주문진 1개소이다. 주문진은 지하시설에서 대피하면 된다. 고성과 양양은 북한의 장사정포 사거리 내에 있어 기본적으로 제외한다. 그 외 지역은 도시 자체가 전략표적이거나 인접지역이므로 도시로부터 4km 이상 이격하여야 안전하다.

다섯째, 좀 더 확실하게 안전한 곳은 정감록에 등장하는 십승지(十勝地)에서 찾을 수 있다. 십승지는 10개의 안전한 지역을 뜻하며 안전과 굶주림을 동시에 해결할 수 있는 이상향 같은 곳이다. 전통적인 십승지는 한민족 유사 이래 싸움을 피해간 곳이다. 십승지는 풍기의 금계촌(金鷄村), 봉화의 춘양면(春陽面), 보은의 속리산(俗離山) 난증항 일대, 남원 운봉(雲峯), 예천의 금당동(金堂洞), 공주의 유구(維鳩)와 마곡(磨谷), 영월의 정동상류(正洞上流), 무주의 무풍동(茂豊洞), 부안의 내변산(邊山) 호암(壺巖)일대, 성주 및 가야의 만수동(萬壽洞)이다.

그러나 현대전에서는 핵과 미사일 그리고 전략표적이 더 위협적이기 때문에 예천과 공주의 유구와 마곡은 제외하여야 한다. 예천은 북한에 가장 위협적일 수 있는 공군전투비행장이 인근에 위치하고 있다. 또한 공주 유구와 마곡은 계룡대와 인접(35km 내외)하고 있어 유탄에 의한 피해를 입을 수 있는 지역이다. 자세한 사항은 6장에서 알아보기로 하겠다.

결론적으로 수도권과 전방군단이 주둔 관할(휴전선으로부터 40km 내외)하고 있는 지역은 안전피난처는 없다. 때문에 1차적으로 사전에 위 하얀 도식부분의 지역으로 캠핑식 피난을 하는 것이 최상이다. 피난을 가지 못하였을 때는 자체 지하시설물을 최대한 활용하여 대피하는 것이다. 이는 전국적으로 지하대피시설이 구축 또는 지정되어 있어 활용하면 된다. 그러나 서울과 인천 등은 핵을 대비하여 상황을 봐서 위 하얀 도식지역으로 미리 대피해야 한다. 충청권 이남은 일단 대도시로부터 40km 이격된 위 흰색 도색지역으로 대피가 안전을 보장할 수 있다.

핵 및 미사일 표적으로 분류된 지역에서 사전 피난하지 못하였을 때는 자체 지하시설로 대피하여야 하며 대피시설은 지정 또는 구축된 곳으로 대피하면 된다. 이는 전국적으로 지하대피시설이 구축 또는 지정되어 있어 활용하면 된다. 핵 상황에서는 최대한 도시로부터 4km 이격하여 대피하여야 하며, 1차 낙진지역인 15km를 이격해야 하며 최종적으로 30km를 이격하여 대피하여야 한다.

끝으로 가장 안전한 곳은 위 십승지 중 8개 선정된 지역이고 기타 산속 오지나 도시와 떨어진 농촌지역으로 대피를 하여야 한다. 아울러 충청권 이남부터는 사드의 요격 영향권이므로 핵에 대한 위협이 감소하며, 사드의 수도권 추진이나 상승단계요격 시스템이 구축되면(2025년 이후) 핵에 대한 위협은 절대적으로 감소한다.

나. 전방지역 피난 및 대처

서해5도를 비롯한 전방군단이 주둔하는 지역은 장사정포 사정권내에 들어있기 때문에, 아이언 돔 같은 '포탄 우산' 이 배치되거나 거주민 대비 정부지원 대피시설이 확충되기 전에는 안전한 보호대책은 없다. 사전에 남쪽으로 이동하는 것이 최선의 생존 방책이고 불가능할시 지하로 대피하는 것이 차선의 생존 방책이다. 휴전선으로부터 45km까지는 북한의 170mm 곡사포가 직격으로 건물 등을 파괴하면서 인명을 살상할 것이고, 55km 이내는 240mm 방사포가 수류탄 5발 정도의 위력으로 약간의 건물피해와 인명을 살상할 것이다. 따라서 170mm 공격시에는 준비된 지하시설로, 240mm 공격시에는 엄폐된 곳, 또는 집안내에 대피하되 창문으로부터 엄폐된 곳(가구 등 보호 배치)이면 가능하다.

북한의 장사정포 사거리내에도 전략보안 목표는 전술핵 공격이 가능하다. 수도권(경기도, 서울)은 7개의 표적과 동부지역(강원도) 3개의 표적 등 전방지역은 10개의 전술핵 표적이 예상된다. 핵에 대한 기본대처는 국민피난처로 사전에 대피하던가 아니면 지하대피시설에서 감내하여야 한다. 핵무기는 히로시마 원폭투하시 핵의 위력이 2~5배 강화되었다. 더불어 현대식 건물 강도도 내진설계 등을 고려하여 최소한 2배 이상 강화되었다. 그리고 정부지원 대피시설이 3bar를 견딜 수 있도록 설계 및 시공되어 있다.[27] 즉 핵공격시에도 피폭지의 반경 2km 이외 지역은 생존 가능성이 높아진다. 그러나 안전을 위해서는 최소 15km, 최대 30km는 벗어나서 대피해야 한다.

1) 서해5도 지역

서해5도 지역은 연평해전, 연평도 포격도발 사건 등 준 전쟁을 치른 지역이다. 또한 향후 가장 먼저 전쟁의 시험대가 되는 지역이기도 하다. 서해5도는 북한군 사단편제화기인 120mm 다련장포 사거리내에 있다. 따라서 서해5도는 북한군의 하위 화력까지 투사할 수 있는데, 연평도 포격도발시 170발을 사격하여 80발이 섬내에 탄착하였다.

따라서 서해5도 지역은 북한의 단·장사정포 공격시 고립된 상황에서 전주민이 대피하거나 육지로 입도해야 한다. 서해5도는 연평도 포격사건 이후

〈서해5도 대피시설 현황〉

시군	옹진군			강화군			
관할	백령	연평	대청	교동	서도	삼산	강화
총계	28	10	9	8	3	6	57
정부지원	27	8	9	8	3	6	39
공공지정	1	2	0	0	0	0	18

*정부지원시설은 직격탄에도 방호가 가능, 공공지정은 일반 지하시설

27) 1bar는 500파운드 일반폭탄이 10m에서 폭발시 방호 가능한 문, 정부지원 대피시설은 3bar로 설계하였다. 연평도 포격사건시 구형벙커 수준인 민방위대피시설(10평형 19개소 470명)에 대피하여 전원 생존하였다.

〈내 주변 대피시설 찾는 방법: 전국〉

① 앱으로 찾는 법

[휴대폰 접속 방법]		
① '구글 플레이스토어' (안드로이드 사용자) 또는 '앱스토어' (아이폰 사용자) 접속		
② 검색창에 '안전디딤돌' 검색 후 다운로드		

③ '안전디딤돌' 실행 후 아래의 과정에 따라 접속		
백령면 접속 방법 예시		
[1]	[2]	[3]
	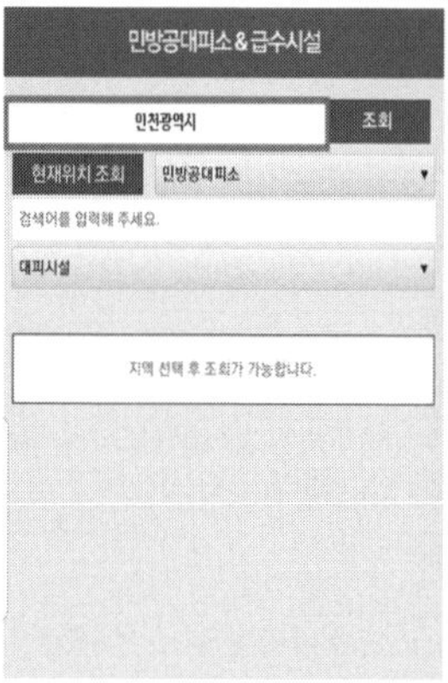	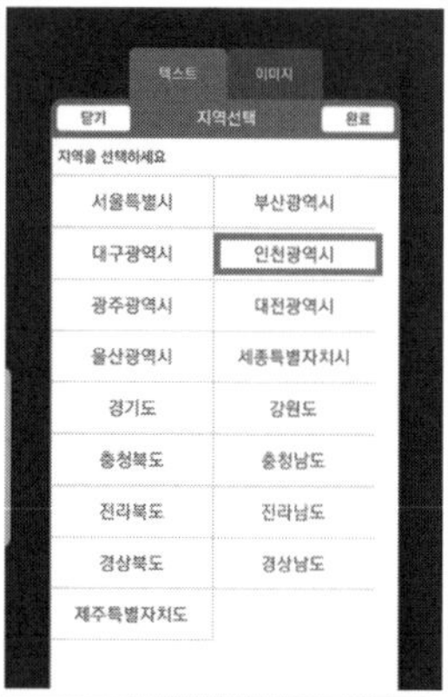
대피소 조회 클릭	네모 부분 클릭	원하는 지역 선택

<table>
<tr><td>(최근지역대피소안내)</td><td></td><td>선택(인천광역시)</td></tr>
<tr><td>[4]</td><td>[5]</td><td>[6]</td></tr>
<tr><td>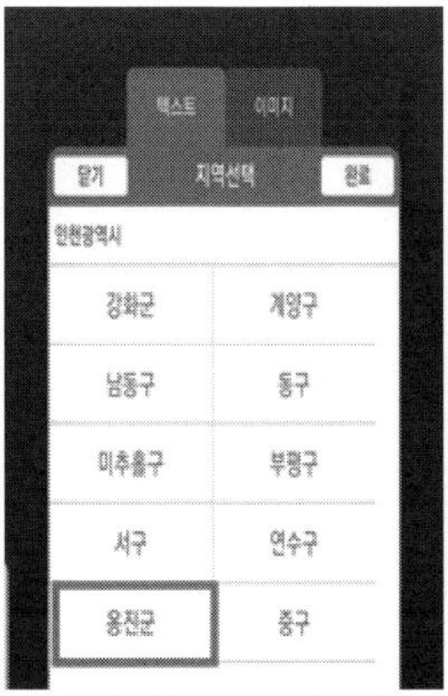
</td><td>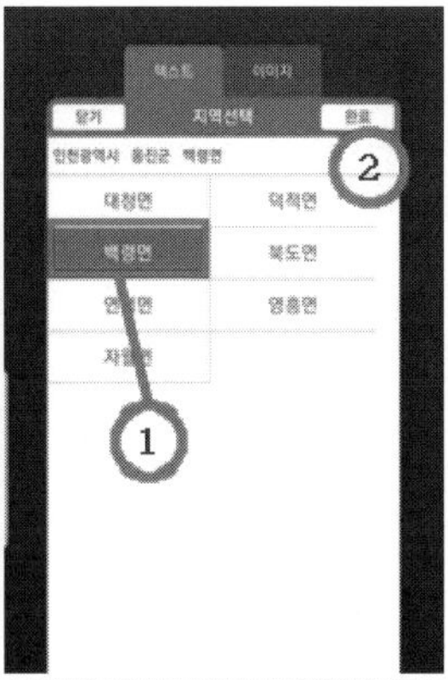
</td><td>
</td></tr>
<tr><td>해당 시군구 클릭(옹진군)</td><td>①과 같이 원하는 읍면동
선택 후 ②의 완료 클릭</td><td>위 화면에서 조회 클릭</td></tr>
</table>

<table>
<tr><td>[7]</td><td>[8]</td></tr>
<tr><td>
</td><td>
</td></tr>
<tr><td>원하는 대피소 세부 위치 정보는
위 화면에서 '지도' 부분 클릭</td><td>위 화면처럼 대피소의 대략적인 위치와
상세주소 조회 가능</td></tr>
</table>

② 행전안전부 홈페이지에서 찾는 법

[인터넷 접속 방법]

① 인터넷 검색창에 '국민재난안전포털' 검색

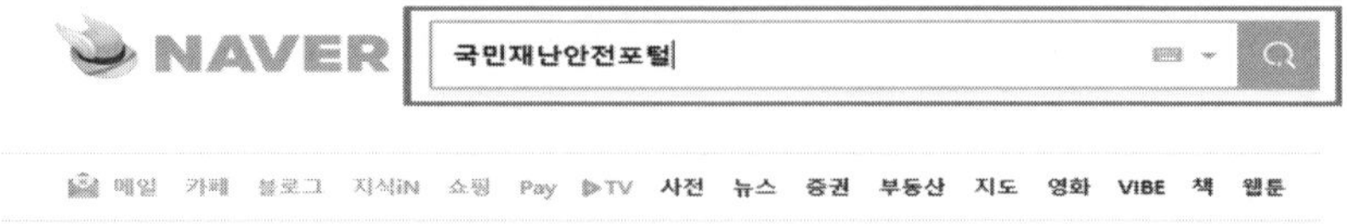

② '민방위 안내' 클릭

③ '민방위' 배너에서 '비상시설—대피시설' 클릭

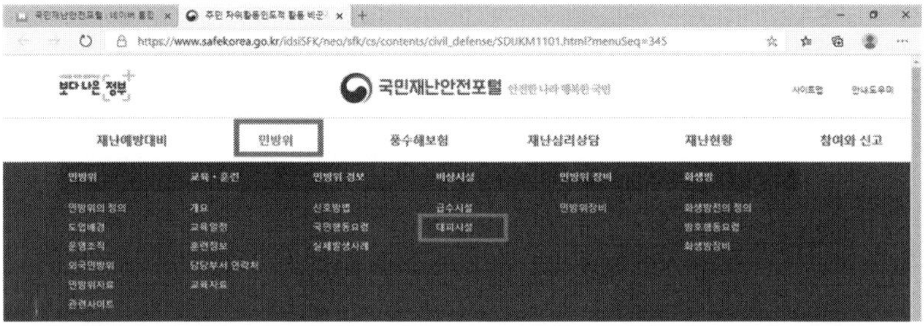

④ 원하는 지역 설정 후 '검색' 클릭

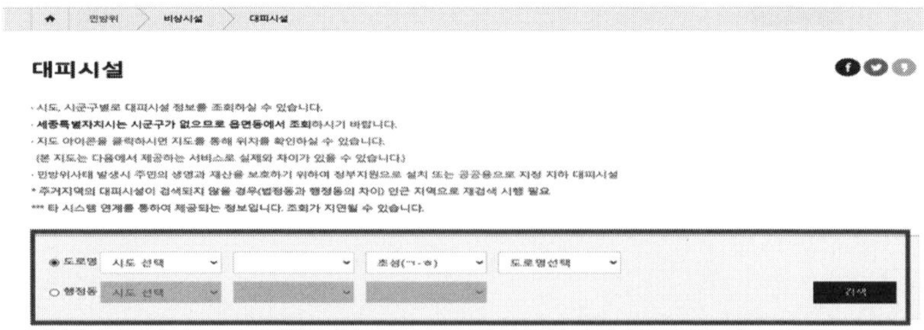

전주민이 대피할 수 있는 대피시설 66개소를 구축하였다. 그중에서 정부지원 대피시설은 62개소, 공공대피시설이 21개소를 구축하였다. 주민들이 거의 대피할 수 있는 수준이다.

지역 주민들은 대피소의 위치를 알고 있으나 관광객이나 외부인은 알기 어렵다. 따라서 관광객이나 외부인은 위치하고 있는 지역에서 앱과 인터넷을 통해서 확인하고 대피할 수 있다.

옹진군에 속해 있는 서해 섬들은 북한의 장사정포에 견딜 수 있는 정부지원 대피시설이 44개소와 공공지정시설 3개소 등으로 고립시 충분히 대피할 수 있으며, 대피시설은 마을 또는 마을 주변에 있어 접근성이 좋아 신속히 대피가 가능하다. 그러나 강화군과 옹진군은 정부지원이 아닌 지정된 공공시설이 있다.

공공지정시설은 일시적으로 대피하고 차후 정부지원 대피시설이나 철골구조 30cm 이상이면 사용할 수 있다. 옹진군과 강화군은 서해5도와 주변섬을 구성되어 유사시 전주민을 인천 등에 입도(대피)시킬 계획도 있다. 그러나 입도시 인천보다 남쪽인 영홍도 이남으로 대피가 요망된다.

강화도는 74개의 대피시설이 있고 정부지원 대피시설이 56개 그리고 공공지정시설을 18개소 마련해 놓고 있다. 교동과 서도 그리고 삼산 등의 섬은 주민 모두가 정부지원시설로 대피가 가능하도록 되어 있다. 강화도는 정부지원시설과 공공지정시설이 혼재해 있는데, 외곽은 정부지원 대피시설로 구축되어 있고, 시가지는 공공지정시설로 지하시설을 이용하여 전주민이 대피가 가능하도록 마련되어 있다. 강화군의 섬은 대피입도시 강화나 인천보다는 영홍도 이남으로 하는 것이 좋다.

2) 수도권지역

유사시 수도권지역은 사전에 후방지역에 차박 등 캠핑을 가거나 기회를 놓쳤으면 지하로 대피해야 한다. 서울과 수도권을 타격하기 위하여 북한의 장사정포는 강화도 인근 관산반도와 판문군 일대에 350여 문이 집중 배치되어 있다. 그리고 휴전선을 연하여 동부까지 배치되어 있다. 장사정포는 휴전선을 연하여 북한지역에 짧게는 5km에, 길게는 10km 이내에 배치되어 있고, 반대로 남쪽으로는 45km~55km 이내를 직접 타격할 수 있다. 또한 북한은 수도권에 다량의 핵을 공격할 수 있는데, 서울 2개, 인천 1개, 용인 1개, 수원 1개, 평택 1개, 오산 1개 등 총 7개의 핵표적이 예상된다.

핵에 대한 기본대처는 국민피난처로 사전에 대피하던가 아니면 지하대피시설에서 감내해야 한다. 핵무기는 히로시마 원폭투하시 핵의 위력이 2~5배 강화되었다. 더불어 현대식 건물 강도도 내진설계 등으로 최소한 2배 이상 강화되었다. 그리고 정부지원 대피시설이 3bar를 견딜 수 있도록 설계 및 시공되어 있다. 즉 핵공격시에도 피폭지의 반경 2km 이외 지역은 생존 가능

〈수도권 위험지역과 국민피난처〉

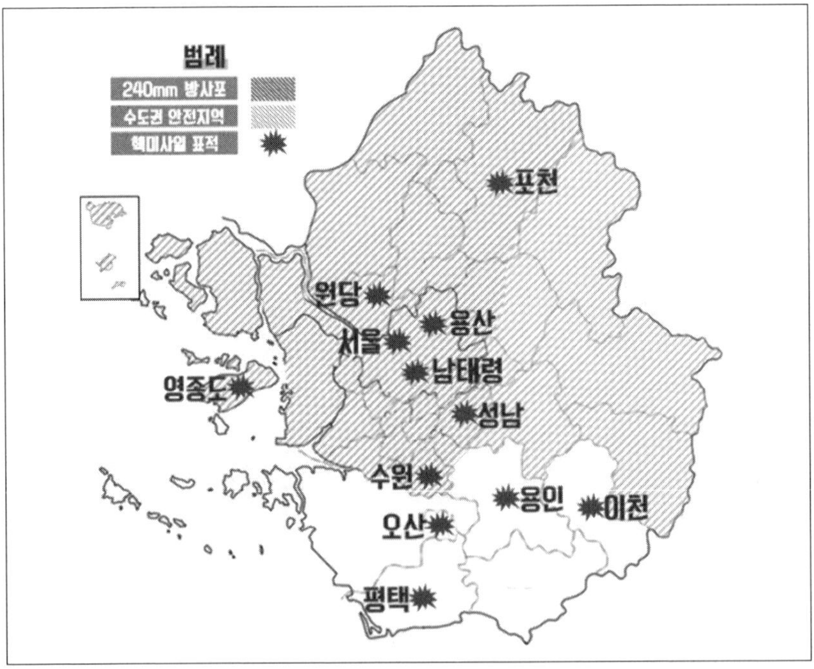

성이 높아진다.

수도권 휴전선은 사선으로 위로 올라가면서 형성되었다. 이에 따라 장사정포 사거리 지역도 사선으로 올라가게 된다. 서쪽으로 김포는 한강을 맞대고 북한의 관산반도와 경계를 하고, 고양과 파주는 위로 올라가면서 임진강 경계로 한다. 연천은 임진강에 사선으로 올라가 철원의 백마고지까지 이어진다. 이러한 지형적 특징은 장사정포의 사정거리를 사선으로 갖게 하였는데, 서부는 수원까지, 서울은 서쪽의 관산반도에서 사격하여 동쪽의 중랑천까지, 중서부는 포천 남쪽까지, 동쪽은 운악산 남부까지 올라간다. 그 외 지역은 일단 국민피난처로 활용할 수 있다.

국민피난처에 대하여 위 요도를 통하여 세부적으로 알아보면 국민피난처는 요도의 흰색 부분이다. 빨간 빗금색은 북한의 장사정포 사거리이다. 그리고 빨간 폭발표시는 핵표적이다. 서쪽부터 오산과 평택, 용인은 장사정포는 피할 수 있으나 핵과 미사일의 표적이 될 수 있으므로 비행장과 부대로부터 15km 이상 벗어난 곳이 국민피난처로 할 수 있다.

서울은 강동구 동쪽 일부, 아차산 동쪽 그리고 하남으로부터 이남이 국민피난처이다. 그러나 핵에 대해서는 위 지역도 일부 영향을 받는다. 중동부지역은 남양주, 양평시, 하남시와 그 이남 안성시까지이다. 동부지역은 포천 남부 일부와 가평지역이 국민피난처이다.

유사시 수도권 주민을 보호하는 것은 국가 존립의 기본축이라 하겠다. 수도권지역은 한국의 정치, 경제, 문화의 70%를 차지하고 인구는 50% 이상을 차지하고 있다. 이는 수도권 장악 또는 유생역량 말살이 한반도 전쟁의 승패를 좌우하기 때문이다. 물론 한미동맹에 의거 하늘과 바다 길은 열려 있어 작전지원과 전쟁물자 반입이 가능하여 전략적 비중이 적어졌지만, 50% 인구가 피해를 입는 것은 국가 존립의 근간이 무너지는 또 다른 이유이기도 하다. 따라서 아래와 같이 대피시설을 구축하였는데, 북한의 대남 포격시 대피시설은 정부지원 대피시설과 도시는 지하시설물 그리고 농촌은 지하시

〈수도권 대피시설 현황〉

시군	서울특별시		경기 북부						
관할	강북	강남	김포	고양	파주	연천	포천	동두천	양주
총계	1453	1781	255	276	150	33	87	54	72
정부지원	0	3	22	0	19	14	8	1	3
공공지정	1453	1778	233	276	131	19	79	53	69

설물과 자연보호물을 이용한다.

서울은 정부지원 대피시설 3개소를 비롯하여 지정대피시설이 1,788개소가 있다. 그러나 지정대피시설이 도시 블록당 적절히 분산 지정되어 있지

〈내 주변 대피시설 찾는 방법: 수도권〉

<table>
<tr><td></td><td colspan="2">*대피시설 조회 방법</td><td colspan="2">수도권역 예시(서울특별시)</td></tr>
<tr><td></td><td>①</td><td>②</td><td>③</td><td>④</td></tr>
<tr><td rowspan="2">휴대폰</td><td>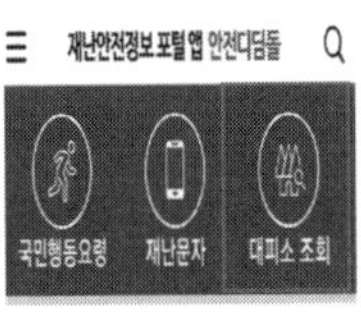</td><td></td><td>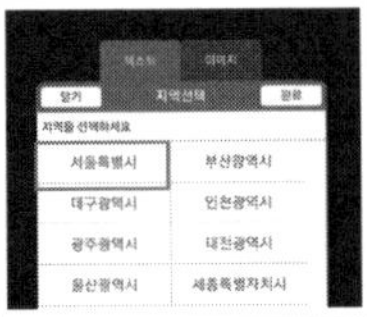</td><td>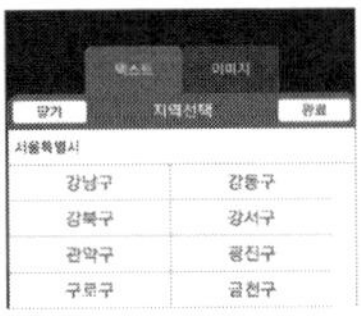</td></tr>
<tr><td>어플 접속 후 대피소 조회 클릭</td><td>지역명이 나와 있는 부분 클릭</td><td>서울특별시 클릭</td><td>이하 해당하는 부분 선택한 후 완료 누르고 조회 클릭</td></tr>
<tr><td>인터넷</td><td colspan="2">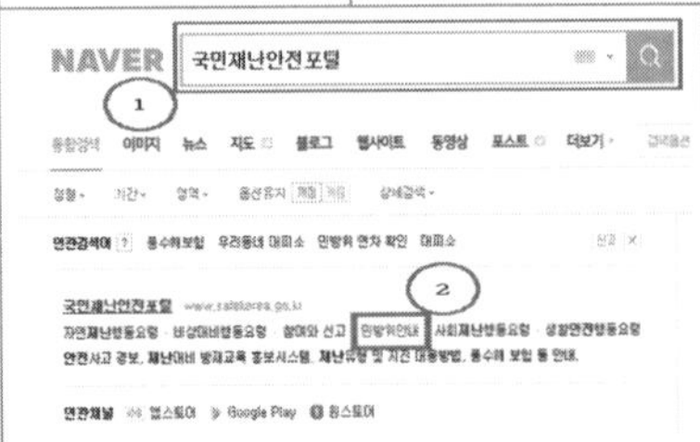</td><td colspan="2">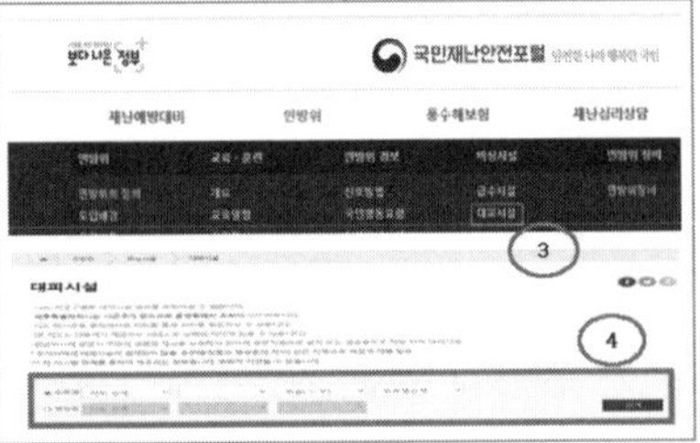</td></tr>
</table>

*앱 및 인터넷으로 자세히 대피소 찾는 법은 서해5도 지역 참조

않고 편중되거나 없는 곳이 있다. 이는 개방형 화장실 있는 건물 지하를 최대한 활용해야 한다. 또한 경기도는 정부지원 대피시설 41개소와 공공지정 대피시설이 860개소를 구축 및 지정하고 있다. 농촌은 지하시설물이 없으므로 자연형 대피소(동굴, 산의 내각)까지도 활용하여야 한다. 따라서 사전에 인지하고 후방(국민피난처)으로 가지 못하였으면, 앱과 인터넷으로 가장 근처의 대피소를 알려주면 일단 대피하는 것이 중요하다.

3) 동부지역(강원도)

유사시 동부지역은 사전에 후방지역에 차박 등 캠핑을 가거나 기회를 놓쳤으면 지하 또는 자연물을 이용하여 대피해야 한다. 동부지역은 산악지역으로 동서로 도로가 발달하고 하천도 일부지역을 제외하고는 이동에 제한이 적어 60km 정도 남쪽으로 이동하는 것은 크게 어렵지 않다.

〈동부지역(강원도) 위험지역과 국민피난처〉

북한의 장사정포는 서부 철원으로부터 고성까지 포진하고 있다. 서부지역과 마찬가지로 휴전선으로부터 북한지역에 짧게는 5km에 길게는 10km 이내에 배치되어 있고, 반대로 남쪽으로는 45km~55km 이내를 직접 타격할 수 있다. 따라서 북한의 장사정포의 남한내 사정거리는 서울－양양고속도로를 연하는 선이며, 그 이하가 국민피난처이다.

또한 북한은 동부지역에 소량의 핵을 공격할 수 있는데, 춘천 1개, 횡성 1개, 원주 1개 등 총 3개 정도 핵표적이 예상된다. 핵공격에 대한 국민피난처는 핵피폭지로부터 최소한 반경 2km(최소 살상)~4km 벗어난 지역으로 가급적 15km(최소 낙진)~30km 이상 벗어난 곳이다. 핵에 대한 기본대처는 국민피난처로 사전에 대피하던가 아니면 지하대피시설에서 감내해야 한다.

〈동부지역(강원도) 대피시설 현황〉

동부지역 주민대피시설 현황						
구분 \ 지역	철원	화천, 춘천	양구	인제	고성, 속초	양양
총계	27	100	16	28	78	11
정부지원	8	11	6	3	15	0
공공지정	19	89	10	25	63	11

*앱 및 인터넷으로 대피소 찾는 법은 서해5도 및 수도권 지역 참조

동부지역(강원도)은 민방위대피시설이 휴전선을 따라 40km 이내에 구축되어 있다. 동부지역은 산악이 발달하여 면소재지 이하는 산의 내각 등 자연엄폐물을 이용하는 대피방법이 현실적이다. 민방위 대피시설은 공공시설 217개소, 정부지원지설 43개소 등 총 260개소이다. 정부지원 대피시설은 휴전선으로부터 20km 내외에 구축되어 있고, 면소재지부터는 공공지정된 지하시설물이다. 따라서 사전에 인지하고 후방(국민피난처)으로 가지 못하였으면, 앱과 인터넷으로 가장 근처의 대피소를 알려주면 일단 대피하는 것이

중요하다.

4) 중원지역(충청남북도)

중원지역인 충청도는 전방지역보다 안전한 지역이 많다. 충청도 지방의 대피방법은 단순한데, 아래의 표적지역을 중심으로 도시에서 벗어난 교외로 캠핑가듯 대피하면 된다. 충청도 지역을 위협하는 무기는 핵 및 미사일이다. 핵 및 미사일은 고가의 전략무기이기 때문에 수량이 한정되어 전략표적에만 사용한다. 따라서 아래 그림에서 보듯이 핵공격을 중심으로 기술하자면 충청북도에는 충주 1, 청주 1개이다. 충청남도는 대전 2, 세종 및 계룡대 1, 서산 1개소 등 6개소 7발 정도가 공격이 예상된다.

국민피난처는 위의 핵공격 7개소를 제외하고는 안전하다. 그러나 핵은 최소 15km~최대 30km의 이격 거리가 있어야 안전하며, 미사일은 공산오차(표적산포) 2km를 제외한 지역이 안전하다. 충주지역은 충주와 충주비행장

〈중원지역(충청도) 위험지역과 국민피난처〉

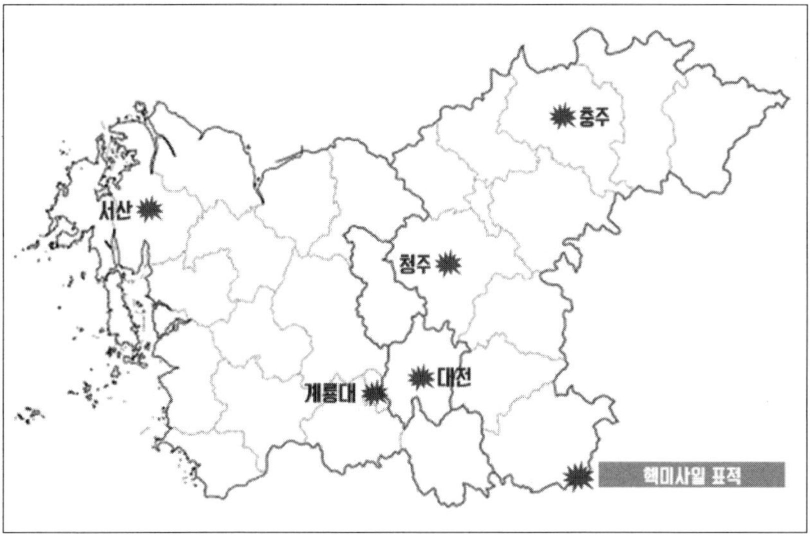

을 중심으로 30km 이상 이격하여 대피하면 안전하다. 청주는 청주와 청주 비행장을 중심으로 15km 이상 이격 대피하면 된다.

위 지역내에서 사전에 대피하지 못하였다면 공공지정 대피시설로 일단 대피하는 것이 중요하다. 그리고 어느 정도 공격의 강도가 약해지면 주변으로 이동하여야 한다. 물론 이동지역은 지하나 엄폐수준의 장소에서 대피하며 상황이 해제되면 하루 이틀 정도 기다렸다가 가정으로 복귀하면 되는데, 핵공격일 경우는 정부나 지자체가 마련해 준 안전한 수용소에서 생활하여

〈중원지역(충청도) 공공지정 대피시설〉

도	광역자치	기초자치	개수	계	광역자치	기초자치	개수	계
충청도	세종	해당없음	113	113	충남	천안시	118	426
	대전	해당없음	744	744		공주시	30	
	충북	청주시	278	495		보령시	25	
		충주시	52			아산시	30	
		제천시	53			서산시	32	
		보은군	10			논산시	24	
		옥천군	11			계룡시	11	
		영동군	10			당진시	37	
		증평군	13			금산군	12	
		진천군	24			부여군	23	
		괴산군	10			서천군	15	
		음성군	21			청양군	10	
		단양군	13			홍성군	14	
						예산군	33	
						태안군	12	

*앱 및 인터넷으로 대피소 찾는 법은 서해5도 및 수도권 지역 참조

야 한다.

충북지역의 대피시설은 앞에서 언급한 바와 같이 공공지정 대피시설이다. 공공지정 대피시설은 근본적으로 직격탄을 막을 방법은 없다. 공공지정 대피시설은 직격되지 않는 피탄으로부터 보호가 될 뿐이다. 충청북도는 11개 도시 495개의 공공지정 대피시설이 있다. 전체적으로 청주와 충주 외에는 천연 국민대피소가 되겠다.

충남지역의 지자체는 14개의 지자체에 426개소의 공공지정 대피시설이 있다. 서산시와 계룡시, 대전시를 제외하고는 국민피난처이므로 공공지정 시설이나 엄폐된 곳이면 가능하다. 서산시와 계룡시, 대전시는 가급적 사전에 국민피난처지역으로 이동 대피하는 것이 바람직하며 사전에 대피하지 못하였을 때는 현지역의 공공지정 대피시설을 최대한 이용하다가 상황을 보아서 국민피난처로 이동하여야 한다.

충청남도 지역은 세종 및 대전광역시 857개소의 공공지정 대피시설이 있다. 근본적으로 사전에 국민피난처로 이동이 요구되며, 1차로 공공지정 대피시설로 대피하였다가 상황을 보아서 국민피난처로 이동하여야 한다. 물론 충청권부터는 사드에 의한 보호가 가능한 상태에서 대피활동이 되겠다.

5) 호남지역(전라남북도)

호남지역인 전라도는 전략표적이 비교적 적어 안전한 지역이 많다. 전라도지방의 대피방법은 아래의 4개 표적지역을 중심으로 도시에서 벗어난 교외로 캠핑가듯 대피하면 된다. 전라도지역을 위협하는 무기는 핵 및 미사일이다.

핵 및 미사일은 고가의 전략무기이기 때문에 수량이 한정되어 전략표적에만 사용한다. 따라서 아래 그림에서 보듯이 핵공격을 중심으로 전라도(제주도 포함)에는 군산 1, 광주 2, 목포 1, 제주도 1 등의 전략표적이 있다. 전라도는 4개소 5발 정도의 공격이 예상되나 광주(-1)와 전주를 제외하고 4발

〈호남지역(전라도) 위험지역과 국민피난처〉

로 적어질 수도 있다. 국민피난처는 위의 핵 공격 4개소를 제외하고는 안전하다. 그러나 핵은 최소 15km 이상의 이격거리가 있어야 안전하며, 미사일은 공산오차(표적산포) 2km를 제외한 지역이 안전하다.

군산지역은 군산항과 군산비행장을 중심으로 15km 이상 이격하여 대피하면 안전하다. 목포지역 역시 목포항과 목포 비행장을 중심으로 최소 15km 이상 이격하여 대피하여야 한다. 그리고 광주광역시는 광주시와 송정비행장을 중심으로 최소 15km 이상 이격하여 대피하여야 한다.

위 지역내에서 사전에 대피하지 못하였다면 공공지정 대피시설로 일단 대피하는 것이 중요하다. 그리고 어느 정도 공격의 강도가 약해지면 주변으로 이동하여야 한다. 물론 이동지역은 지하나 엄폐수준의 장소에서 대피하며 상황이 해제되면 하루 이틀 정도 기다렸다가 가정으로 복귀하면 되는데,

〈호남지역(전라도) 국민피난처〉

도	광역자치	기초자치	개수	계	광역자치	기초자치	개수	계
전라도	광주	해당없음	585	585	전남	목포시	142	1063
	전북	전주시	210	582		여수시	408	
		군산시	83			순천시	79	
		익산시	94			나주시	45	
		정읍시	32			광양시	70	
		남원시	31			담양군	20	
		김제시	17			곡성군	16	
		완주군	30			구례군	14	
		진안군	14			고흥군	11	
		무주군	8			보성군	18	
		장수군	6			화순군	11	
		임실군	9			장흥군	34	
		순창군	14			강진군	23	
		고창군	19			해남군	12	
		부안군	15			영암군	21	
						무안군	39	
						함평군	17	
						영광군	26	
						장성군	17	
						완도군	14	
						진도군	23	
						신안군	3	

*앱 및 인터넷으로 대피소 찾는 법은 서해5도 및 수도권 지역 참조

핵공격일 경우는 정부나 지자체가 마련해 준 안전한 수용소에서 생활하여야 한다.

전북지역의 대피시설은 앞에서 언급한 바와 같이 공공지정 대피시설이다. 공공지정 대피시설은 근본적으로 직격탄을 막을 방법은 없다. 공공지정 대피시설은 직격되지 않은 피탄으로부터 보호가 될 뿐이다. 전북지역은 14개 도시 582개의 공공지정 대피시설이 있다. 전체적으로 군산 외에는 천연 국민대피소가 되겠다. 전라남도 지역은 광주에 585개소의 공공지정 대피시설이 있다. 그리고 22개의 도시에 1,063개소의 공공지정 대피시설이 있다. 광주와 목포를 제외하고는 국민피난처가 되나 여수, 순천, 광양은 산업도시 파괴 목적으로 미사일 공격목표가 될 수 있다. 근본적으로 사전에 국민피난처로 이동이 요구되며, 1차로 공공지정 대피시설로 대피하였다가 상황을 보아서 국민피난처로 이동하여야 한다.

바) 경상도 지역(경상남북도)

영남지역인 경상도는 전략표적이 비교적 광범위하게 분포하고 있어 안전한 지역은 대구를 제외하고 내륙공간에 있다. 경상도 지방의 대피방법은 아래의 6개 표적지역을 중심으로 도시에서 벗어난 교외로 캠핑가듯 대피하면 된다. 경상도 지역을 위협하는 무기는 핵 및 미사일이다. 핵 및 미사일은 고가의 전략무기이기 때문에 수량이 한정되어 전략표적에만 사용한다. 따라서 아래 도표에서 보듯이 핵공격을 중심으로 경상도에는 울진 1, 예천 1, 포항 및 울산 1, 대구 2, 부산 2, 사천 1개이다. 6개소 8발 정도의 공격이 예상되나 울진(-1,) 부산(-1)이 감하여져 6발로 적어질 수도 있다.

국민피난처는 위의 핵공격 6개소를 제외하고는 안전하다. 그러나 핵은 최소 15km 이상의 이격거리가 있어야 안전하며, 최대 30km를 이격해야 한다. 미사일은 공산오차(표적산포) 2km를 제외한 지역이 안전하다. 따라서 울진 지역은 핵보다 미사일 공격이 예상되며 2km~15km 이격하여 대피하는 것

〈경상도지역(경상남북도) 위험지역과 국민피난처〉

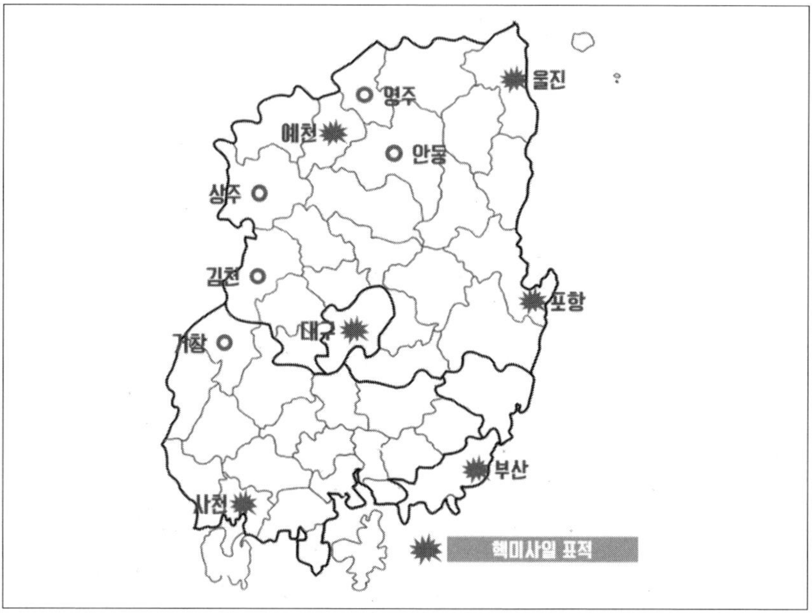

이 중요하며, 부산과 대구를 비롯해 나머지 4개소에 위치한 지역은 사전에 이동하는 것이 필요하다.

위 지역내에서 사전에 대피하지 못하였다면 공공지정 대피시설로 일단 대피하는 것이 중요하다. 그리고 어느 정도 공격의 강도가 약해지면 주변으로 이동하여야 한다. 물론 이동지역은 지하나 엄폐 수준의 장소에서 대피하며 상황이 해제되면 하루 이틀 정도 기다렸다가 가정으로 복귀하면 되는데, 핵공격일 경우는 정부나 지자체가 마련해 준 안전한 수용소에서 생활하여야 한다.

경상북도 지역의 대피시설은 앞에서 언급한 바와 같이 공공지정 대피시설이다. 공공지정 대피시설은 근본적으로 직격탄을 막을 방법은 없다. 공공지정 대피시설은 직격되지 않은 피탄으로부터 보호가 될 뿐이다. 경상북도는 2개의 광역시에 1,244개소의 공공지정 대피시설이 있다. 그리고 23개 도

〈경상도지역(경상남북도) 국민피난처〉

도	광역자치	기초자치	개수	계
경상도	부산	해당없음	1421	1421
	대구	해당없음	762	762
	울산	해당없음	482	482
	경북	포항시	118	804
		경주시	58	
		김천시	44	
		안동시	74	
		구미시	174	
		영주시	48	
		영천시	41	
		상주시	40	
		문경시	40	
		경산시	47	
		군위군	6	
		의성군	4	
		청송군	5	
		영양군	5	
		영덕군	14	
		청도군	14	
		고령군	3	
		성주군	8	
		칠곡군	18	
		예천군	23	
		봉화군	4	
		울진군	8	
		울릉군	8	

광역자치	기초자치	개수	계
경남	창원시	487	1152
	진주시	146	
	통영시	107	
	사천시	33	
	김해시	79	
	밀양시	27	
	거제시	103	
	양산시	39	
	의령군	7	
	함안군	15	
	창녕군	17	
	고성군	16	
	남해군	9	
	하동군	10	
	산청군	7	
	함양군	10	
	거창군	21	
	합천군	19	

* 앱 및 인터넷으로 대피소 찾는 법은 서해5도 및 수도권 지역 참조

시에 804개의 공공지정 대피시설이 있다. 전체적으로 울산, 울진, 대구를 제외하면 천연 국민피난처가 되겠다.

경상남도 지역은 부산에 1,421개소의 공공지정 대피시설이 있다. 그리고 18개의 도시에 1,152개소의 공공지정 대피시설이 있다. 사천과 부산을 제외하고는 천연 국민피난처가 되나, 울진은 원자력 산업도시 파괴 목적으로 미사일 공격목표가 될 수 있다. 근본적으로 사전에 국민피난처로 이동이 요구되며, 1차로 공공지정 대피시설로 대피하였다가 상황을 보아서 국민피난처로 이동하여야 한다.

제7장. 조선 십승지(十勝地)와 현대전에 따른 재해석과 보완

1. 전통적 피난처 십승지 이해
2. 조선 십승지와 현대전에 따른 재해석
3. 십승지 재해석에 따른 제외(2개소) 및 보완(4개소)

제7장 | 조선 십승지(十勝地)와 현대전에 따른 재해석과 보완

> **山水十勝保吉之地**
>
> 세상에서 10개소 몸을 보전하기 좋은 땅
>
> \- 격암 남사고 -

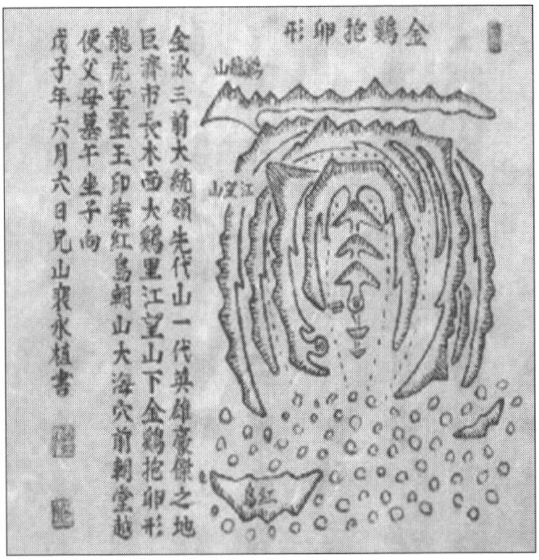

[금계포란형] 풍수명당 금닭이 알을 품는 형 〈출처: wikipedia〉

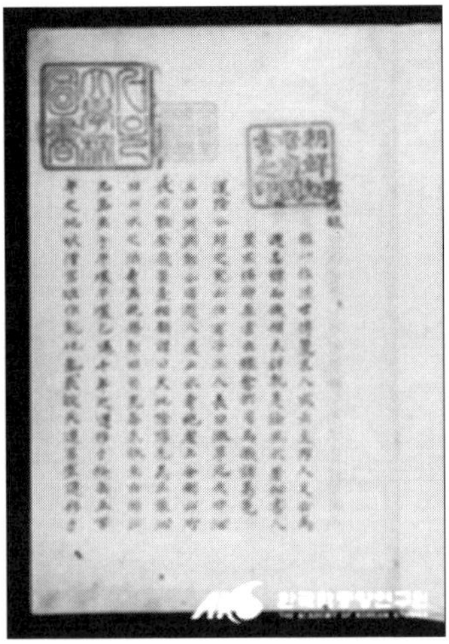

[정감록; 예언서, 십승지] 비결류 집성한 책 〈출처: wikipedia〉

1. 전통적 피난처 십승지(十勝地) 이해

십승지는 본래 '삼재불입지지(三災不入之地)라 하여 흉년, 전염병, 전쟁이 들어올 수 없는 지역' 이라고 한다. 즉 예로부터 병화가 없고 전염병 차단과 식량을 자작하여 구할 수 있는 지역이다. 조선 중기 남사고 선생은 '산수

십승보길지지(山水十勝保吉之地)’ 에서 한반도에는 아래의 도표와 같이 남한에만 10개 지역에 병화가 미치지 못하는 십승지(十勝地)가 있다고 한다. 그리고 정감록 감결편에서는 살아자수(殺我者誰; 우리를 죽이는 것) 소두무족(小頭無足; 작은머리에 발 없는 것) 신부지(神不知; 귀신도 모르게 해친다)라는 문구가 있는데, 특히 소두무족(小頭無足)은 머리는 작고 꼬리는 없는 불화살 즉 미사일을 뜻한다고 볼 수 있다.

〈십승지(十勝地) 요도〉

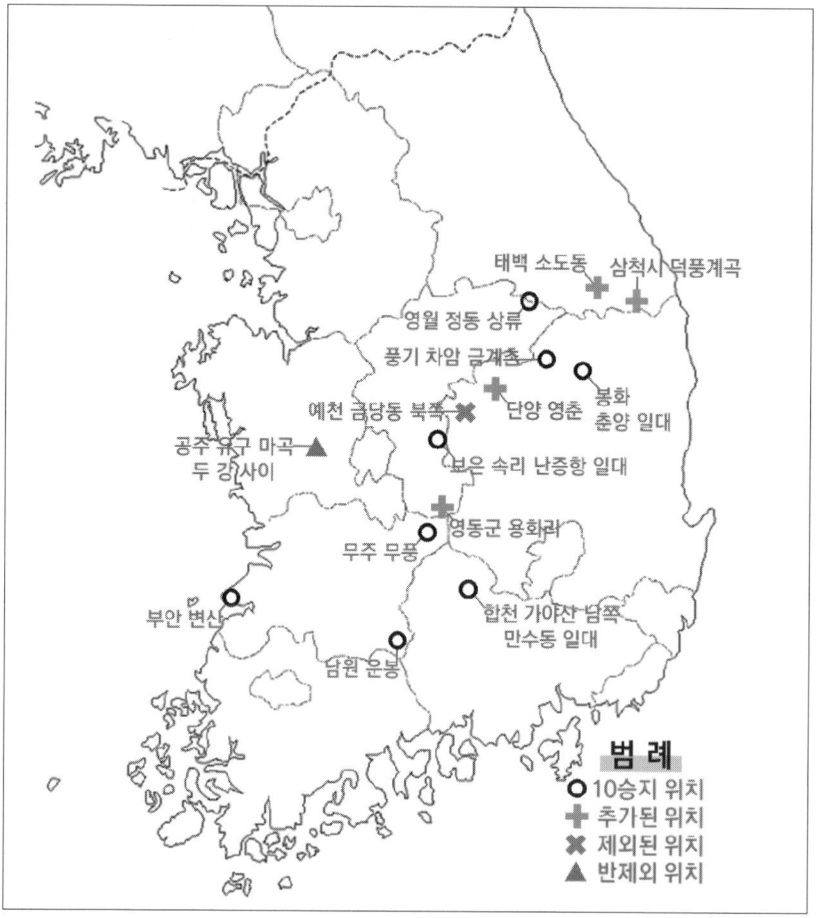

〈십승지(十勝地): 지역〉

연번	지명	주소	비고
1	영월 정동 상류	강원도 영월군 상동읍 연하리 일대	
2	영주 풍기 차암 금계촌	경북 영주시 풍기읍 금계리 일대	
3	봉화 춘양 일대	경북 봉화군 춘양면 석현리 일대	
4	예천 금당동(실)	경북 예천군 용문면 일대	제한(원점9km)
5	공주 유곡 마곡 두 강 사이	충남 공주시 유구읍 사곡면 일대	제한(마곡)
6	보은 속리 난증항 일대	충북 보은군 내속면리와 경북 상주군 화북면 화남리 및 용유리 일대	
7	무주 무풍 덕유산 아래 방음	전북 무주군 무풍면 일대	
8	부안 변산 동쪽 호암 아래	전북 부안군 변산면 우동리–청림리	
9	합천 가야산 남쪽 만수동 일대 (성주 가야산 북쪽 만수동 일대)	경북 합천군 가야면 일대 구원리 (경북 성주군 법전리 용사리 신계리)	원전 (부본)
10	남원 운봉동점–행촌	전북 남원시 운봉읍 일대	
11	단양 영춘	충북 단양군 영춘면 일대(의풍리)	추가
12	영동–황간	충북 영동면 용화면 일대	추가
13	함백–태백(양백)	강원도 태백시 문곡소도동 일대	추가
14	삼척 삼풍	강원도 삼척시 가곡면 일대	추가

이러한 예언을 차지하고도 현재 북한의 미사일은 한반도 전지역을 사정거리로 한다. 그러나 양자 공히 정확한 공격지역에 대해서는 언급되는 바 없어, 현대전의 양상 즉 핵 및 미사일 공격지역에 대한 본서의 분석에 의거 기존의 십승지(十勝地)에서 전략표적 인근과 겹치는 2개소를 빼고(제한) 대신 4개소를 추가하여 십이승지(十二勝地)로 보완하겠다.

십승지(十勝地) 위치는 백두대간을 타고 내려오다가 골반 부분인 태백산과 소백산 인근에 6개소가, 다리부분인 지리산과 가야산을 끼고 2개소가 있다. 그리고 바닷가를 끼고 금북정맥의 계룡산과 호남정맥 아래 변산반도에 2개소가 위치하고 있다. 지형적 위치는 내륙의 산간 오지 또는 바닷가 이면서 노출되지 않아, 한양이나 고을로 이어지는 큰길에 인접하지도 않았다. 주위가 산으로 둘러싸여 있으며, 산이 높고 계곡이 깊어 수원이 풍부하며, 아늑한 내지로서 농경지가 있는 이상형의 농촌이기도 하다. 또한 풍수적으로 배산임수를 기본으로 한 좌청룡 우백호 형상을 띈, 양택의 명당 길지의 조건을 갖추었다. 군사적으로도 몽골의 침입을 비켜 갔으며, 임진왜란 역시 큰 화를 입히지 못했다. 또한 한반도 금세기 최악의 참사인 6.25전쟁시에도 병화를 입히지 못하였으나 지리산(운봉)과 덕유산(무주) 그리고 회문산(부안 변산) 일대에 잠시 빨치산이 준동한 적이 있다.

2. 조선 십승지(十勝地)와 현대전에 따른 재해석

가. 영월 정동상류

영월정동상류는 영월 동쪽 물가 상류지역을 말한다. 영월군의 동쪽으로는 봉래2교를 중심으로 위로 동강, 중간은 석항천, 남으로 옥동천이 있고, 그 사이로 연하리 석항천을 중심으로 위로는 완택산이, 남으로는 응봉산이 감싸고 있다. 옛 문헌에 '오며 아래 삼치의 한가운데 천여 명의 사람이 살 수 있다.(五旀之下 三峙之中 千活)' 라고 하였다.

동강을 중심으로 삼옥리, 거운리(어라연), 덕천리, 고성리, 가수리와 아우라지, 운치리 등이 있다. 석항천을 중심으로 연하리, 계사리, 연상리, 석항리, 신동읍이 있다. 옥동천을 중심으로 팔괴리, 대야리, 옥동리 등이 있다. 그러나 대표적인 십승지는 석항천 중심으로 한 계곡이며, 계사동의 연하계곡 초입세에는 십승지의 표지석이 세워져 있다.

현대전에서 핵과 미사일 공격을 당할 전략보안 목표도 주변에는 없다. 횡성비행장도 57km 이격되어 있고, 높은 산과 깊은 골짜기는 내각이 형성되어 있어 미사일 및 폭탄으로부터 보호받을 수 있다. 십승지로서 현대의 '국민피난처' 로 이상적이다. 이 지역은 고래로 군사적으로 외침이 없었다. 몽골침공, 임진왜란, 6.25 전쟁까지도 모르고 지낸 곳이다. 특히 옥동천의 가재골 주민은 '이곳에서 200년을 살았으며, 일제노무자징집을 피했고, 6.25 때는 전쟁이 난 줄도 몰랐다' 고 하였다.

연하리 일대는 6.25 때 평안도 박씨들이 많이 내려왔는데 삼면이 산으로 둘러싸인 깊은 계곡이 있는 이곳을 어떻게 찾아왔는지 신기하고, 연하계곡 깊숙한 곳에는 약간의 농토가 있음을 확인도 하였다. 특히 조선조 기묘사화 때 중종에게 숙청을 당한 조광조의 후손들도 영월의 미사리(未死里; 죽지 않는 곳)로 난을 피해 살았다고 한다.

또한 옥동천 와석리에는 홍경래난으로 멸문지화를 당한 '방랑시인 김삿갓(김병연)의 가족이 피난' 와서 살았던 지역으로 김삿갓의 생가와 김삿갓 묘, 시비, 문학관 등이 있다. 위와 같은 사례는 '천하의 피난처' 라 할 수 있는 곳이다.

〈십승지 요도 및 표지석〉

십승지 지도(정동상류)	십승지 표지석(연하리)	계사동
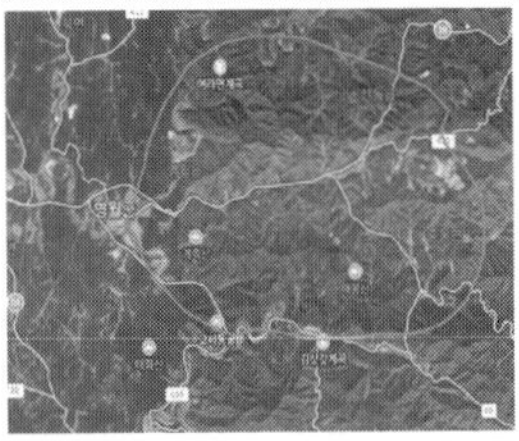		

2) 풍기 차암 금계촌

풍기 차암 금계촌은 지금의 풍기읍 금계리 일대이다. "풍기 차암 금계촌 동쪽 골짜기이니, 소백산 두 물길 사이다(豊基車岩金鷄東峽, 小白山兩水之間)"라고 감결에서 십승지로 소개했다. 즉 '소백산 두 물줄기는 남원천과 금계천을 말하는데, 이 사이의 동네가 몸을 피신하기에 좋은 동네' 라고 하였다. 남사고 선생은 소백산 근처를 지나가다 "이 산이 사람을 살리는 산이다(活人山)", 그리고 '대소백산에 모인 정기는 천년을 병란에 물들이지 않을 땅' 이라고도 했다. 십승지 마을은 한반도 남쪽의 내륙 깊은 곳에 위치하여 소백산맥이 북쪽에 병풍처럼 둘러쳐져 방패 역할을 해줌으로써 천혜의 요새를 이룬 땅이 되었다.

현대전에서 핵과 미사일 공격을 당할 전략보안 목표는 30km 주변에는 없다. 그러나 예천비행장을 중심으로 32km 이격되어 십승지로는 약간의 제한이 따른다. 따라서 금계촌을 중심으로 더 북쪽으로 4km 올라간 삼가리나 순흥면 일대가 좀 더 안전하다. 왜냐하면 핵무기는 20KT 위력 기준으로 30km까지는 준위험지역에 속한다. 따라서 예천을 원점으로 할 때 풍기는 살짝 비켜나간다. 물론 풍향이 북서풍이 아니라면 안심할 수 있다.

십승지라면 병화, 질병, 흉년이 없는 곳이다. 그러나 풍기 비로사의 성공스님은 "의상대사가 창건한 비로사가 임진왜란과 동학농민투쟁, 한국전쟁을 통해 완전히 불타 버렸다"라고 하였다. 그리고 삼가리 김유홍씨도 "부친이 6.25 때 고생했다"고 말했다.

풍기는 임진왜란 때 왜군 일부가 점령한 듯하다. 즉 피해에 대한 문헌은 없다. 왜군의 보조 기동로 역할을 하였을 것이다. 동학농민전쟁 때도 농민군과 관군의 전투는 없었고 농민군 잠적과 진압과정에서 일부 피해가 생긴 듯하다. 그리고 한국전쟁시는 북한군 5사단이 주기동로로 일시 점령하고 철도 등을 통한 병참선 관리 등 일시 점령이 있었다.

풍기는 2,000년대 들어서면서 기존의 중앙선 철도와 중앙고속도로가 관

〈십승지 요도 및 표지석〉

십승지 지도(금계리)	십승지 표지석(금계촌)	금계촌 일대

내를 남북으로 28번, 36번 도로가 동서로 관통하고 있다. 이는 위치적으로 주기동로의 역할을 하게 되므로 세상에 모든 것을 드러내 놓을 수밖에 없다. 십승지의 천하명당은 전설 속으로 묻히고 있다. 그러나 전설의 신비만 벗겨내면 현대전에서 아직도 생존이 보장되는 국민피난처로의 십승지 역할은 유효하다

3) 봉화 춘양

봉화 춘양은 춘양면 일대이다. 감결에서는 춘양의 석현리, 도심리를 일대를 말한다. 춘양은 태백산이 소백산으로 건너가는 과협처(기를 모으는 곳)에 도래기재를 만들면서 남향받이로 생긴 마을이다. 즉 북쪽의 서벽리로부터 남쪽의 소로리까지 운곡천을 연한 지역이고, 크게 서벽리, 도심리, 의양리로 구분할 수 있다. 춘양은 소라고기(召羅古基)라 하여 '옛 부족국가 시절에 소라국이라는 독립된 나라가 있었음' 을 뜻한다. 이는 춘양면 일대가 외부의 도움 없이 자생할 수 있는 지역임을 뜻한다.

현대전에서 핵과 미사일 공격을 당할 전략보안 목표가 주변에는 없다. 예천비행장도 60km 이격되어 있고, 봉화읍도 약 43km 이상 떨어져 있어 봉화군 전체가 안전지역이다.

춘양지역은 6.25 때 국군3사단 23연대가 주둔하였으며, 태백 출신 학도병을 지원받아 강원도 인제지구로 나아가 전투에 참가하였으나 춘양자체의 전투는 없었다. 1908년 5월 15일에는 의병장 이강년 지휘하에 춘양면 서벽리에서 왜군 영천수비대를 포위 섬별하였다.

〈십승지 요도 및 표지석〉

십승지 지도(춘양면)	십승지 표지석(춘양)	닭실마을
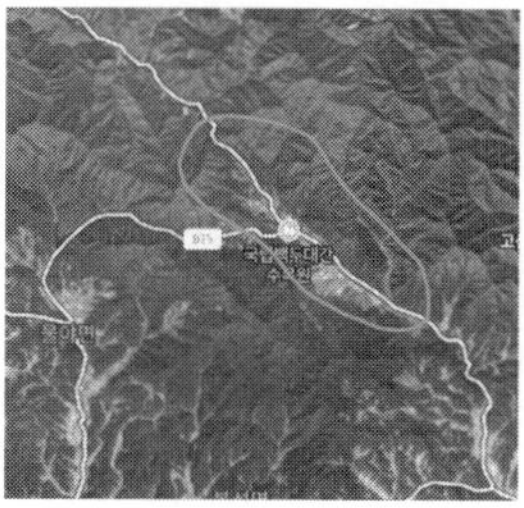		

따라서 춘양지역은 6.25 때에 연대급 부대가 주둔한 것 외에는 소규모 의병전투가 있었을 뿐이다. 즉 춘양면 일대는 태백산, 소백산, 청량산 등이 주위를 에워싸고 있는 '천연의 요새' 로서 외침이 없었던 점은 십승지 중에서도 '최고의 국민피난처' 라 할 수 있다.

4) 예천 금당실

예천 금당실은 예천군 용문면 상금곡리 하금곡리 일대다. 백두대간 묘적봉에서 흘러나오는 한천과 한천의 상류인 금곡천 사이에 있는 두 마을을 말한다. 즉 금당실은 윗금당실(상금곡리)과 아랫금당실(하금곡리)을 일컫는다. 용문면은 용문산, 국사봉, 백마산, 망월봉 등이 에워싸는 아득한 분지이다. 특히 금당실은 금계포란형의 지역으로 물산이 풍부하여 외부 도움없이 청동기시대부터 사람이 살아왔다.

예천 금당실은 현대전에서 핵과 미사일 공격을 당할 전략보안목표(예천

비행장)가 주변에 있다. 예천 금당실로부터 예천비행장은 9km 떨어져 있다. 현대전에서 십승지로는 제한이 따른다. 왜냐하면 핵무기는 20KT 위력 기준으로 4km 이내는 폭심지역, 15km 이내는 낙진 위험지역, 30km 이내까지는 낙진 준위험지역이다.(이러한 최악의 조건은 피폭당시 남 → 북서쪽 풍향일 때 해당된다) 따라서 예천 금당실은 직접타격 예상지역(예천비행장; 주변 4km)은 아니나, 낙진 위험지역내 위치하고 있다. 그러나 보호 가능성은 충분하다. 사드기지가 있는 성주까지는 100km 떨어져 있다. 사드 커버지역내에 위치하고 있어 미사일 1차적 방어가 가능하며, 예천비행장내 패트리엇 미사일로 2차 방어도 가능하다. 금당실 지역의 안전과 위험을 평가하면, 요격망이 촘촘하고 가장 진화한 미사일로 보호받고 있으나 근본적으로 안전하다고 볼 수는 없다. 따라서 좀 더 안전한 지역을 원한다면 북쪽의 효자면으로 잠시 이동도 고려할 만하다.

예천 금당실도 미미한 병화가 지나갔다. 몽골 침입은 없었고, 임진왜란 시 왜군 제4군 사령관 휘하 3,000여 명이 울진에서 출발하여 봉화, 안동, 의성, 군위 예천을 공격하기로 하였으나 봉화일대 의병들에게 노루재에 막혔고 인근 용궁현에서 주둔했으나 금당실은 무사했다. 동학의 북접이 금당실에 본부를 두고 여기서 안동부사와 예천군수가 거느린 관군을 격파하였다.

〈십승지 요도 및 표지석〉

십승지 요도(용문면)	십승지 표지석(금당실초입)	용문면 금당실
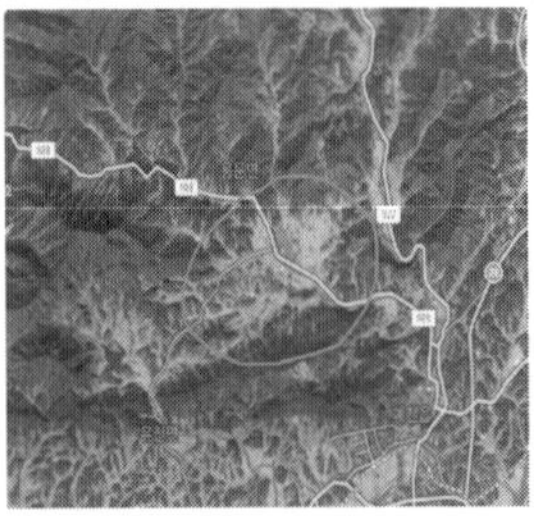		

6.25 동란시(7.22) 국군8사단 제21연대가 미포병대 엄호하에 예천 맞실(금당실 옆 마을) 지역에서 북한군에게 공격한 바 있다. 따라서 역사적으로 2번의 전투가 금당실지역에 있었고 주민들도 약간의 피해를 입은 바 있어 '국민피난처' 는 일단 제외하겠다. 다만 사드의 수도권 추진배치와 상승단계 요격미사일이 배치된 다음에는 최상의 '국민피난처' 가 되겠다.

5) 공주 유곡과 마곡

공주 유곡과 마곡은 공주시 유구읍 일대와 신풍면 일대로 크게는 유구천과 마곡천의 두 하천 사이 1백여 리로 옛날부터 유마양수지간(維麻兩水之間)이라 하였다. 그중에서도 유구읍 동해리, 사곡면 운암리, 신풍면 화흥리 물안마을이 십승지의 주요지역이라 한다. 태화산을 중심으로 북쪽에는 국사봉을 앞에 동해리가, 태화산 동쪽허리의 마곡사 옆의 운암리 마을, 남서쪽의 옥녀봉과 남쪽의 광덕산과 철승산 사이의 화흥리가 자리하고 있다. 유구와 마곡지역은 크게 북쪽에서는 백두대간 금북정맥이 남쪽에서는 금강이 막아주는 천혜의 요지이다.

공주 유구와 마곡은 현대전에서 핵과 미사일 공격을 당할 전략목표(계룡대)가 주변에 있다. 계룡대로부터 유구읍은 38km, 마곡사는 32km 떨어져 있다. 현대전에서 십승지로는 미미한 제한이 따른다. 왜냐하면 핵무기는 20KT 위력 기준으로 4km 이내는 폭심지역, 15km 이내는 낙진 위험지역, 30km 이내까지는 낙진 준위험지역이다.(이러한 최악의 조건은 피폭 당시 남→북동쪽 풍향일 때 해당될 수 있다). 따라서 유구와 마곡은 20KT 위험에서는 벗어나나 더 큰 위력의 핵무기를 사용하면 위험해질 수도 있다.

그러나 보호 가능성은 충분하다. 사드 기지가 있는 성주까지는 120km 떨어져 있고, 사드의 커버 지역내에 있어 지역 보호가 가능하다. 유구와 마곡지역의 안전과 위험을 평가하면, 지역적으로 핵위협 범위 밖이고 가장 진화한 미사일로 보호받고 있어 안전하다고 볼 수 있다.

〈십승지 요도 및 표지석〉

십승지 지도(유구 마곡)	십승지 표지석(유구읍)	유구읍 동해리

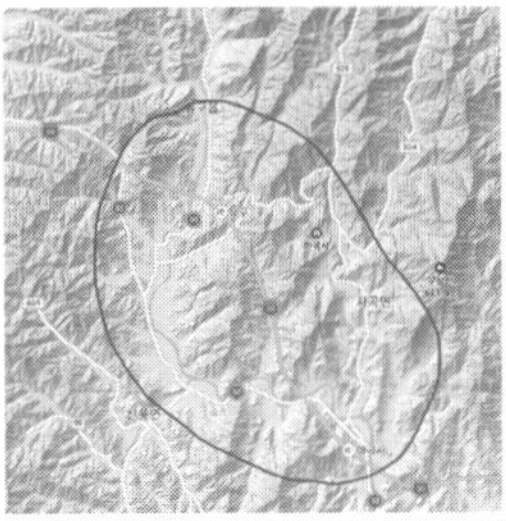

유구 마곡지역의 전화(戰禍)는 고려말에 왜구가 신풍현을 거쳐 공주로 나아갔다가 계룡산에서 양광도 원주 김사혁에게 패퇴된 기록이 있다. 그리고 6.25 전쟁 시 인민군 6사단 2개 중대 규모 300여 명이 유구초등학교에서 주둔했었고, 미24사단 배속 기갑 6중대 2개소대 100여 명이 인민군을 공격하여 60여 명을 살상하였다고 한다. 아무튼 전화불입(戰禍不入)지역인 십승지도 근대에 들어서는 소규모 전투가 있었다. 그렇지만 고래로 전화는 미미하고, 핵위협지역에 벗어나 있어 '국민적 피난처' 로 유효하다.

6) 보은 속리 난증항 일대

보은 속리 난증항 일대는 보은군 내속리면과 경북 상주군 화북면 화남리를 말한다. 그러나 화북면 화남리는 행정구역상 현재 없으며 화북면 행정복지센터를 중심으로 용유리와 장암리 일대가 유력하다(우복동은 병화가 없었고, 길지를 지칭하는 洞川이 초입세 바위에 새겨져 있다). 정감록 감결(鑑訣)에는 '보은 속리산에는 네 군데 증앙지가 있으니 난에 피신하면 몸을 보전한다(報恩 俗離山 四甑項延地 富亂藏身 萬無一像)' 라고 하였다. 즉 난증앙 일대는 속리산을 끼고 산으로 둘러싸여 외부와 직접적으로 차단된 내지네 군데를 지칭할 수 있다. 특히 화북면의 우복동은 병화가 거의 없었다. 이는 속리산을 중심으로 북으로는 도명산과 대야산, 서로는 구명산, 남으로는 백학산, 동으로는 청화산과 문경새재 등이 방어막이 되어주고 있다.

현대전에서 핵과 미사일 공격을 당할 전략보안 목표가 주변에는 없다. 청주국제공항도 32km 이격되어 있고 대전광역시도 43km 이상 떨어져 있어 속리산 난중항 일대는 전체가 안전지역이다.

〈십승지 요도 및 표지석〉

십승지 지도(난증앙)	십승지 표지석(용유동천)	우복동(구병마을)
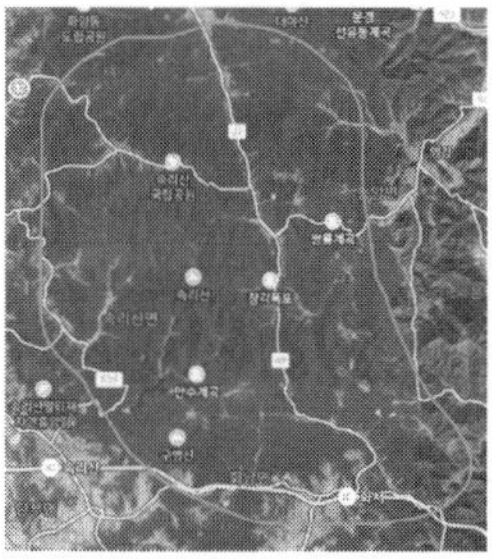		

난증앙 일대에서 직접적인 전투는 찾아보기 힘들다. 속리산 내리 법주사는 정유재란 때 왜군이 승병의 본거지라 하여 절에 방화를 하여 모조리 불타버린 적이 있다.

6.25 때는 속리산을 중심으로 인민군 15사단이 보은–화령장–상주 진출과 괴산–화령장–상주로 진출하였다. 속리산 말티고개로부터 15km 떨어진 화령장에서 국군 17연대 매복에 걸려 북한군 2개 연대가 궤멸 당하는 등 대패하였다. 따라서 난중항 일대는 속리산 법주사가 왜군에 의해 불태워졌으며, 6.25 때 속리산의 좌우 도로를 통해 상주로 인민군 15사단이 거쳐 간 적은 있지만 영향력은 미비하다. 즉 난중앙 일대는 속리산 내지가 깊고 주위에 고봉준령이 에워싸고 있는 '천연의 요새' 로서 외침이 약했던 점은 십승지 중에서도 '최고의 국민피난처' 라 할 수 있다.

7) 무주 무풍

무주 무풍은 무주군 무풍면 일대이다. 소백산맥 줄기인 삼도봉, 대덕산, 삼봉산, 덕유산이 무풍을 중심으로 반원으로 감싸고 있으며, 동남쪽과 서북쪽도 소백산맥의 지맥이 안아주고 있다. 무풍의 십승지 위치는 문헌마다 표현이 아리송하나 덕유산내맥 즉 무풍 북쪽이라고 한 것으로 보아 무풍면 소재지를 중심으로 무풍고을(분지) 전체가 되겠다. 무풍은 사방이 산맥으로 막혀 있고 남대천이 남북으로 흘러 물산이 풍부하여 '천혜의 요지' 이다.

현대전에서 핵과 미사일 공격을 당할 전략보안 목표가 주변에는 없다. 대구비행장도 80km 이격되어 있고, 계룡대도 약 70km 이상 떨어져 있어 무풍일대는 전체가 가장 안전한 지역, 즉 십승지 그 자체이다.

〈십승지 요도 및 표지석〉

십승지 지도(무풍면)	십승지 표지석(무풍면)	나제(백제 · 신라)통문
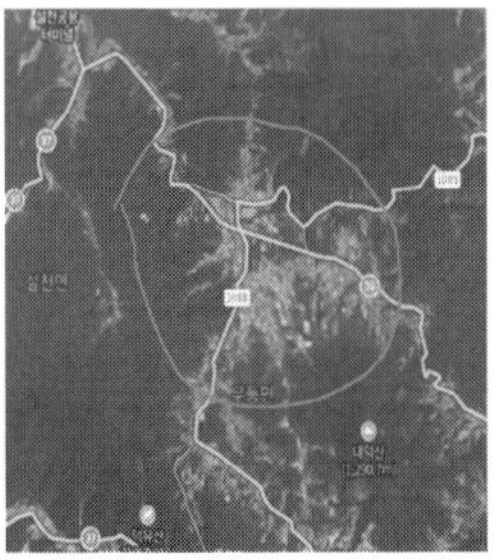		

무풍일대에서 전투는 찾아보기 힘들다. 다만 무주 출신 의병 포대장 황대연이 이끈 무풍면 지성리 전투(1908.3.23)가 있었다. 그리고 무주군 안성면 일대에서 구한말 시위대 소속 신명선이 의병을 이끌고 왜군과 안성 칠연계곡에서 전투가 있었다. 무풍일대는 소규모 구한말 의병전투 외에는 별다른 전투 역사는 없었다. 따라서 무풍일대는 덕유산과 소맥산맥이 주위를 감싸고 있고, 내륙 오지에 있어 임진왜란이나 6.25 때 군사기동로도 이용하지 아

니했다. 따라서 '천연의 요새'로서 외침이 없었던 점은 십승지 중에서도 '최고의 국민피난처'라 할 수 있다.

8) 부안 변산 동쪽 호암 아래

부안 변산 십승지는 부안군 보안면 우동리(우반동) 일대이다. 그러나 십승지로는 변산국립공원 내지인 청림리 일대를 더 추천하고 싶다. 우선 청림리 일대는 변산국립공원 내지에 위치하여 북쪽으로 상천봉, 남쪽으로 천종산, 동쪽으로 우금산, 서쪽로 성인봉으로 둘러싸여 있어 완벽하다. 우반동 일대는 삼면이 높은 산과 앞쪽의 천마사가 앞을 막아주면서 천혜의 삼태기 형국이다. 제목의 동쪽 호암 아래 유래는 우동리 초입에서 북쪽을 보면 옥녀봉이 보이고, 멀리 산 끝자락 아래로 굴바위가 보이는데, 굴안에서 입구를 보면 병을 세워논 모양이라 호암(壺岩, 병바위)이라 하는데, 우반동은 그 아래이다. 또한 우반동은 변산반도 아래 내만으로 들어온 곳에 접하고 있다. 내만은 조수간만의 차이로 왜구의 배들이 쳐들어 와도 진출입이 자유롭지가 못하다. 즉 우반동에서 인근 산이나 청림리 등으로 잠시 피하면 왜구들은 시간에 쫓겨 후퇴할 수밖에 없다. 그래서 우반동이 십승지 중에 유일하게 서쪽 해안가에 자리잡게 된 것이다.

현대전에서 핵과 미사일 공격을 당할 전략보안 목표가 주변에는 없다. 송정비행장도 54km 이격되어 있고 군산비행장도 약 35km 이상 떨어져 있어 변산반도 일대는 전체가 가장 안전한 지역, 즉 십승지 그 자체이다.

부안 변산일대에서 전투는 찾아보기 힘들다. 다만 정유재란 당시 왜군과 의병간의 호벌치 전투에서 의병이 패하였고, 그 후 보안면 유정자 호벌치에 귀무덤이 생겼다. 부변산 월명암이 창건 이래로 많은 수난을 겪어 왔는데, 임진왜란 때 불타 없어졌고, 구한말 의병들이 이곳을 근거지로 하여 왜병과 싸우다가 다시 불타(1908) 없어졌다. 1950년 한국전쟁 직전 '여순반란사건'으로 다시 소실되었다. 이는 월명암 중심으로 약탈 및 방화와 소규모 전투가 있었음을 추정할 수 있다. 따라서 부안에서 크고 작은 전투가 있었으나 우반동과 청림리 지역은 피해갔다. 따라서 부안 변산 동쪽 청림리와 우반동 지역은 '천혜의 요지' 로서 십승지로 유효하다.

〈십승지 요도 및 표지석〉

십승지 지도(변산)	십승지 표지석(호암아래)	호암 굴바위
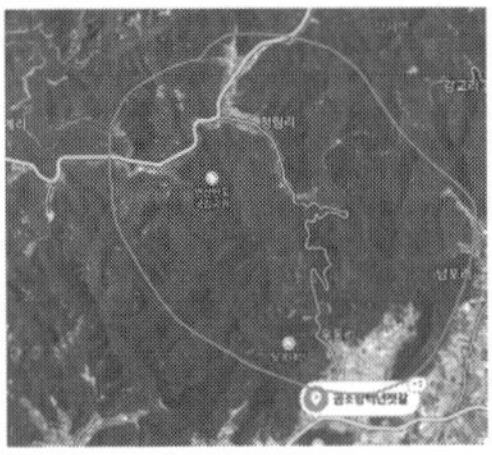		

9) 가야산 남쪽(합천) 및 북쪽(성주) 만수동 일대

합천 가야산을 중심으로 만수동은 두 군데가 있다. 첫째, 합천 가야산 아래 가야면 가천리 일대이다. 둘째, 가야산 북쪽 가천면 마수리 만수동과 신계리(용사리, 법전리 포함) 일대이다.

남쪽 만수동 일대는 일찍이 남사고 선생의 "남격암산수십승보길지지(南格庵山水十勝保吉之地)에 가야산(伽倻山) 밑 남쪽에 만수동(萬壽洞)이 있다(伽倻山之南下有萬壽洞 필자 한역)"라고 하였고, 정감록에는 "가야산 남쪽 만수동을 그 둘레가 이백리나 되며 오래도록 몸을 보전할 수 있는 곳이다(伽倻山下南 有萬壽洞 周回二百里可得保有)." 이는 가야면 가천리 더내실 마을을 중심으로 사방 200리(78km)를 말한다.

북쪽 만수동 일대는 일찍이 이중환의 '택리지' 에서 '가야산 동북에 만수동이 있다(伽倻山東北有萬壽洞)' 라고 하였다. '성주군지(星州郡誌) 마수조(條) 기록' 에는 "마수리는 가야산의 아랫자락으로 예부터 병란을 피하고 생리의 덕이 있는 명지의 일처로 일컬어져 만수동이라고도 한다." 또 곰시조에는 "가야산 산봉의 동북쪽의 가파른 산언덕 아래 마을로서 마수마을과 더불어서 천혜의 피병지이며, 난세의 은거지로 알려져 있다"라고 적혀 있다. 이는 가야산 동북쪽 마수리 만수동과 신계리(용사리, 법전리 포함) 일대를 말한다.

가야산의 만수동은 말 그대로 가야산에 있는 만수동이다. 양쪽 모두 삼재불입지지(三災不入之地)의 '천혜의 피난처' 이다. 북쪽의 만수동은 남으로 가야산을 등지고 앞으로(북쪽) 장대(산)와 용두산 그리고 바로 앞에는 아박산이 감싸주고 있다. 남쪽의 만수동은 북으로 가야산을 등지고 저 멀리(남쪽) 두무산과 달륜산 그리고 바로 앞에는 지경산, 시루봉, 차경산 등이 감싸주고 있다.

현대전과 그간의 병화를 분석하면 비교의 우위는 있을 수 있다. 현대전에서 핵과 미사일 공격을 당할 전략보안 목표를 알아보자. 대구비행장과 합천 가야면은 61km, 성주 가천면은 51km 떨어져 있고, 사천비행장과 합천 가야면은 73km, 성주 가천면과는 83km 떨어져 있다. 양 만수동은 핵과 미사일이 미치지 못하므로 옛말대로 '십승지로 최적' 이다.

〈십승지 요도 및 표지석〉

십승지 지도(성주, 합천)	십승지 표지석(성주 가천면 만수동)	십승지 표지석(합천 가야면 만수동)
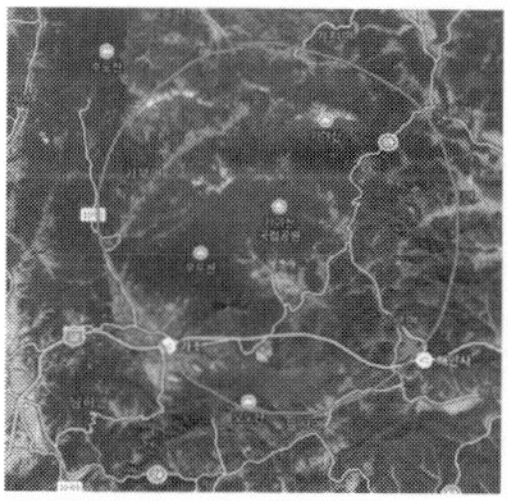		

성주에서 주요 전투는, 임진왜란 때 성주성 전투(1592.9.26~1593.1.15)로 조선군 성주목사 제말 지휘하에 2만 명이 성주성을 점령하고 있던 왜군 제7

군 모리 휘하 2만 명을 상대로 3차에 걸쳐 탈환전을 펼쳐 개령 본진으로 물러가게 하였다.

합천에서의 주요 전투는, 대야성 전투(642년)로 백제 윤충 장군 휘하에 1만여 명이 김품석 휘하의 성민이 지키는 대야성을 공격하여 함락시키고, 남녀 1천여 명이 포로로 백제로 끌려갔다. 합천은 6.25 때 인민군 6사단 방호산 부대가 부산으로 진공하기 위해 합천 일부(낙동강 부근)에서 소규모 전투가 있었다. 위에서 알 수 있듯이 양 만수동에까지 전화의 영향력은 미미하였다. 따라서 양 만수동은 예부터의 직접적인 전화(戰禍)나 현대전의 위험도 없어 '십승지로 최적' 이다.

10) 남원 운봉 두류산 아래 동점촌—행촌

남원 운봉 두류산 아래 동점촌—행촌은 남원시 운봉읍(행정리 중심으로) 일대이다. 정감록 감결에는 "운봉 행촌 혹은 운동 두류산 아래 동점촌 100리(40km) 안" 으로 기록하고 있다. 실학자 이규경의 '오주연문장전산고(五州衍文長箋散稿)' 에서는 "운봉 두류산 아래 동점촌이 있는데, 100리 내에 거주할 만하지만 그곳을 모른다. 근래에 운봉사람 곽재영이 찾았는데 말하기를 읍에서 25리이고, 지리산 반야봉 괘협처(掛峽處)이며, 석벽의 높이가 몇 길 되는데 '동점(銅店)' 두 글자를 새겨 놓았다고 한다. 동점촌은 평탄하지만 주위가 넓어 30, 40호가 거주할 만한 농경지다" 라고 기록하였다.

따라서 감결에 근거하여 운봉읍내 행촌(杏亭里)을 기점으로 종(縱)으로 50여 리 종으로 30여 리에 이르는 등 사방 100리에 부합하기에 운봉읍(운봉고원) 일대를 십승지라 칭할 수 있다. 그리고 동점촌은 왜구의 침입을 물리친 황산대첩같이 운봉자체가 위험할 때 소규모 가호(家戶)의 마지막 피난처로의 가치가 있을 것이다.

운봉(雲峯)은 해발 460m 고원지대로 늘 구름이 머무는 곳이다. 북쪽으로는 만행산과 봉화산, 동쪽으로는 삼봉산, 남쪽으로는 바라봉, 서쪽으로는 공동산이 감싸주고 고원 전체는 지력이 좋아 곡식이 풍부하여 자급자족이 가능한 천혜의 요지이다.

현대전에서 핵과 미사일 공격을 당할 전략보안 목표가 주변에는 없다. 송정비행장도 74km 이격되어 있고 사천비행장도 약 70km 이상 떨어져 있어 운봉은 핵과 미사일이 미치지 못하므로 옛말대로 '십승지로 최적' 이다.

운봉은 십승지 중에서도 외침이 많았다. 신라가 가야로부터 합병한 운봉의 아막성(여원재)을 백제 무왕이 4만을 동원하여 침공(602년)하였고 '신라 진평왕은 침입을 방어하였다' 하였고, 616년에는 백제의 재침으로 침탈당하는 등 소규모 전투가 빈번하였다. 1380년 9월에는 운봉에서 이성계의 왜구 토벌전인 황산전투가 벌어졌다. 왜구는 1380년 8월에 500여 척의 대선단으로 진포(鎭浦: 금강어귀)에 상륙하여 충청, 전라, 경상 3도 연안의 주(州)·군(郡)을 약탈, 방화, 살육하였다. 그 사이 고려군 최무선의 화포에 의하여 왜구의 대선단이 불타(진포대첩)고 퇴로를 잃게 되자 함양과 운봉현으로 모여들어 방화 및 약탈을 하였다. 고려 이성계군 3,000여 명이 황산 서북의 정산봉(鼎山峰)에서 왜구 아지발도(阿只拔都)의 1만여 명을 섬멸하였다.

정유재란시 인근 남원성 공성전이 있었고, 주천면 내송마을에서 조경남 휘하 의병들과 소규모 전투가 있었다. 6.25 때는 7월 24일경 인민군에 의해

〈십승지 요도 및 표지석〉

십승지 지도(남원 운봉)	십승지 표지석(운봉 행촌)	행촌 유래
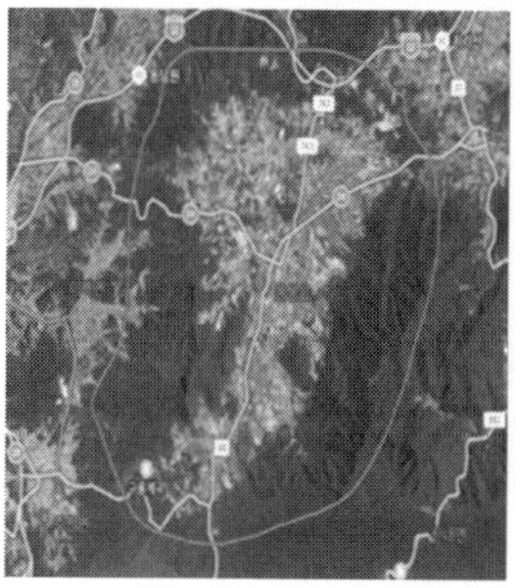		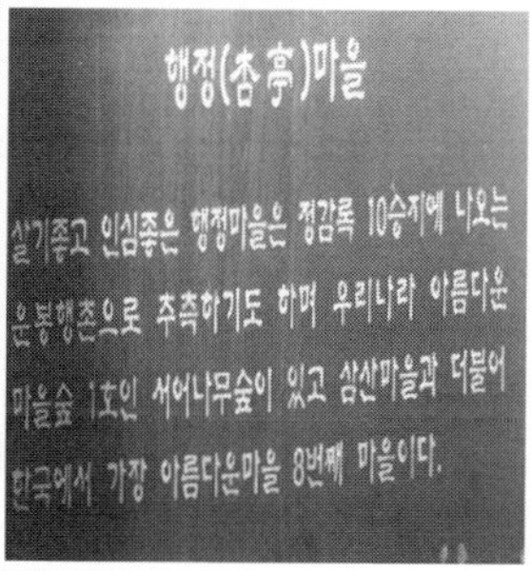

남원이 점령되었다. 인민군 6사단은 남원을 거쳐 남해안과 마산으로 진출하고 4사단이 낙동강 전투에 투입하고 있을 때, 해병 김성은부대가 운봉에서 지연전을 펼쳤다. 1951년 11월 25일 지리산과 주변지역의 빨치산을 소탕하기 위하여 남원에 백야전투사령부(사령관 백선엽)를 설치하고 지리산과 정령치–운봉일대에서 전투를 벌이면서 토벌하였다.

운봉지역은 역사와 전례(戰例)를 분석하여 볼 때 삼국사기부터 현대사까지 병화가 끊이지 않았다. 즉 십승지의 3대 조건인 '삼재불입지지(三災不入之地)' 중에서 가장 중요한 피병화 요건을 충족시키지 못했다. 그럼에도 불구하고 운봉지역이 십승지인 이유는, 운봉고원에 침입한 군대는 거의 쫓기는 상태로 부대 생존이 심각하였고, 공성전 또는 주변 고지전 형태의 전투였다. 그리고 운봉읍을 중심으로 도시화는 촌민학살에 제한이 있었을 것이다. 따라서 운봉지역은 전투역사가 많으나 촌민살상에 대한 자료는 없다. 가장 중요한 현대전의 핵과 미사일에 공격당할 전략목표도 주변에 아예 없다. 따라서 가장 중요한 현대전에서 '최적의 피난처' 이며 완벽한 '십승지' 이다.

3. 십승지 재해석에 따른 제외(2개소) 및 보완(4개소)

위에서도 언급했지만 '정감록' 의 십승지(十勝地)와 현대전에서 국민피난처는 일치하지 않는 부분이 있다. 즉 북한의 미사일이 핵탄두를 장착하고 남한의 전략목표를 공격할 때 십승지(十勝地) 중에서 2개소가 겹치는데, 그곳으로 피난하면 약간의 화를 자초(핵 낙진 노출)할 수가 있다. 물론 핵탄두가 아닌 순수 미사일로 공격할 때는 국민피난처로 활용이 가능하다.

제외 또는 보완하여야 할 두 곳 중에서 첫 번째는 예천 금계촌인데, 이 지역은 예천비행장과 9km 이격되어 있다. 핵탄두의 위력으로 보아 1차 낙진 위험지역(원점-15km) 내에 들어간다. 따라서 현대전에 부합하지 못하므로 십승지에서는 제외되어야 한다. 물론 보완하여 안전한 지역으로 이동이 필요하며, 가장 안전한 지역은 문경의 등대산과 성주의 칠봉산 사이로 대피하는 것이 가장 좋다. 그러나 대피가 불가피할 때는 낙진에 대비하여 집안이나 지붕이 있는 시설물내에서 낙진이 지나갈 때까지 대기(최대 8시간)하여야 한다. 단 당시 풍향이 서북풍(예천 비행장 → 금계촌)이 아닌 경우에는 별다른 영향은 없다.

두 번째는 공주의 유곡과 마곡 사이이다. 유곡의 중심인 유구읍은 계룡대와 36km 이격되어 있고, 계룡대와 마곡은 31km 떨어져 있다. 십승지 즉 국민피난처로 하려면 마곡쪽 일부를 제외하고 유구읍 기본으로 하는 조정이 필요하다. 북한의 20KT 핵무기를 계룡대 일대에 공격했을시 낙진까지 피할려면 최소 30km 이격 거리가 필요하다. 현재 북한의 미사일 공사오차가 2km이긴 하지만 핵탄두 장착시는 5km 이상 공산오차가 날 수도 있다. 안전거리 확보를 위하여 마곡은 제외하고 유구읍 쪽이나 10km 이상 서쪽으로 이동하여 운곡면 소재지 일대로 대피하는 것이 필요하다.

지금까지 십승지(十勝地)를 분석한 결과 2곳을 부분 제외하였다. 이에 따라 4곳을 추가해서 십이승지(十二勝地)로 보완하고자 한다.

첫째, 단양군 영춘면 일대가 되겠다. 영춘면 일대는 옛날부터 십승지 반열에 들어갔으나 문헌마다 들락날락하였고, 2011년 6월 개최된 '조선십승지 읍면장회의' 에서 빠지면서 자연스럽게 누락되었다. 그러나 영춘면 일대는 백두대간의 갈빗대 속에 있는 전형적인 십승지의 요건을 갖추고 있다.

북쪽으로는 태화산과 수장산이 있고, 남서쪽으로 소백산자락이 그리고 동쪽으로 마대산이 자리하고 있는 등 주위에 1,000고지 이상의 산과 계곡이 깊고, 물이 풍부하여 천연 보호지이다. 현대전에서 핵과 미사일 공격을 당할 전략보안 목표가 주변에는 없다. 예천비행장도 55km 이격되어 있고 횡성비행장이나 동해 해군기지도 70km 이상 떨어져 있어 영춘면은 핵과 미사

단양군 영춘면 국민피난처 요도

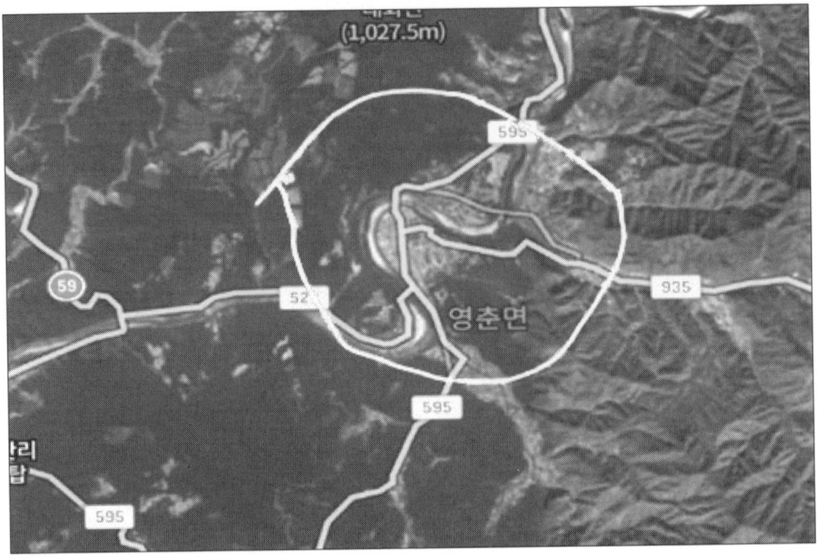

일이 미치지 못한다.

그러나 영춘면 하리에는 온달산성이 있다. 고구려의 온달장군이 이 성을 쌓고 싸우다가 전사하여 상리에서 온달장군의 장례를 치렀다는 전설이 있다. 이는 고구려와 신라의 접경지로서 온달산성을 두고 치열한 접전이 벌어졌다는 반증이기도 하다. 또한 6.25 때는 미 7사단이 영춘면 일대 공중공격을 요청하여 미 5공군에 의해 네이팜탄 공격으로 곡계굴로 피신하였던 피난민 200명과 신원불상의 160명 등 360여 명의 민간인이 목숨을 잃었다. 이러한 참화 등으로 인해 십승지로는 일부 결점이 있다. 하지만 현대전에서 미사일과 핵을 피할 수 있고 북한의 기동도 불가능한 상태이므로 '십승지로 적합' 하다.

두 번째는 삼척 삼풍지역이다. 이 지역은 일찍이 토정 이지함 선생이, '9년 흉년 뒤에 곡식 종자는 삼풍(三豊)에서 구하고 12년 난리 뒤에 사람은 양백에서 구하라(求穀三豊 求人兩白)' 라고 하셨다. 삼풍은 산, 물, 나무를 말

삼척 삼풍 국민피난처 요도

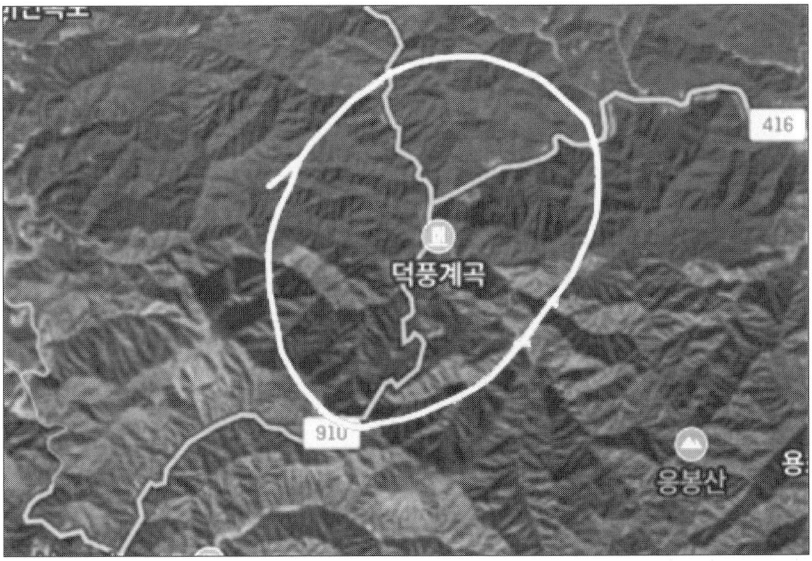

하며 울진과 삼척의 경계 응봉산 서북사면의 세 계곡(보리골, 용소골, 음지골) 끼고 있는 풍곡리(덕풍, 풍곡 삼방마을)를 뜻하는데, 삼척시 가곡면에 속한다. 가곡면 일대는 북쪽으로 복두산과 사금산, 서쪽으로 면산, 동쪽으로 뇌방산, 남쪽으로 응봉산과 중앙으로 중봉산이 있으며 높고 낮은 지맥들이 감싸안고 있다.

현대전에서 핵과 미사일 공격을 당할 전략보안 목표가 주변에는 없다. 동해 함대사령부도 42km 떨어져 있다. 역사적으로도 전쟁지역에서 벗어났으며 삼풍에서는 6.25 전쟁이 났는지도 모른다고 하였다. 삼풍지역의 산의 내각만으로도 모든 포탄과 폭탄을 방어할 수 있다. 따라서 '완벽한 십승지'로 추가되어야 한다.

세 번째는 양백 즉 태백과 소백의 두 산 사이에 있는, 정확히 태백 위쪽의 함백산과 태백산 사이의 태백시 문곡소도동이다. 전통적으로는 한반도 지도의 골반에 해당되어 내 쪽으로 안전하다. 조선십승지의 하나인 봉화 춘양

태백 문곡소도동 국민피난처 요도

과 가깝다.

문곡소도동 일대를 중심으로 동쪽으로는 장산, 서쪽으로는 연화산, 남쪽으로 태백산 등 1,000고지 이상과 그 지맥들이 감싸고 있다.

문곡소도동은 태백산 아래 자리하고 있어 신성불가침 지역이라는 의미로 소도동이라는 이름이 붙었다고 한다. 그리고 당골에는 정씨 26가구가 집단으로 이주해 살기도 하였다. 따라서 외침의 주요 기동로에서도 벗어나 있는 등 역사적으로 병화의 피해도 비켜간 지역이다.

현대전에서 핵과 미사일 공격을 당할 전략보안 목표가 주변에는 없다. 동해 함대사령부도 41km 떨어져 있다. 전투비행장도 주변에 없으며 이 지역은 산의 내각만으로도 모든 포탄과 폭탄을 방어할 수 있다. 따라서 핵과 미사일이 미치지 못하므로 '십승지로 추가' 되어야 한다.

넷째, 영동군 용화리 일대가 되겠다. 특히 용화리와 황간 사이는 북쪽으로는 삼봉산과 천만산이 있으며 남쪽으로는 민주지산과 각호산 등이 위치하여 안전하고 넓은 전답이 있어 자급자족도 가능하다.

영동군 용화리 국민피난처 요도

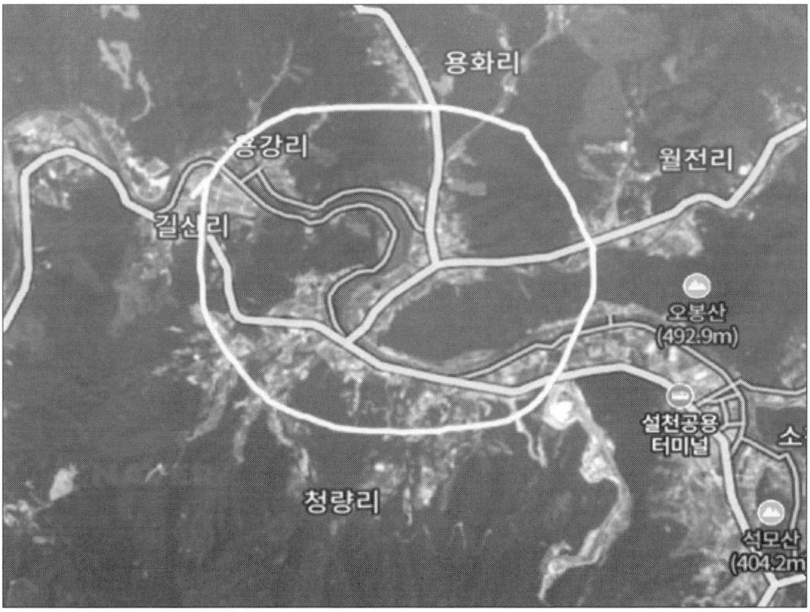

용화리는 외침의 기동로나 전쟁터가 되었던 적이 별로 없다. 다만 6.25가 발발하고 다음 달(1950.7.19)에 영동군경찰서(특무대 주도)에서 상부의 지시로 300여 명의 보도연맹원('농토를 나눠 준다' 는 유혹에 남로당에 가입한 자) 중 270여 명을 처형하였으나, 용화리의 30여 명은 용화지서장의 배려로 목숨을 구한 적이 있었다.

그러나 1950년 7월 23일에 경부선 철로가 있는 영동군 황간면 노근리에서는 농민 복장의 인민군이 피난민과 뒤섞여 남하하면서 미군의 전투기와 미군의 사격으로 300여 명이 사망하였다.

현대전에서 핵과 미사일 공격을 당할 전략보안 목표가 주변에는 없다. 용화리 일대로부터 계룡대는 52km, 대구비행장은 88km 떨어져 있다. 이 지역은 심산유곡의 분지이다. 산의 내각으로 미사일과 폭탄을 방어할 수 있다. 따라서 핵과 미사일이 미치지 못하므로 '십승지로 추가' 되어야 한다.

찾아보기

ㅈ

ㅊ

한반도 전쟁과 생존

•

지은이 / 문계성
발행인 / 김영란
발행처 / 한누리미디어
디자인 / 지선숙

•

08303, 서울시 구로구 구로중앙로18길 40, 2층(구로동)
전화 / (02)379-4514, 379-4519
Fax / (02)379-4516
E-mail/hannury2003@hanmail.net

•

신고번호 / 제 25100-2016-000025호
신고연월일 / 2016. 4. 11
등록일 / 1993. 11. 4

•

초판발행일 / 2021년 9월 15일

•

•

값 18,000원

•

※잘못된 책은 바꿔드립니다.
※저자와의 협약으로 인지는 생략합니다.

•

ISBN 978-89-7969-840-4 93340